文化遗产数据统计与分析

郑 霞 张 晖 编著

文物出版社

图书在版编目（CIP）数据

文化遗产数据统计与分析／郑霞，张晖编著 . —北
京：文物出版社，2022.7
ISBN 978 – 7 – 5010 – 7748 – 9

Ⅰ.①文…　Ⅱ.①郑…②张…　Ⅲ.①文化遗产—统
计分析—中国　Ⅳ.①K203

中国版本图书馆 CIP 数据核字（2022）第 111166 号

文化遗产数据统计与分析

编　　著：郑　霞　张　晖

封面设计：秦　彧
责任编辑：秦　彧
责任印制：张道奇

出版发行：文物出版社
社　　址：北京市东城区东直门内北小街 2 号楼
邮　　编：100007
网　　址：http：//www.wenwu.com
经　　销：新华书店
印　　刷：宝蕾元仁浩（天津）印刷有限公司
开　　本：787mm×1092mm　1/16
印　　张：15
版　　次：2022 年 7 月第 1 版
印　　次：2022 年 7 月第 1 次印刷
书　　号：ISBN 978 – 7 – 5010 – 7748 – 9
定　　价：150.00 元

目　录

第1章 为什么要学统计

统计相关的内容伴随着人们的日常，人们该如何利用信息发现事物发生和发展的规律、揭示各种因素之间的关系、对未来发展做预测，这已成为解决社会现存问题、提升和优化现实方法或方案的关键。本章将通过引入文化遗产领域的实际研究问题介绍学习统计的必要性，明确统计和统计学的概念，介绍统计学和其他学科的关系以及应用情况。

1.1 为什么学统计

在文化遗产领域，人们会碰到遗址地调查、非遗项目调查、博物馆观众调查等现实需求，需要通过"调查"了解现状、发现问题、分析原因，并为改善、提升或优化建议提供支持，然而该如何开展调查、获取数据和分析数据？在无法全面逐一开展调查时，该如何调查部分对象以期了解总体情况？如何判断文物保护领域的投入是否取得了成效？这些问题的解答都需要统计的指导。人们还会碰到：如何说明新研制的一种石质文物保护试剂 A 的有效性？如何利用重量、尺寸、抗压强度、页岩含量、煤矸石含量等数据对 120 块新发现的黏土砖进行分类？如何利用所发现的某个窑址有限瓷片的胎的 Al_2O_3、TiO_2 和 SiO_2 含量的各自均值估计这个窑址的所有瓷片的胎的相应成分含量均值？如何判断聚落密度与耕地面积是否有关系？这些问题的解决也需要统计的支持。

日常生活中，人们会碰到通过网络、报纸或杂志发布或刊出的如下类似信息：在淘宝理财的总用户中，男性用户占比 56.3%，多于女性，越年轻的男性热情越高，如 90 后群体中，男性用户占比达到 63%，明显高于女性用户；2018 年产品质量国家监督抽查共抽查了 288 种 28312 批次产品，总体不合格发现率为 10.2%，其中与老百姓衣食住用行密切相关的产品有 55 类合格率超过了 90%；2019 年冬季，全国 38 个主要城市的平均招聘薪酬为 8829 元 / 月，北京、上海、深圳平均薪酬位列前三，均在万元大关之上，分别为 11521、10967、10477 元。人们该如何正确理解和评价这些内容，以便利用合适的信息为自己生活做参考，这同样依然离不开统计。

1.2　什么是统计

当谈到统计的时候，人们更多想到的是"人口统计""国内生产总值统计"和"大学生就业统计"等，具体这些事件具有什么样的含义，"统计"在其中意味着什么呢？我们先来看以下文化遗产领域相关的"统计"案例，再来回答这个问题。

案例 1.1

　　1.《中华人民共和国文化和旅游部 2018 年文化和旅游发展统计公报》中指出"藏医药浴法"成功列入联合国教科文组织人类非物质文化遗产代表作名录。截至 2018 年末，我国共有 40 个项目被列入联合国教科文组织人类非物质文化遗产代表作名录。对涉及中华文明发源地、文化发祥地的国家级非遗代表性项目开展研究，全面记录 103 名国家级非遗代表性传承人，评估验收 2016 年支持的 253 个记录项目"。[1]

　　2. 2012 年国家下发的第一次全国可移动文物普查的通知时，明确指出可移动文物普查是通过国家统一组织、由专业部门采用现代信息手段集中调查统计的方式，对可移动文物进行调查、认定和登记，掌握可移动文物现状等基本信息，为科学制定保护政策和规划提供依据。[2]

　　3. 自良渚遗址申遗成功以来，良渚古城遗址遗产监测管理中心围绕日常巡查、形态格局、本体病害、自然环境、考古发掘、建设控制、保护工程 7 大类指标，利用遥感影像、无人机、土壤和空中传感器等，不间断地采集数据，在后期分析统计。[3]

从以上案例可以看出，统计源于人们对客观现象认识的需求，与数据、工作流程、分析处理有关，由此我们可以得出统计的基本定义。

[1]　中华人民共和国文化和旅游部 2018 年文化和旅游发展统计公报 . 中华人民共和国文化和旅游部官方网站 [2020 – 07 – 17].http://zwgk.mct.gov.cn/auto255/201905/t20190530_844003.html

[2]　国务院关于开展第一次全国可移动文物普查的通知 . 中华人民共和国中央人民政府门户网站 [2020 – 07 – 17]. http://www.gov.cn/zwgk/2012 – 10/15/content_2244022.htm

[3]　【良渚古城遗址"入遗"周年记】数字赋能文化遗产的保护研究传承利用 . 余杭新闻网 [2020 – 07 – 17].http://www.eyh.cn/yhsz/con/2020 – 07/04/content_121855.html

> **定义**
>
> 　　统计（statistics）：是从数据获取信息进而了解客观现象的一门科学。

　　通常统计具有三重含义：统计工作、统计资料、统计学。

　　（1）统计工作：强调实践活动，即为了认识等需要，在一定统计理论指导下，对社会现象和自然现象采用科学的方法，搜集、整理、分析统计资料的一系列活动过程。

　　（2）统计资料：是统计工作取得的能够说明所研究对象的数据，是反映客观现象特征或规律的数字资料、文字资料、图表资料及其他相关资料。

　　（3）统计学：是研究如何指导统计工作开展数据收集、整理和分析等活动而要遵循的原理和方法等。

　　基于某种需求所开展的统计工作需要统计学理论与方法的指导，在统计工作开展中得以运用；统计工作所获得的成果就是统计资料，两者是活动过程与活动结果间的关系，可以说没有统计工作就无从谈起统计资料；需要注意的是，虽然统计工作离不开统计学的指导，但统计工作事实上是先于统计学发展起来的，两者是理论和实践的关系，即统计学是在不断对统计工作的经验加以总结，而达到统计学自身的发展。

> **小贴士**
>
> 　　英语统计 statistics 这个词起源于拉丁语"status"，即州或国家（state）。其早期使用是指收集反映一个州或国家各方面的数据和图表。"statistics"可用作单数也可用作复数，用作单数时是指统计学，用作复数时常指统计数据或统计资料。

　　不难看出在案例 1.1 中，例 1 标题中的"统计公报"以及具体显示的内容更多反映的是统计工作结果，即统计资料；例 2 中，关于第一次全国可移动文物普查的通知更多反映的是统计学指导下的统计工作；例 3 中，数据采集之后的分析统计更多反映的是统计工作的环节，即分析统计资料。

1.3　什么是统计学

　　"statistics"用作单数时是指统计学，是一系列从数据中获取有用信息以帮助决策的原理和方法，其目的在于探索数据的内在数量规律性，以达到对客观事物的科学认识。

定义

　　统计学：关于搜集、整理、分析统计资料进而得出结论的原理和方法的科学。

　　根据统计学研究方法和统计方法的应用范围不同，统计学分为理论统计学和应用统计学。理论统计学主要把研究对象一般化、抽象化，以概率论为基础，从纯理论的角度对统计方法加以推导论证，涉及统计估计和假设检验理论，相关与回归分析等。应用统计学主要是研究如何将统计学的方法和原理与实际问题相结合，在于解决实际问题。

　　为了更好理解统计学的目的和主要思想，先看以下现实案例：

案例1.2

　　1. 2013年，皮尤研究中心基于对美国1244个艺术机构进行在线调查而发布的一份"艺术机构与数字技术"报告表明，社交网络的价值已经得到了艺术机构的普遍认可，并且已经渗透到博物馆等机构运作的方方面面，成为美国艺术领域不可或缺的组成部分。[1]

　　2. 猎豹用户研究中心发布的"2019年博物馆参观人群研究"通过对2525人的有效问卷调查，了解当前国内参观博物馆的观众属性、观众对博物馆有着怎样的期待、还有哪些新兴技术可以降低博物馆运营成本。在谁喜欢去参观博物馆方面，调查显示男性占比大于女性，主要参观人群的年龄为18~40岁，主要职业类别为大学生/研究生和公司普通职员，占比分别为20.37%和18.51%。[2]

　　以上两个案例都源于现实。例1主要对美国1244家艺术机构开展调查以了解数字技术对艺术机构的影响，显然研究期望通过1244家艺术机构的情况来反映全美艺术机构的总体情况，虽然直接调查全美每家艺术机构是最直接和理想的方式，但可以预见到实际调查会受到时间、人力、资金等因素的限制而难以实施；例2则是通过对2525名观众进行调查，而了解我国2019年总体参观博物馆的观众的属性和期待等。两个案

［1］艺术机构与数字技术，皮尤研究中心，[2019-02-21].https://www.pewresearch.org/

［2］小豹研究中心：2019年博物馆参观人群研究.中文互联网数据资讯网[2020-05-20].http://www.199it.com/archives/979690.html

例都期望从部分对象来了解总体状况。进一步说，例 2 通过对 2525 人的调查，发现参观博物馆观众的主要职业类别中，大学生 / 研究生占 20.37%，希望得出的结论是在所有参观博物馆的观众中，其主要职业类别里，大学生 / 研究生也占近 20.37%。而统计学提供了一定的方法可以帮助调查人员来评估这类推断是否有效，并且考虑到调查误差的存在，统计学可以帮助他们在调查结果、调查误差和总体结果之间建立联系，以便接近真实的总体情况。

到目前为止，我们其实已经接触到两种类型的调查案例：一种是对总体中的对象逐一调查以便了解总体，如"1.2 什么是统计"中的案例 1.1 是对我国截至 2018 年末所有被列入联合国教科文组织人类非物质文化遗产代表作名录的项目进行调查；另一种是对总体中的部分对象进行调查以便通过部分了解总体，如本节的案例 1.2。从统计资料的角度讲，一种获得的是总体数据，一种获得的是部分数据。针对这两种情况，统计学从方法上分为描述统计和推断统计两种。

> **定义**
>
> 描述统计（descriptive statistics）：是用图表或数学方法对收集的数据进行处理、汇总、分析和描述等的方法。
>
> 推断统计（inferential statistics）：是利用总体的一部分数据来推断总体数量规律性的方法。

描述统计使用总体数据了解总体数量规律性。推断统计是通过"部分"推断"总体"的数量规律性、通过"已知"推断"未知"。描述统计是统计学的基础，推断统计是现代统计学的核心内容。

> **小贴士**
>
> 统计学的研究一般认为始于古希腊的亚里士多德时代，迄今已有两千三百多年的历史。它起源于研究社会经济问题，在两千多年的发展过程中，统计学至少经历了"城邦政情""政治算数"和"统计分析科学"三个发展阶段。"城邦政情"是亚里士多德撰写的一百五十多种纪要，内容包括各城邦的历史、行政、科学、艺术、人口、资源和财富等社会和经济情况的比较和分析。"政治算数"将统计方法与数学计算和推理方法开始结合分析社会经济问题，更加注重定量分析。统计与数学的结合趋势逐渐发展形成了"统计分析科学"，开启了现代统计学。

1.4　统计学和其他学科的关系

虽然统计学的基础是数学，但与数学属于不同的学科。统计学是研究不确定性现象的数量规律性，传统数学则着眼于确定性问题，一切都是明确的。统计学是建立在统计资料的基础上，即数据的基础上，通过数据进行推断，数学是建立在公理体系之上，通过演绎推理出结论。正因为数学是基于公理演绎推理出结论，因此其结果有"对"与"错"之分，主要取决于推导过程是否正确。而统计学主要基于真实的现实数据，根据数据的不同背景而选择合适的方法，因为方法的差异而导致结果存在"好"与"坏"的区分，而不是"对"与"错"的区分。

由于统计学和数学中的概率论都会涉及"部分"和"总体"的问题，因此容易让人产生混淆。接下来举两个例子来说明两者之间的区别。已知一个木桶里装有黑白两色球各 10 个，充分搅匀后，一次抓出 6 个球，问抓到 3 黑 3 白的可能性有多大？这个例子是概率论问题。已知一个木桶里装有数量未知的黑白两色球，知道每次抓取的情况，即黑白球的个数，需要估计木桶里黑白两色球的比例是多少？这个则属于统计学问题。可以看出，概率论是已经知道总体的情况下对一个事件的发生概率进行计算，而统计学是指不完全了解总体的情况下，想办法了解总体。

统计学是方法论科学，为具体问题的解决提供方法指导，需要与其他学科结合才能发挥其作用，因此会经常与教育学、医学、生物学和经济学等学科相结合，解决相应学科的问题。然而需要注意的是，统计学只是提供了原理和方法，而对数据及其分析结果所反映的现象，问题的分析以及背后原因及解决方案的探讨则需要相应学科的专业知识。这即意味着，用相同的数据收集方法、整理方法、分析统计方法作用不同应用领域的研究对象，其反映的情况、说明的问题、隐含的意义等都是不同的，即使数据分析的结果在数量上完全一样。

1.5　小结

理解

（1）统计源于人们对客观现象认识的需求，是从数据获取信息进而了解客观现象的一门科学。

（2）一般统计具有三重含义：统计工作、统计资料、统计学。

（3）统计学目的在于探索数据的内在数量规律性，以达到对客观事物的科学认识。

（4）统计学是方法论科学，需要与其他学科相结合发挥作用，实际问题的解决依赖于与其相结合学科的专业知识。

掌握

（1）统计源于人们对客观现象认识的需求，与数据、工作流程、分析处理有关。

（2）统计学是关于搜集、整理、分析统计资料进而得出结论的原理和方法的科学。

（3）描述统计是用图表或数学方法对收集的数据进行处理、汇总、分析和描述等的方法。

（4）推断统计是利用总体的一部分数据来推断总体数量规律性的方法。

1.6 习题

（1）请列举一个生活中与统计工作相关的例子，并分析其统计资料是什么。

（2）你是如何评价生活中一些报道，如某城市的人均工资、某个电视节目的收视率和某种新药的治愈率等，你的评价依据有哪些？

（3）请思考为什么会通过部分对象的调查结果来了解总体情况，其现实原因可能有哪些？

（4）请说明描述统计和推断统计的本质区别。

（5）请判断以下问题是统计学问题还是概率论问题：

A. 通过民意调查来预测某国总统选举结果。

B. 超市在考虑是否引进一种新品牌的牛奶，因此采用免费试吃活动以了解顾客意见。

C. 毕业班要有 5% 的论文送外盲审，每位同学都在衡量自己被抽中的可能性。

D. 某项体育比赛中，有不同的赛制，有三局两胜制、五局三胜制，参赛队选择合适自己的赛制。

E. 医生对新研制的疫苗进行有效性测试，招募了 136 名被试进行实验。

F. 年末商场搞抽奖活动，抽奖规则的确定。

第2章 认识数据

通过第1章的学习，你知道统计工作是统计的重要内容，那么为了获得有效的统计资料，在正式开始统计工作之前往往需要先明确针对研究对象需要收集什么样的数据？因此认识数据，确定其类型并掌握其特点是十分必要的。合适的数据类型和定义不仅能对关注的信息进行很好的描述和表示，而且也更方便数据分析，更能揭示期望通过数据反映的问题。本章将介绍基于不同视角的数据分类方式及具体类型和特点，并初步介绍数据误差的概念及类型以及数据文件的实际含义。

2.1 数据的类型

数据是统计活动中获得的数字资料、文字资料和其他相关资料的总称，其类型不仅反映了研究对象的基本情况，也决定了要使用的数据分析和处理方法。

2.1.1 定性数据和定量数据

当我们提到数据时，脑海中出现的数据是确定的数值还是非数值？根据这样的判定，就有了数据的两个基本类型：定性数据和定量数据。定性数据主要在于对现象的文字描述，如描述性别、血型、兴趣爱好、博物馆的类型、文物的完残程度等。可以看出定性数据主要描述的是现象的性质或类型。定量数据不同于定性数据，其特征非常明显，即有数值，描述现象的数量或尺度特征，如观众当日参观人数、某件文物的重量、某件文物的高度。在很多研究中，定性和定量数据会同时存在。以展览中的观众研究为例（场景如图2.1），我们需要了解观众的性别、年龄、参观时长、观看重点展品的时长、拍照次数，这些信息既涉及定性数据也涉及定量数据。

图 2.1　展览中的观众

2.1.2　离散数据和连续数据

对于数值型数据，即定量数据而言，根据数据的取值情况又可分为离散数据和连续数据。两种类型的差异在于数值是否连续。如果在一定区间内，数据可以任意取值，数值是连续不断的，且相邻两个数值之间还可以无限划分而取无限个数值，则是连续数据，如人的体重、身高、等候时间、道路长度等。更为直观的想法是，连续数据在表示区间微小差异的数值时基本是小数，小数点后的位数是无限的，虽然它具有非常精准的表征能力，但我们无法将所有数值

> **小贴士**
>
> 连续数据的数值一般用测量方法获得，如称体重、计时器计时和测温度等。离散数据的数值一般通过计数的方式获得，如数班级人数、点缺勤人数和清点账本等。

一一列举出来。离散数据的特点在于不连续，在一定区间内，只能取有限的数值，相邻两个数值之间不可再划分，数值一般用整数表示，因此任何两个数值之间的数值个数是有限的。日常生活中的离散数据有库存量、班级数、生产的设备数、出勤人数等。

> **定义**
>
> 连续数据（continuous data）：在一定区间内可以任意取值的数据。
>
> 离散数据（discrete data）：在一定区间内取值个数有限或可列的数据。

2.1.3　定类数据、定序数据、定距数据和定比数据

根据数据的测量尺度划分，可将数据分为定类数据、定序数据、定距数据和定比

都会存在观测数据和实验数据，两种类型的数据分别服务于不同目的或不同阶段的研究。就文物保护而言，既需要大范围、长时间的观测，以获得数据来了解文物的腐蚀与损坏状况，也需要通过实验，获得某种保护材料的性能信息，以了解保护材料的运用会如何改变文物本体的性质，会对文物本体产生哪些有利或不利的影响。

> **定义**
>
> 观测数据（qualitative data）：通过观察、观测和调查等手段收集到的数据。
>
> 实验数据（quantitative data）：通过实验手段收集到的数据。

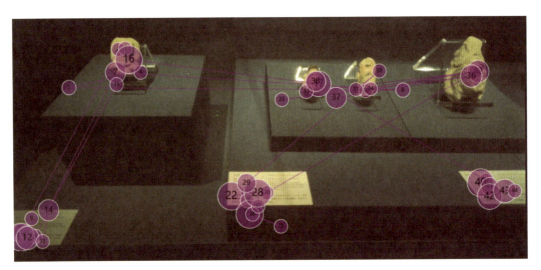

图 2.3　某位观众自由参观展览时的眼动轨迹

2.2　数据的误差

通常我们希望收集的数据是准确的，甚至是精准的，但事实上往往会受到误差的影响而产生一定的出入。误差的产生跟观测条件有关，而观测条件就是测量仪器、观测者的技术水平和外界环境的综合。观测条件不理想和不稳定，是产生误差的根本原因。对于观测条件相同的各次观测，常称为等精度观测，而观测条件不同的各次观测，称为不等精度观测。

在相同观测条件下，对某一量进行一系列观测，如果误差出现的符号和大小均相同，或按一定的规律变化，这种误差称为系统误差，也叫规律误差。造成系统误差的来源很多，包括仪器和装置方面的原因、观测方法的原因、操作的原因、环境的原因等，其中有些系统误差是固定的，如标尺的刻度偏差，有些是积累性的，如钢尺因热胀冷缩影响而产生的测量不准。系统误差的规律性，主要表现为：（1）误差的绝对值为一常量，或按一定的规律变化；（2）误差的正负号保持不变，或按一定的规律变化；（3）误差的绝对值随着单一观测值的倍数而积累。正是因为系统误差具有明显的规律性和累积性，所以可以采取适当措施加以消除或削弱。一般常用的方法有三种：（1）校准仪器：在测量工作开始前，对仪器进行检验和校正，把仪器的系统误差降低到最小程度；（2）求改正数：对观测成果进行必要的改正，如钢尺经过检定，知道实际的尺长，进而计算尺长改正数；（3）对称观测：使系统误差对观测结果的影响互为相反数，以便在计算中自行消除或削弱，如水准测量采用中间法，水平角测量采用盘左盘右观测等。

即使在完全消除系统误差这种理想情况下，多次重复测量同一测量对象，仍会由于各种偶然的、无法预测的不确定因素干扰而产生测量误差，误差出现的大小和符号均不一定，则这种误差称为偶然误差，又称为随机误差。偶然误差就其个别值而言，在观测前不能预知其出现的大小和符号，但若在一定的观测条件下进行多次观测，误差序列会呈现出一定的统计规律。而且，随着观测次数的增加，偶然误差的规律性表现得更加明显。具体表现在：（1）有界性：在一定的条件下，偶然误差的绝对值不会超过一定的限度；（2）密集性：绝对值小的误差比绝对值大的误差出现的机会要多；（3）对称性：绝对值相等的正、负误差出现的机会相等，可相互抵消；（4）抵偿性：在相同观测条件下，当观测次数无限增大时，偶然误差的算术平均值趋于零。上述特征表现出随机误差的分布符合"正态分布"这一事实。随机误差的来源十分复杂，如环境的温湿度变化、电磁场的微变、零部件的摩擦、观测者的感官生理变化等。随机误差是不可消除的，但可以进行一定的控制而减少随机误差，主要方法有：（1）重复法：重复测量多次，取结果的算术平均，一般认为多次测量的平均值接近真知，误差较小；（2）累计法：增加测量的宽度，增加测量数据的位数，降低测量值的相对误差；（3）使用更精准更稳定的仪器；（4）提高观测者仪器操作的熟练程度。

在相同观测条件下，测量结果明显偏离真值的误差，即明显歪曲测量结果的误差，称为粗差，如瞄错观测目标、读数错误和记录错误等。不同于偶然误差，粗差是指观测值中离群较大的误差，一般只是少数。粗差主要是由测量过程中某些意外事件或者不确定的因素所引起产生的，无规律可循，且明显地与事实不符。其主要特点是数量少、突发性强和数值大。产生这类误差的主要原因是观测者的失误或外界的偶然干扰。观测者的失误有疏忽、麻痹大意等出现读数错误、记录错误、测量错误、计算错误等，或者责任心不强、过度疲劳、缺乏经验、操作不当等。外界突发震动、电磁（静电）

干扰、仪器故障等引起的测量值异常等。防止和消除粗差的方法有：（1）从测量结果中发现和鉴别；（2）严把观测程序、加强观测者责任心、重视人员培训；（3）保证测量条件稳定，避免在可能造成严重干扰的环境中工作。

> **定义**
>
> 系统误差（systematic error）：在相同观测条件下，对某一量进行一系列观测，如果误差出现的符号和大小均相同，或按一定的规律变化。
>
> 偶然误差（quantitative data）：在相同观测条件下，对某一量进行一系列观测，如果误差出现的大小和符号均不一定。
>
> 粗差（gross error）：在相同观测条件下，测量结果明显偏离真值的误差。

2.3 数据文件

对于我们观测或测量的数据，当收集之后，往往要输入到计算机中，进行存储和处理，这一过程涉及编码和输入。如果审视这些收集到的数据，为了清晰可见考察对象以及变量和数值之间的关系，通常要表示为表格的形式。表一般由标题、横行、纵栏、数值等部分所组成。按表的分组情况来分，有简单表、单变量分组表和多变量分组表。

简单表是对数据未进行分组的表格，只是按照一定的顺序进行排列，如测的一组瓷片样品的胎的常量元素，如表 2.2 所示。

表 2.2 瓷片样品的胎的常量元素

样品序号	K_2O	MgO	CaO	SiO_2	Al_2O_3	Fe_2O_3	TiO_2
1	4.15	1.99	0.18	61.33	22.09	7.47	2.25
2	3.99	2.10	0.16	60.29	25.08	5.27	2.48
3	5.16	1.76	0.14	60.08	23.36	6.41	2.45
4	4.75	2.14	0.15	61.29	22.76	6.18	2.16
5	4.33	2.25	0.27	55.33	26.62	7.77	2.77
6	3.94	1.44	0.11	63.12	20.30	7.90	2.59
7	4.16	0.75	0.24	59.59	21.04	9.71	2.84
8	4.08	0.00	0.36	64.89	19.03	8.90	2.33
9	4.12	1.67	0.32	63.35	21.43	5.46	2.90
10	3.41	1.23	0.57	65.03	19.12	7.88	2.10

续表

样品序号	K_2O	MgO	CaO	SiO_2	Al_2O_3	Fe_2O_3	TiO_2
11	3.93	4.33	0.36	60.52	23.19	4.38	2.16
12	4.50	1.98	0.30	61.53	22.98	5.44	2.61
13	3.21	1.83	0.34	52.76	30.05	6.74	3.13
14	5.16	1.48	0.43	60.25	22.77	6.26	2.88
15	4.34	1.94	0.27	59.41	24.81	5.71	2.63

单变量分组表是按某个变量（特征），通常是对自变量进行分组，以揭示自变量和因变量之间的关系。如某一地区博物馆的日均参观流量表中，对博物馆按等级进行分组，以反映博物馆级别和观众参观流量之间的关系，如表 2.3 所示。

表 2.3　博物馆日均参观量

等级	博物馆数（个）	日均参观量（千次）
一级	3	25
二级	5	6.2
三级	5	1.8

多变量分组表是按两个或两个以上的变量（特征）进行重叠分组，既对自变量分组也对因变量分组，以分析比较特征间的深层关系，反应更为复杂的现象。

如对 150 名观众做调查，以了解个人收入和门票支付意愿的情况，所形成的数据表，如表 2.4 所示。

表 2.4　观众购票意愿

个人收入	是否愿意支付门票		
	愿意	不愿意	未定
上	18	27	10
中	20	19	20
下	18	7	11

当我们将以上表格通过 EXCEL 或 SPSS 等数据处理软件输入计算机时，需要进行一定的编码，才能完成输入工作形成数据文件。编码的目的在于把描述性的文字转换为可直接计算的数值，方便量化处理。如果对应到数据分类上，主要是将定类数据和定序数据转为数字。如博物馆的等级"一级""二级""三级"可分别用"1""2""3"代替，个人收入的"上""中""下"也可分别用"1""2""3"代替，个人支付意愿

"愿意""不愿意""未定"也可用"1""2""0"代替，当然也可选用别的数字表示。
经过上述处理，通过计算机存储的文件变为如下图 2.4 所示。

　（a）EXCEL中博物馆日均参观数据　　　　　　（b）SPSS中博物馆日均参观数据

　（c）EXCEL中观众购票意愿数据　　　　　　（d）SPSS中观众购票意愿数据

图 2.4　数据文件

小贴士

Excel 是微软公司的办公软件 Microsoft office 的组件之一，主要用于制作电子表格、数据处理、统计分析和图表制作等，其后缀名通常是 .xls 和 .xlsx。

SPSS（Statistical Product and Service Solutions）是 IBM 公司推出的统计产品与服务解决方案软件，主要用于统计学分析运算、数据挖掘、预测分析和决策支持任务，其后缀名是 .sav。

Origin 是 Origin Lab 公司开发的一个科学绘图、数据分析软件，其后缀名是 .opju 和 .opj。

以上形式的文件存储到计算机中就是常称的数据文件，根据输入软件的不同而有不同的后缀名，如 .xls、.xlsx、.sav、.opju、.opj 等。

2.4 小结

理解

（1）合适的数据类型和定义不仅能对关注的信息进行很好的描述和展示，而且也更方便数据分析。

（2）根据使用的需要，数据类型具有不同的分类维度。

（3）因为误差的存在，收集数据的准确性往往会有一定出入。

（4）数据文件的格式取决于所使用的输入软件。

掌握

（1）定性数据是指非数值类别的数据。

（2）定量数据代表一定的数量或尺度，是有数值的数据。

（3）离散数据是指在一定区间内取值个数有限或可列的数据。

（4）连续数据是指在一定区间内可以任意取值的数据。

（5）根据数据的测量尺度划分，可将数据分为定类数据、定序数据、定距数据和定比数据。

（6）误差的产生跟测量仪器、观测者的技术水平和外界环境有关。

（7）系统误差具有明显的规律性和累积性，所以可以采取适当措施加以消除或削弱。

（8）随机误差是不可消除的，但可对其进行一定的控制而减少。

（9）粗差可防止和消除。

（10）表格形式能清晰反应考察对象、变量和数值之间的关系。

2.5 习题

（1）请列举一个你碰到的研究案例，里面同时涉及定类数据、定序数据、定距数据和定比数据，并加以说明。

（2）请指出下列数据属于定性数据还是定量数据：

A. 文物普查调查馆藏文物的类型。（　　）

B. 博物馆的等级。（　　）

C. 文保人员业务能力试卷测试的分数（百分制）。（　　）

D. 观众对讲解员讲解水平的评级。（　　）

E. 某地区的非遗项目入选的级别，如国家级、省级、市级等。（　　）

F. 参加某项田野调查工作的人员数。（　　）

（3）请指出下列数据属于离散数据还是连续数据：

A. 完成一个洞窟实地考察所用的时间。（　　）

B. 一个考古遗址出土的陶器数量。（　　）

C. 一个遗址地的每月降雨量。（　　）

D. 观众在展厅中的参观时长。（　　）

E. 在"非洲之美"情景复原展项前停留观看的人数。（　　）

F. 制作一件黄杨木雕所需的时间。（　　）

（4）请指出下列数据的测量尺度（定类数据、定序数据、定距数据、定比数据）：

A. 某件文物出土的年份，如1956、1972、1983年。（　　）

B. 观众对某个展览的评价分为非常好、较好、一般、较差、非常差。（　　）

C. 观众的民族，如汉族、回族、蒙古族。（　　）

D. 某个洞窟内的摄氏温度。（　　）

E. 文物的重量。（　　）

（5）请通过具体案例说明定距数据不能进行乘、除运算的现实意义。

（6）系统误差的规律性表现在哪些方面。

（7）如何理解偶然误差的规律性和不可"消除性"。

（8）请判断以下表述是否正确：

A. 定性数据主要描述的是现象的性质或类型。（　　）

B. 离散数据的数值一般通过测量的方法获得。（　　）

C. 定类数据可以进行排序运算。（　　）

D. 定序具有定类数据的特征，同时在排序或等级划分上有现实的意义。（　　）

E. 定比数据存在绝对的"零"，代表真正的"无""没有"或"不存在"。（　　）

F. 对于观测条件相同的各次观测，常称为等精度观测。（　　）

G. 系统误差具有明显的规律性和累积性，所以可以采取适当措施加以消除或削弱。（　　）

H. 在相同观测条件下，当观测次数无限增大时，偶然误差的算术平均值也会不断增大。（　　）

I. 在一定的条件下，偶然误差的绝对值不会超过一定的限度。（　　）

J. 粗差是指观测值中离群较小的误差，一般占多数。（　　）

第3章　从调查对象到数据

科学研究一般是指利用一定的方式、方法和设备，为了认识现实世界的事物内在本质和规律而开展的一系列活动。不论是要了解遗址地的时空环境变化对本体的影响，还是了解某项非遗项目，如皮影的历史流变与当代传承，通常都需要经历确定研究总体、确定研究变量、制定研究方法和获取研究数据等诸多环节。本章将介绍统计调查方式获取调查对象的基本流程和常用的几种调查方法，重点介绍抽样调查，在数据收集部分，重点介绍观察法、访谈法和问卷法。

3.1　统计调查

运用科学的统计调查方法，有计划、有组织地向客观现实搜集资料的过程就是统计调查，其目的在于通过具体的调查方法，获得反映国民经济和社会事业发展的原始资料。一个良好的统计调查，必须遵循以下原则：客观性、准确性、及时性、全面性、系统性和尊重隐私性。统计调查工作的顺利实施，离不开制定良好的统计调查方案，即体现计划性、组织性和系统性。统计调查方案主要确定的内容包括：调查目的（Why）、调查对象和调查单位（Who）、调查项目和调查表（What）、调查时间和调查期限（When）、调查方法（How）和调查工作的组织实施计划（Plan）。

调查目的主要确定：为什么而调查，主要解决什么问题，以便在节约人力、财力和物力等成本的情况下有的放矢，提高调查资料的时效性。如调查主题是"了解某家博物馆的观众参观情况"，其调查目的就是通过对某博物馆的观众参观人数、观众结构、观众参观动机、观众参观效果等方面的实地调查，分析观众的构成、观众的需求和观众的实际体验等博物馆化的需求、个性化的需求及博物馆服务效果，为博物馆定位展览主题、改善展览布局、提高场馆内软硬件的服务质量提供客观可靠的参考依据。明确的调查目的能确定好调查内容的范围，使其不至于跑偏。

调查对象即调查总体，是需要调查的现象总体，由许多性质相同的调查单位组成。调查单位是指在某项调查中登记其具有特征的单位，即调查项目的承担者，可以是个人、物体或机构。如调查目的为了搜集某地区考古单位的发掘情况，则调查对象就是该地区所有考古单位，每一家考古单位都是调查单位。在具体实施过程中，还涉及填报单位，主要是负责上报调查内容和提交统计资料。调查单位与填报单位，有时是一致的，如上例中的每一家考古单位既是调查单位也是填报单位，有时是不一致，如果搜集的是某地区考古单位的专用设备资料，此时填报单位还是每一家考古单位，但调查单位则是每一台专用设备。总体而言，调查对象明确了"在什么范围"调查，调查单位明确了"具体向谁调查"，填报单位明确了"谁负责填写和报送"。

调查项目是所要调查的具体内容，包括调查单位所要登记的信息，由调查对象的性质、调查目的和任务所决定。调查项目通常以表的形式表示，将已确定的调查项目按照一定的结构和顺序排列，称之为调查表，一般由表头、表体和表脚组成。调查表根据调查项目的多少和具体需要又可分为单一表和一览表两种。单一表是一张表格里只登记一个调查单位，如表 3.1 所示，比较适用于调查项目多，调查单位少时。一览表是许多调查单位和相应的项目按次序登记在一张表格里，如表 3.2 所示，适用于调查项目不多但调查单位多的情况。

表 3.1　单一表

职工号	姓名	性别	年龄	学历	学位	工龄	专业	部门	居住地

表 3.2　一览表

样品编号	名称	出土地	年代	完残程度	是否检测过

调查时间是调查资料所属的时间，具体又分为时点和时期。时点反映的是现象在某一时点上的状态，如 2020 年 11 月 2 日 10 时洞窟内的参观人数；时期反映现象在一段时期内发展情况，如指从何年月日起至何年月日止的资料。如果是调查工作的起讫时间，则称为调查期限，即调查工作从开始到结束的时间。

调查方法主要是指收集数据的方法，如观察法、访谈法、问卷法和实验法等。

　　为了从组织上保证调查工作顺利进行，需要制定调查组织实施计划，具体涉及调查的组织领导机构和调查人员的组成、调查的方式和方法、调查前的准备工作、调查资料的报送办法、调查经费的预算开支、提供或者公布调查成果的时间等。

案例 3.1

　　为提高我国文化遗产保护管理水平，促进社会主义文化大发展大繁荣，建设社会主义文化强国，根据《国家"十二五"时期文化改革发展规划纲要》，国务院决定从 2012 年开始开展第一次全国可移动文物普查。[1]

- 目的和意义：可移动文物普查是通过国家统一组织、由专业部门采用现代信息手段集中调查统计的方式，对可移动文物进行调查、认定和登记，掌握可移动文物现状等基本信息，为科学制定保护政策和规划提供依据。开展可移动文物普查，将有利于掌握和科学评价我国文物资源情况和价值，健全文物登录备案机制和文物保护体系，加大文物保护力度、扩大保护范围，保障文物安全，并将进一步促进文物资源整合利用，丰富公共文化服务内容，有效发挥文物在国民经济和社会发展总体布局中的积极作用。
- 调查范围和对象：此次普查的范围是我国境内（不包括港澳台地区，下同）各级国家机关、事业单位、国有企业和国有控股企业、中国人民解放军和武警部队等各类国有单位所收藏保管的国有可移动文物，包括普查前已经认定和在普查中新认定的国有可移动文物。
- 调查内容：普查统计国有可移动文物数量、类型、分布和收藏保管等基本信息。
- 调查时点：2013 年 12 月 31 日
- 调查期限：2012 年 10 月开始，到 2016 年 12 月结束
- 资料填报和管理：凡在我国境内收藏保管国有可移动文物的单位，都必须按照《中华人民共和国文物保护法》《中华人民共和国统计法》的有关规定和此次普查的具体要求，按时、如实、完整地填报普查信息，配合普查机构开展普查工作。任何地方、部门、单位和个人都不得虚报、瞒报、拒报、迟报，不得伪造、篡改普查资料。各级普查机构要通过实物调查认真核查普查信息，确保普查质量。普查机构及其工作人员要妥善保存普查数据和资料，对普查中涉及的国家秘密，必须履行保密义务。

---

[1]　国务院关于开展第一次全国可移动文物普查的通知 _2012 年第 30 号国务院公报 _ 中国政府网 [2021 − 06 − 15] http://www.gov.cn/gongbao/content/2012/content_2251600.htm

3.2 统计调查的常用方法

按统计调查的组织方式进行划分，可以分为全面调查和非全面调查，其中全面调查分为全面统计报表和普查，非全面调查分为非全面统计报表、重点调查、典型调查和抽样调查，如图 3.1 所示。

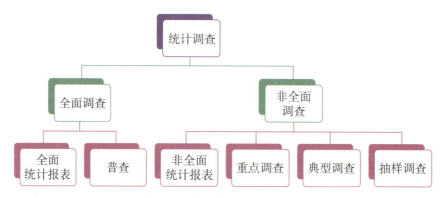

图 3.1 统计调查的常用方法

3.2.1 统计报表

统计报表通常是为了搜集国民经济和社会发展基本情况，为制订国民经济和社会发展计划和检查计划执行情况服务。其资料来源主要有原始记录、统计台账和企业内部报表。

> **定义**
>
> 统计报表：指各级企事业、行政单位按规定的表格形式、内容、时间要求和报送程序，自上而下统一布置，自下而上层层汇总上报，提供统计资料的一种统计调查方式。

统计报表的优点在于（1）全面且连续，在统计报表制度规定的范围内各单位都必须按期报送，保证了调查资料的全面性和连续性；（2）统一且及时，调查内容的指标含义、包括范围、计算方法以及表格样式、报送程序及报送时间等做了精心周密设计、高度统一、规范;(3)来源可靠,主要依赖行政手段实现的报表制度,有严格要求的时间和填报规定,因此可以保证有可靠的来源;(4)时间累计,填报的内容及格式具有相对稳定性,可以方便积累时间序列资料,方便对资料进行时间性上的前后变化的对比和发展过程中的对比。统计报表的局限性在于费时费力、受干扰多、灵活性差。

统计报表按调查对象的范围分,有全面统计报表和非全面统计报表。全面统计报表要求调查对象中的每一个单位都要填报。非全面统计报表只要求调查对象的一部分单位填报。因此,全面统计报表属于全面调查。非全面统计报表一般需要结合重点调查、典型调查和抽样调查来应用,即先选出部分调查单位,再要求这些单位进行报表填报。

按报表内容和实施范围不同,分为国家统计报表、部门统计报表和地方统计报表。国家统计报表也称为国民经济基本统计报表,由国家统计部门统一制发,用以搜集全国性的经济和社会基本情况,如农业、经济、财政等方面最基本的统计资料。部门统计报表,是为了适应各部门业务管理需要而制定的专业技术报表。地方统计报表,是针对地区特点而补充制定的地区性统计报表,为本地区的计划和管理服务。

按报送周期的长短,可分为日报、旬报、月报、季报、半年报和年报。一般周期短的要求资料上报快捷,填报的项目比较少;周期长的,内容要求全面一些。日报和旬报称为进度报表,主要用来反映工作的进展情况等。月报、季报和半年报主要用来掌握经济和社会发展的基本情况。年报常具有年末总结的性质,反映一年中政策和计划贯彻执行情况,内容要求更全面和详尽。

案例 3.2

文化部制定的《全国文化文物统计报表制度》,自 2007 年 11 月 1 日起执行。该制度是对全国由文化部门(含文化系统和文物系统)主办的或实行行业管理的文化及相关产业,以及文化部门主办的非文化及相关产业等,定期进行全面调查的统计报表制度。[1]

- 调查性质与目的:本制度的制定是以科学发展观为统领,以建设社会主义和谐社会、和谐文化为核心,以服务于构建高效而又覆盖全社会的公共文化服务体系、加快发展文化及相关产业为目的,而建立一套科学的统计指

[1] 全国文化文物统计报表制度. 中华人民共和国文化和旅游部网站 [2020 - 12 - 1] https://www.mct.gov.cn/whzx/bnsj/cws/201111/t20111128_827554.htm

标体系。制定的指标体系立足于获取客观翔实的统计数据，分析文化事业、文化产业的发展动态，分析微观的社会效益和经济效益状况，反映文化体制改革进程中出现的问题与难点，反映文化及相关产业宏观规模、水平、结构，以及对国民经济增长的贡献份额等。为有关部门研究制定文化事业和文化产业发展战略、规划、政策提供统计服务和决策依据，同时为社会各界了解文化工作提供统计信息服务。

- 调查对象：法人机构和产业活动机构两大类。
- 调查内容：被调查机构的从业人员情况、资产设施拥有量、财务经营状况、业务活动开展情况等四大方面内容。
- 统计表：分基层表和综合表两种。填报基层表的依据来自原始记录和统计台账。综合表是由计算机完成对基层报表进行综合汇总的报表。
- 统计表的审核汇总和逐级上报：制发的统计年报和定期报表，均由文化（以下均含文物）行政主管部门用电子计算机进行统计汇总，汇总出本辖区相关的综合年报。

　　a）要求基层统计报表必须严格按照本制度规定的统计口径逐项填报，务必做到标识部分的各项代码和报表内的各项指标数据不重、不漏；并严格按照各项指标的计量单位填报，不得随意改变计量单位；报表要整洁，字迹要清晰。认真审核后，经本机构负责人签字和加盖本机构公章后，按期上报本级文化行政主管部门。

　　b）各级文化行政主管部门应首先将本级所有文化基层机构上报的统计报表收集齐全，并对基层统计报表逐一进行逻辑关系和平衡关系审核。再将本级所有基层报表数据录入计算机，用计算机系统软件提供的审核功能进行再次审核、汇总、备份、上报。

　　c）各级文化行政主管部门负责完成本地综合年报的计算机汇总工作，并向下一级文化行政主管部门反馈有关的综合统计信息。

3.2.2　普查

普查常用于搜集某些不能够或不适宜用定期全面统计报表获取的统计资料，尤其是获取一个国家人力、物力、财力的数量和利用情况的详细资料。

普查既可以调查时点上的资料，也可以调查一段时期积累的资料。由于普查涉及面广、调查单位多，需要耗费大量的人力、物力和财力，普查对集中领导和统一行动的要求

> **定义**
>
> 　普查：为了某种特定的目的而专门组织的一次性的全面调查，即对统计总体的全部单位进行调查以搜集统计资料。

最高以便取得准确的统计资料。普查的主要特点有：（1）一次性调查或周期性调查，正是因为普查需要更多人力、物力和财力的支持，所以一般进行一次或每隔固定的时间进行，如众所周知的全国人口普查；（2）数据的规范化程度较高，一般普查数据比较准确，可为抽样调查或其他调查提供基本依据；（3）普查的使用范围比较窄，只能调查一些最基本及特定的现象。普查应遵循的原则有：（1）规定统一的调查时点或时期，主要对调查资料的时点性或时期性进行界定；（2）规定统一的调查期限，可选择调查对象变动较小和登记、填报较为方便的时间，最好所有普查地区同时进行，尽快完成调查，在方法和步调上保持一致以保证资料的准确性和时效性；（3）规定统一的项目和指标，按照统一规定的项目和指标进行登记，而不允许任意增删改，且在各次普查中要尽可能保持一致。普查从组织方式上分为两种类型，一种是组织专门的机构和人员对调查单位进行登记，如人口普查，另一种是颁发调查表，由调查单位自行填报。

> **小贴士**
>
> 　全国人口普查是由国家来制订统一的开展时间节点和统一的方法、项目、调查表，各地相关部门严格按照指令依法对全国现有人口普遍地、逐户逐人地进行一次全项调查登记，重点是掌握分析预测各地现有人口发展变化。人口普查每 10 年进行一次。自新中国成立以来，我国已成功进行了七次人口普查，年份分别是 1953、1964、1982、1990、2000、2010、2020 年。

案例 3.3

　　2012 年至 2016 年，国务院统一部署开展了第一次全国可移动文物普查。普查范围是我国境内（不包括港澳台地区）各级国家机关、事业单位、国有企业和国有控股企业、中国人民解放军和武警部队等各类国有单位收藏保管的可移动文物。经过各级政府和普查机构努力，普查工作有序推进。目前，全国 31 个省、自治区、直辖市全部通过普查验收，普查工作总体完成。[1]

---

[1]　第一次全国可移动文物普查工作报告 . 第一次全国可移动文物普查成果发布 [2021–06–19]
　　http://www.ncha.gov.cn/art/2017/4/7/art_1984_139379.html

在国务院统一领导下，全国成立 3600 余个普查机构，投入 10.7 万名普查人员、12.45 亿元经费，调查 102 万个国有单位，普查全国可移动文物共计 10815 件/套。其中按照普查统一标准登录文物完整信息的国有可移动文物 2661 万件/套（实际数量 6407 万件），纳入普查统计的各级档案机构的纸质历史档案 8154 万卷/件。普查摸清了我国可移动文物资源总体情况，新发现一批重要文物，健全国家文物资源管理机制，建立起国家文物身份证制度，建设了全国文物资源数据库，夯实我国文物基础工作，全面提升我国文物保护管理水平。

通过对普查结果统计分析，我国国有可移动文物呈现出资源总量庞大、收藏体系多元、收藏主体集中、文物类型丰富、文物数量快速增长等特点。

3.2.3　重点调查

当调查目的只要求了解总体基本情况、发展趋势，不要求全面数据，而总体中又确实存在着重点单位时，就可以采用重点调查，属于非全面调查的一种。

> **定义**
>
> 　重点调查：是在调查对象中选择部分重点单位进行的调查。

何为重点单位？重点单位是指针对要考察的指标，其指标值在所有研究的指标总量值中占有很大比例或有较大代表性，能够反映总体情况，那么这些单位就是重点单位。例如，要想了解博物馆馆藏文物的保存及研究状况，可以选择故宫博物院、中国国家博物馆和陕西历史博物馆等几个拥有馆藏文物数量较多的博物馆入手进行调查。重点调查的关键在于选好重点单位，这跟调查目的和内容有关。不同的调查目的，选择的重点单位可能不同。此外，考虑到发展、变化、变革等因素，同一调查目的下，之前是重点单位的，未必现在仍是重点单位。因此，重点单位的选择应该立足准确性、客观性和时效性，一般可遵循两个原则：一是要根据调查目的和调查单位的基本情况选取重点单位及数量，重点单位应尽可能少，但要有足够的代表性；二是尽量选择管理比较健全、统计工作基础好的单位作为重点单位。

重点单位可以是机构、企业、行业、地区或省市等，当然对于不存在重点单位的情况，重点调查是不适用的。从实施的次数上来讲，重点调查也可分一次性调查和经常性调查。一次性调查是专门配备专业人员进行现场调查。而经常性调查可以结合统计报表制度，让调查单位自行填报。重点调查的特点在于：（1）重点调查以数量、占比为限制选择调查单位，不带主观因素；（2）以较少的投入，较快的速度了解主要情况或基本趋势。值得注意的是，重点调查只是通过选择部分单位作为调查对象以了解总体基本情况或趋势，但并不能用以推断总体准确的实际情况。

案例 3.4

中国丝绸博物馆 2004~2005 年承担了"馆藏丝织品文物腐蚀重点调查"和"纸质文物重点调查"。这两项调查隶属"全国馆藏文物腐蚀损失调查"（文物博函〔2004〕1103 号）。[1]

该研究对中国丝绸博物馆收藏的纺织品文物和南方地区博物馆（浙江省博物馆、杭州历史博物馆、平湖博物馆及宁波天一阁博物馆等）纸质文物进行调查，发现引起文物腐蚀损失的主要原因有：霉菌、发黄变脆、虫蛀鼠咬、断裂开壳、保管不妥、修复不当等，并对文物腐蚀损失的程度进行评估分类。引起文物腐蚀损失的原因，既有自然的因素，同时也存在着人为的因素。对产生这些病因密切相关的库房问题、保存设备、管理人员、修复装裱与经费问题等方面，提出相关的对策与建议。

3.2.4 典型调查

典型调查也属于一种非全面调查，是对代表性的典型单位进行深入、周密、系统地调查研究。

> **定义**
>
> 典型调查：是根据调查目的与要求，在对被调查对象进行全面分析的基础上，有意识地选取若干具有典型意义或有代表性的单位进行调查。

典型调查的主要目的不在于取得社会现象的总体数值，而在于认识事物的本质特

---

[1] "馆藏丝织品文物腐蚀重点调查"和"纸质文物重点调查"（2004~2005），纺织品文物分析检测平台——纺织品文物保护国家文物局重点科研基地（中国丝绸博物馆）[2021-10-9] http://www.chem.zju.edu.cn/fzpww/2013/1021/c44915a1950526/page.psp

征、类别关系、因果关系、变化趋势等，以便为理论和政策性问题研究提供依据。对于"典型"的理解主要可从两个方面考虑：一是一般典型，如果调查目的是研究现象发展变化的一般规律，就应选择那些能代表全面情况的一般典型；二是突出典型，如果调查目的在于总结成功经验或失败教训，就应选择优秀、先进或过时、落后的突出典型。从具体操作方法上来分，又可分为"解剖麻雀式"和"划类选典式"两种。解剖麻雀式是对具有代表性的个别的典型单位进行调查分析，以小见大从中概括出一般性的结论，用以说明事物的一般情况或事物发展的一般规律，适用于总体中调查单位差异比较小的情况。划类选典式是将调查总体划分为若干个类，再从每类中按比例大小选择若干个典型单位进行调查，以说明各类的情况，适用于总体中调查单位差异比较大的情况。

典型调查的特点在于：（1）典型单位的选择依赖于调查者的主观判断，进行有意识的选择，因此调查者对调查单位的了解情况、思想水平和判断能力对选择典型的代表性起着决定作用；（2）典型调查主要是定性调查，主要依靠调查者深入基层进行调查，对调查对象直接剖析，取得第一手资料；（3）典型调查的方式是面对面调查，依靠调查者与调查对象直接接触与剖析，因此获取的资料比较全面和系统；（4）调查范围小、调查单位少、灵活机动，可以节省人力、财力和物力。需要注意的是，典型调查因为是"有意识的"选取典型单位且是面对面调查，容易受人为因素的干扰，因此会使调查结论具有一定的倾向性或偏差。与重点调查相似，一般情况下，典型调查的结果并不能用以推断总体情况。

案例 3.5

为了实现生态博物馆社区的民族文化保护方面的调查，周真刚和唐兴萍等研究人员以梭嘎苗族生态博物馆作为典型案例进行了深入调查。梭嘎苗族生态博物馆是 1995 年中国和挪威两国政府联合在贵州省六枝特区梭嘎乡建立的中国第一个生态博物馆，作为中国乃至亚洲第一个生态博物馆，梭嘎苗族生态博物馆具有很强的代表性。通过调查发现生态博物馆所处的地区往往是相对城市不太发达的地区，很多青年人外出打工，接触较为先进的经济与文化，使得他们正逐渐远离所在社区原生民族的文化。以梭嘎苗族社区为例，发现特色的"长笋"头饰和民族服饰都发生了较大的改变，其本来的功能正在减弱。文化的变迁和异化表现也特别强烈和明显，原生文化消失的步伐正在加快。[1]

---

[1] 周真刚，唐兴萍. 浅说生态博物馆社区民族文化的保护——以梭嘎生态博物馆为典型个案 [J]. 贵州民族研究，2004(02):33–37.

　　针对以上问题，研究人员提出，应正确认识和处理好生态博物馆社区文化保护与开发的关系、加大扶贫力度、消除贫困、大力发展教育以及把民族文化的保护、生物多样性保护和环境的治理紧密结合等建议。

3.2.5　异同点分析

　　普查属于全面调查，而重点调查和典型调查则属于非全面调查，三种方法有相同之处，也有许多差异，特别是重点调查和典型调查很容易引起混淆。为了帮大家更好地理解和掌握，现将三种方法的异同点进行总结，如表 3.3 所示。

表 3.3　三种调查方法的异同点

<table>
<tr><th colspan="2"></th><th>普查</th><th>重点调查</th><th>典型调查</th></tr>
<tr><td colspan="2">相同点</td><td colspan="3">都属于统计调查，具有明确的调查总体，而调查总体是由具有某一或某些共同特征的许多调查单位构成</td></tr>
<tr><td rowspan="6">不同点</td><td>范围</td><td>全面调查，调查总体的全部</td><td colspan="2">非全面调查，调查总体的部分</td></tr>
<tr><td>研究目的</td><td>取得全面的、系统的国情国力资料，为政府制定发展战略、规划、政策和科学决策提供依据</td><td>在于了解总体数量的基本状况，为主管部门指导工作服务</td><td>补充全面调查的不足和研究新情况、新问题，借以认识事物的本质特征、因果关系、变化趋势，为理论和政策性问题研究提供依据</td></tr>
<tr><td>调查单位的选择</td><td>不选择，应查尽查每个调查单位</td><td>依据调查单位的标志值在标志总量中的比重来确定少数重点单位，选择是客观的且可量化</td><td>与研究目的和研究者主观倾向有关</td></tr>
<tr><td>适用场合</td><td>不需要经常调查但又需要掌握其全面情况</td><td>不要求全面数据，确实存在重点单位，且易识别，能比较集中地反映所研究的项目或指标</td><td>选"典"的方法不同，既适用于总体中调查单位差异比较小的情况，也适用于总体中调查单位差异比较大的情况</td></tr>
<tr><td>推断总体</td><td>可以</td><td>不能</td><td>一般不能，但在"划类选典式"时可推断</td></tr>
<tr><td>结果可靠程度</td><td>较高</td><td>高于典型</td><td>较低</td></tr>
</table>

3.3　抽样调查

　　抽样调查是非全面调查的一种，也是抽取部分个体进行的调查，只是抽取的方法上有一定的规定和要求。抽样调查的主要目的就是确保样本对总体的代表性进而提高总推断的可靠性。遵循随机原则的抽取，则称为概率抽样，而随意抽取或根据主观判断的抽取，则称为非概率抽样。在正式介绍两种抽样类型之前，需要先介绍几个关键概念。

3.3.1 关键概念

抽样调查的关键概念有 6 个，分别是总体、个体、样本、样本容量、抽样单位和抽样框。下面将逐一介绍。

定义

1) 总体（population）：考察对象的全体。

2) 个体（element）：组成总体的每一个考察对象。

3) 样本（sample）：从总体中所抽取的一部分个体。

4) 样本容量（sample size）：样本中个体的数量。

5) 抽样单位（sampling unit）：一次直接抽样所使用的基本单位。

6) 抽样框（sampling frame）：对可以选择作为样本的总体抽样单位列出名册或排序编号。

对于总体的界定，是源于实际要研究的问题。例如要研究某个遗址的石刻病害情况，则这个遗址的所有石刻就构成了总体。但事实上，人们没有办法对无法统计、尚未调查或发掘的石刻进行研究，因此只能从理论上界定，描述为遗址的所有石刻构成的总体，通常称这样的总体为研究总体。那么人们可以实际开展研究的是在已发掘、可接触、可统计的范围内的那些石刻构成的集合。所以，通常把排除了研究总体中的一些特例后的总体称之为抽样总体，即是实际可以开展工作的总体。当然样本的选择也是基于抽样总体而进行的。此外，值得注意的是，为了突显研究的实际问题，或者说为了紧扣关注的内容，也会有人把"病害情况"放在总体的界定中，不论是研究总体还是抽样总体。例如，这个遗址的所有石刻病害情况是研究总体。类似的，如果想要了解观众对某博物馆的特展收费的观点，则这个博物馆所有观众对特展收费的观点构成了总体。从而，对于个体的描述，可以是这个遗址的每件石刻或这个遗址的每件石刻的病害情况，这个博物馆的每个观众或这个博物馆每个观众对特展收费的观点。在本书中，我们采用不把具体研究内容放入总体的界定，只是落在石刻、洞窟、动物骨骼、瓷片、博物馆、观众等身上。

由总体抽取一部分个体所组成的集合，就是样本，其具体个体数量由样本容量决定。样本容量是个无单位的量。需要提醒大家的是，对同一总体而言，样本容量一定的情况下，样本可以有多个。可以这么理解，同一调查员在不同时间抽取的样本中的个体是不尽相同的，不同调查员在同一时间抽取的样本中的个体也不尽相同。例如，上例中，已知某博物馆的所有观众有 2 万人，样本容量为 2000，调查员 A 抽取的 1 个样本中的 2000 个人应该不会与调查员 B 抽取的 1 个样本中的人完全相同，即使调查员 A 在不同的时间抽取了两次，形成的两个样本中的个人，也未必完全一样。

抽样单位与构成总体的含有信息的基本单位，即个体，有时相同，有时又不同。这一般取决于是一次直接抽样还是两次及两次以上的多次抽样。如果是一次直接抽样，如 2000 个人是一次抽取获得的，那么抽样单位则与个体相同，如果先抽取观众来源地，再抽取观众，那么第一次的抽样单位是来源地，而不是观众。

抽样框又称作抽样范围，目的在于确定总体的抽样范围和结构，是一次直接抽样中总体中所有抽样单位的名单，是按照一定顺序编制的列表。常见的抽样框有工作人员花名册、博物馆名录、文物列表、文物保护单位列表、非遗传承人名单等，如图 3.2，它是全国第七批重点文物保护单位名录。在没有现成的名单的情况下，可由调查人员

编号（批次-编号-分类-分类号）	名称	时代	地址	省份	分类	批次
7-0001-1-001	延庆古崖居	明以前	北京市延庆县	北京市	古遗址	第七批
7-0002-1-002	四方洞遗址	旧石器时代	河北省承德市鹰手营子矿区	河北省	古遗址	第七批
7-0003-1-003	化子洞遗址	旧石器时代	河北省承德市平泉县	河北省	古遗址	第七批
7-0004-1-004	孟家泉遗址	旧石器时代	河北省唐山市玉田县	河北省	古遗址	第七批
7-0005-1-005	新桥遗址	旧石器时代	河北省邯郸市涉县	河北省	古遗址	第七批
7-0006-1-006	筛子绫罗遗址	新石器时代	河北省张家口市蔚县	河北省	古遗址	第七批
7-0007-1-007	三各庄遗址	新石器时代	河北省沧州市任丘市	河北省	古遗址	第七批
7-0008-1-008	哑叭庄遗址	新石器时代至东周	河北省沧州市任丘市	河北省	古遗址	第七批
7-0009-1-009	万军山遗址	新石器时代、商	河北省唐山市迁安市	河北省	古遗址	第七批
7-0010-1-010	庄窠遗址	新石器时代、商	河北省张家口市蔚县	河北省	古遗址	第七批

图 3.2　全国第七批重点文物保护单位名录部分

自己编制。例如，从 1000 名非遗传承人中抽出 100 名组成一个样本，则 1000 非遗传承人名单就是抽样框。现实中，通常既有的抽样框界定了抽样总体。然而，需要注意的是，抽样框也会产生误差。这种误差主要来源于两种情况：一是"遗漏"，也称为"覆盖不足"，是指有些目标单位没有在抽样框中出现，因而也就没有机会被选入样本，这些单位成为丢失的目标单位，使得调查人员低估了总体中的个体情况，会影响样本对总体的代表性；二是"重复"，有些目标单位在抽样框中出现不止一次，增加了入样的机率，也会影响样本对总体的代表性。好的抽样框应做到完整而不重复。因此，不论是使用现有的名单，还是要新编制名单，都需要通过检查或其他方式避免重复和遗漏的情况发生。

3.3.2　概率抽样

概率抽样是一种排除主观意识的随机抽样，是指按照一定的概率从构成总体的所有个体中随机选择一部分进入样本的抽样方法。每一个个体被抽中的概率是已知或可计算的。由样本得出的结论可以推断总体情况。此外，概率抽样可对抽样误差进行计算和控制。概率抽样主要分为简单随机抽样、分层随机抽样、系统随机抽样、整群随机抽样和多阶段随机抽样，如图 3.3 所示。

图 3.3　概率抽样分类

（1）简单随机抽样

从 N 个总体中，不重复逐个抽出 n 个个体（$n<N$），每个个体都有相同的机会被取到，这样的抽样方法称为简单随机抽样。该抽样方法的特点在于：总体的个体有限、逐一抽取、不放回和等概率。具体实现方法一般有两种：抽签法和随机数表法，如图 3.4 所示。

抽签法是将总体的所有个体逐一作签，搅拌均匀后进行抽取。具体操作分为 5 个步骤：

1）编号：将总体中的所有个体编号，号码可以从 1 到 N；

2）做签：将 1 到 N 这 N 个号码写在形状、大小相同的号签上，号签可以用小球、卡片、纸条等制作；

3）搅匀：将号签放在同一箱中，并搅拌均匀；

4）抽号：从箱中每次抽出 1 个号签，并记录其编号，连续抽取 n 次；

5）提取：从总体中将与抽到的号签编号相一致的个体取出。

随机数表法是将总体的所有个体编号，从随机数字表中一个随机起点开始，按一定顺序抽取，直至达到所需的样本容量。具体操作分为 4 个步骤：

1）编号：对总体的个体进行编号；

2）确定起始位置：在随机数表中任选一个数作为开始；

3）选号：从选定的数开始按一定的方向读下去，如从左到右，得到的号码若不在编号中，则跳过；若在编号中，则取出；如果得到的号码前面已经取出，也跳过；如此继续下去，直到取满为止；

4）提取：根据选定的号码抽取样本。

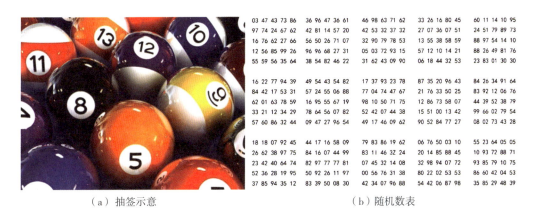

（a）抽签示意　　　　　　　　　　（b）随机数表

图 3.4　抽签和随机数表

由于简单随机抽样需要对所有个体编号，所以当总体的个体数较多、个体分布较广时，编号过程本身就费时费力，操作起来有一定的难度。此外，当总体中的个体差异较大，即异质性较高时，这样的选择方法也很难保证样本的代表性。

案例 3.6

某遗址地发现了 160 件同一风格的造像碑，为了进一步考察这些造像碑的特点，要从中抽取 30 件进行深入研究，采用简单随机抽样的方法抽取样本如下：

- 抽签法：将160件造像碑编号为001，002，…，160，并做好大小、形状相同的号签，分别写上160个数，将这些号签放在一起，进行均匀搅拌，接着连续抽取30个号签，这30个号签对应的造像碑即为所要抽取的样本。
- 随机数表法：将160件造像碑编号为001，002，…，160，在随机数表中选定一个起始位置，如取第18行第1个数开始，按照一定的顺序选取30个数，这30个数对应的造像碑即为所要抽取的样本。

（2）分层随机抽样

如果总体是由差异明显的几部分组成，为了保证样本结构和总体结构的一致性，提高样本的代表性，就可以借助分层抽样。分层随机抽样的基本思路是将总体分成互不交叉的层，然后按照一定的比例，从各层独立地抽取一定数量的个体，将各层取出的个体合在一起作为样本。这里所说的"层"可以理解为通常所说的"类"。分层随机抽样的操作步骤很简单，即分层、求比和抽样。该方法的核心问题是如何分层和如何抽取。关于如何分层，理论上按调查目标变量进行分层是最好的，如要调查的是博物馆观众的参观目的，按不同的目的进行分层是最合适的，但在调查之前实际有哪些目的，我们是不清楚的，更别说以此分层了，因此只能是根据与目标变量最相关的辅助变量进行分层，这里考虑可以按跟参观目的相关信息分层，如观众年龄、参观频率和来源地等已知相关信息分层。当然如果有多个信息选择，可以考虑以增加层内的同质性和层间的异质性、突出总体内在结构的信息为分层依据。对于如何抽取，首先在抽取比例上是由每层个体占总体的比例确定，其次各层抽样按简单随机抽样或系统随机抽样的方法进行。分层抽样的优点在于能保留总体的结构，提高了样本的代表性。但同时也意味着，与简单随机抽样相比，需要对总体的个体情况有一定的了解，最起码要知道可作分层的依据有哪些。

案例3.7 --

某博物馆专家库中共有200名专家，包括20名考古学家、50名历史学家、50名人类学家、80名博物馆学专家。博物馆工作人员将专家根据研究领域进行分层，每一层都按一定比例进行简单随机抽样，得到一个具有代表性的专家名单，邀请名单上的专家对新展览的主题和内容进行评估。

（3）系统随机抽样

系统随机抽样也叫等距抽样，是将总体各个个体按一定顺序排列，根据样本容量要求确定抽选间隔，然后随机确定起点，每隔一定的间隔抽取一个单位的一种抽样方法。具体分为 4 个步骤：

1）编号：先将总体的 N 个个体编号，有时可直接利用自身个体所带的号码，如职工号、门牌号等；

2）分段：确定分段间隔 k，对编号进行分段，当 N/n（n 是样本容量）是整数时[1]，取 $k=N/n$；

3）确定初始个体编号：在第一段用简单随机抽样确定第一个个体编号 l（$l \leqslant k$）；

4）取样：按照一定的规则抽取样本，通常是将 l 加上间隔 k 得到第二个个体编号（$l+k$），再加上得到第三个个体编号（$l+2k$），依次进行下去，直到获取整个样本。

值得注意的是，系统随机抽样在使用时，要关注总体中个体的排列，对于要研究的信息或变量而言，个体应该是随机排列的，而不是在研究的信息方面或变量上存在相关的规则分布。如果研究的问题跟观众的收入有关，而观众的排列又是按收入的高低进行，那么很可能在抽取时会只抽到某一或某些段位的个体，没有办法全面体现收入的多样性，因此无法确保样本的代表性。此外，如果个体的排列与抽样间隔一样出现周期性分布，也会导致只能选择一种类型的个体。如图 3.5 所示，如果起始位置是 1 或 2，抽样间隔是 3 或 6，则永远抽到的是同一类器形的文物。系统随机抽样的优点在于易实现，且对于总体的个体信息不需要象分层随机抽样那样有较多了解。

图 3.5　周期排布图

案例 3.8

在故宫博物院社会化媒体传播内容的一项研究中，研究人员探究了故宫官方微博与微信的传播内容特点和内容呈现方式特征，分析了其传播效果影响因素及

---

[1]　如果不为整数时，要事先等可能剔除部分个体，以获得整数间隔。

发展现状，提出了故宫官方微博与微信传播内容改善策略和可行的发展方向。[1]

　　该研究的对象为故宫博物院的官方微博账号"@故宫博物院"。截至2019年7月10日，其关注量为271，粉丝量约为670万，发布微博总数为8795条。采用系统抽样方法对故宫博物院官方微博2018年1月1日至2019年6月30日共一年半间的微博进行抽样。总数约1360条，以6为抽样间距在1360条微博中进行等距抽样，共抽到227条作为样本。

　　（4）整群随机抽样

　　整群随机抽样是将总体划分为若干群，然后以群为抽样单位，从中随机抽取一部分群，并对选中的各群中的每一个基本单位进行调查。这种常见的抽样方式可用于对文创产品的质量检查，对一批入馆的文创产品，不需要逐个开包检查每个产品，只需要随机抽取几盒，对这些盒中的产品进行逐一检查即可。整体操作可分为分群、抽群和逐一调查三个步骤。此方法的关键在于如何划分群。关于群的划分一般可以按自然归属地或行政区域进行。当然，人为组群也是可以的。分群或组群需要遵循的原则是：尽量扩大群内差异，而缩小群间差异，以便每个群都具有足够好的代表性。如果所有群的同质性都很强，那么抽几个群就可以获得代表性很高的样本，但是反之，群间差异较大，群内的个体差异较小，则容易导致较大的误差，极端情况如图3.6所示。总体上整群随机抽样适用于群间同质性强，群内异质性强的情况。而群要取多大，即群的规模的如何，一般取决于精度与费用之间的平衡。可以看出，整群随机抽样的优点在于抽样框编制简单，实施起来也相对比较便利。其缺点也是显而易见的，由于样本的构成取决于部分群，个体不是均匀地分布在总体中，因而代表性差，导致抽样误差大。

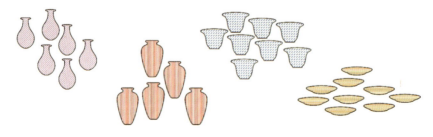

图3.6　极端情况

[1]　王倩.故宫博物院社会化媒体传播内容研究[D].大连理工大学，2020.DOI:10.26991/d.cnki.gdllu.2020.000421.

（5）多阶段随机抽样

当总体数量大，其个体分布又广时，若采用简单随机抽样，个体编码和现场实施抽取都是比较困难的，若采用分层随机抽样或整群随机抽样都需要了解总体的相关信息，以确定如何分层或分群，这是非常繁重的工作，若采用系统随机抽样，须将总体中的所有个体进行有序排列并等距抽取，这也是困难的事。因此，可以考虑采用多阶段抽样。多阶段抽样是指在抽取样本时，分为两个及两个以上的阶段从总体中抽取样本的一种抽样方式。其具体操作步骤为：

1）将总体分为若干个一级抽样单位，从中抽选若干个一级抽样单位入样；

2）将入样的每个一级单位分成若干个二级抽样单位，从入样的每个一级单位中各抽选若干个二级抽样单位入样……依此类推，直到获得最终样本。

如果我们要调查的是全国文保单位的设备购置情况，可以分三阶段抽样，即省抽市、市抽区、区抽文保单位。多阶段抽样每一阶段的抽样可以相同，也可以不同，通常与分层随机抽样、系统随机抽样、整群随机抽样结合使用。但一般情况下，多阶段随机抽样通常与整群随机抽样结合使用，即前面的阶段可以是其他抽样，最后一阶段为整群随机抽样。与整群随机抽样相比，保持了其优点，也一定程度上改善了样本分布不均的问题。由于多阶段随机抽样是分阶段实施的，因此抽样框也可以分级进行准备：在第一阶抽样中，仅需准备总体中关于初级单位的抽样框；在第二阶抽样中，仅需对那些被抽中的初级单位准备二级单位的抽样框，以此类推。多阶段随机抽样适用于总体数量多、分布广、情况复杂、实施困难的情况。但由于每个阶段都会产生抽样误差，经过多阶段，总的误差会比较大。

（6）几种方法的比较

对概率抽样的上述常用方法作一比较分析，如表 3.4 所示，以帮助大家记忆。

表 3.4　几种概率抽样方法的比较

方法	特点	抽取方法	适用范围	优点	缺点
简单随机抽样	个体编号、逐个抽取、不放回	抽签法、随机数表法	总体中个体数较少	简单易行	总体中个体数量大时，编号费时费力，没有利用总体信息，可能样本代表性差
分层随机抽样	分层、求比、抽样	简单随机抽样、系统抽样	总体由差异明显的几部分组成	保留了总体的结构性、样本代表性好	需要了解总体相关信息才能分层
系统随机抽样	排列编号、分段、取样	第一段用简单随机抽样	总体中个体数较多	易实现	需要了解总体的一定信息进行排列，排列的周期性分布降低样本代表性

续表

方法	特点	抽取方法	适用范围	优点	缺点
整群随机抽样	分群、抽群和逐一调查	简单随机抽样、分层随机抽样、系统随机抽样	总体中个体数较多、群内差异较小、群间差异较大	设计、实施比较方便	样本分布不均匀、代表性差
多阶段抽样	两个及两个以上的抽样阶段	简单随机抽样、分层随机抽样、系统随机抽样、整群随机抽样	总体数量多、分布广、情况复杂的大规模调查	样本个体相对集中，易于实施	多阶段后，总的误差会较大

3.3.3 非概率抽样

非概率抽样是指随意抽取或根据主观判断抽取样本，没有遵循随机原则，总体中每个个体被抽中的几率难以计算。由样本得到结果可以在一定程度上反映总体的特征、性质和趋势等，但不能从数量上进行统计推断来说明总体。但由于其操作简单快速、方便易行，在下述情况中会使用：（1）不打算推断总体的探索性研究；（2）总体过于庞大、复杂，采用概率方法有困难；（3）总体规模小或同质性高，研究者对总体有较好了解；（4）受时间、人力成本的制约。非概率抽样主要包括方便抽样、配额抽样、判断抽样和滚雪球抽样，如图 3.7 所示。

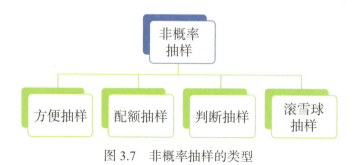

图 3.7 非概率抽样的类型

（1）方便抽样

方便抽样指调查者根据实际情况使用对自己最为便利的方式来选取样本。抽样是随意的、完全按调查者的意愿选取。可能是由于调查者易获取、易招募、易接近等而实施。比如博物馆想做文创产品购买力的调研，可以在博物馆门口进行，见谁就访问谁。为了调查某市的文化遗产地的便民服务情况，调查者可以到离其最近的文化遗产地，把当时正在那里参观的游客选作调查对象。本方法适用于同质性较高的总体、探索性研究、时效性要求高的调查等。但其抽样误差大，对描述性或因果性研究不适合使用。

（2）判断抽样

判断抽样也叫专家抽样或目的抽样，由专家判断而有目的地抽取他认为"有代表性的样本"。一般在占调查总体多数的个体中挑选样本，或在调查总体中挑选能代表平均水平的样本。抽样标准取决于调查者的专业水平、实际经验以及对调查对象的熟悉程度。如果判断准确，有可能取得具有较好代表性的样本。但因不同的人会做出不同的判断，所以此方法主观随意性较大，不能对调查结果进行客观评估。该方法操作成本低，方便快捷，适用于总体的构成差异较大而样本容量小，同时调查者对总体的有关特征具有相当了解的情况，此外抽取深度访谈的样本时，可以使用这种方法。

（3）配额抽样

配额抽样是指将调查总体按某种标准划分为若干层，确定各层单位的样本数额，在配额内任意抽选样本的抽样方法。抽取的样本在已知的特征、特性或重点现象方面具有与总体相同的比例。从步骤上与分层随机抽样相似，都有分层、求比和抽样。都是事先对总体中所有个体按其属性或特征分类，然后按各个控制特性，分配样本数额。但在抽样环节，它与分层随机抽样有区别，分层随机抽样是按随机原则在层内抽选样本，而配额抽样则是由调查人员在配额内主观判断选定样本。该方法实施成本不高，易于实施，能保持总体的结构性，适用于调查者对总体的有关特征具有一定的了解且样本容量较大的情况。但需要注意的是，配额的比例必须精确，同时调查者也要及时掌握分类特征的最新情况。

（4）滚雪球抽样

滚雪球抽样也称推荐抽样，以少量个体为基础，通过线索触发的方式进行，通过推荐和再推荐来逐次抽取并组织样本。主要先随机选择一定数量的被访者作为种子，并对其实施访谈，再根据他们提供的线索选择此后的调查对象，逐渐扩大样本的规模，如同滚雪球一样（如图 3.8），可以找到越来越多具有相同性质的群体成员，直至找到足够多的个体构成样本。这种抽样特别适合对总体不清楚，研究对象稀少或者属于小群体，样本在实际获取中比较困难等情况。如为了对参加某次中国古代壁画保护国际

图 3.8　滚雪球示意

研讨会的人员进行调查，可以先从几个已知参会的人员开始。该方法的优点在于，可以根据某些特征对样本进行控制，比如同一兴趣爱好、同一民族、同一文化习俗等。当然，初始种子的选择并不能做到随机，容易将与种子无关联的潜在个体排除在外，不能保证样本的代表性。对于不断扩充的样本，调查也是倾向于一些愿意合作的调查对象，会有一定的偏差。

3.4　收集数据的方法

不论选择全面调查还是非全面调查，只是在确定调查对象的范围以及如何获得或获取这些对象，如可以考虑抽样法抽取部分个体作为样本，对样本进行考察，解决的是获得调查对象的问题。接下来要考虑如何从调查对象收集数据。下面将重点介绍观察法、访谈法和问卷法。

3.4.1　观察法

在与人或物的接触中，我们通常会对其行为、语言、交流方式和使用情况等进行一定的记录和统计，获得相关的数据。这就是观察法，它是指调查者有目的、有计划的，凭借自己的感觉器官及其辅助工具，直接从现场收集资料的研究方法。其本质与日常观察不同，具有目的性和计划性，对观察对象要进行选择，并能做严格全面的观察记录。通过观察法往往收集到的是原始资料或初级信息。观察法的特点在于：（1）是有目的、有计划的自觉认识活动；（2）是一种在自然状态下的现场调查；（3）主要靠人的感觉器官以及辅助工具；（4）获得是调查对象的外显行为或表现。针对特点（4）需要说明的是，当我们观察的对象是人，如展厅中的观众（如图 3.9 所示），我们通过听和看了

图 3.9　博物馆中的观众

解到他的停留区域、参观路线和参观节奏等，但是至于为什么他会对这个单元感兴趣、为什么没有在一级展品前停留等，这些通常是纯粹"看"不到的。也就意味着表象背后的原因还需要我们通过其他手段进一步揭示。值得一提的是，观察法往往是访谈法和问卷法的基础。

根据观察者与观察对象的接触程度，分为直接观察和间接观察。直接观察是指对所发生的事或人的行为的直接观察和记录，以取得第一手资料的一种方法。比如了解参观展览的观众是谁，其参观路线及过程如何等，可以对展厅的观众进行人数、性别、年龄、前进方向、路线安排等的记录。其优点在于，直接接触，感受真切，能得到直观、具体的资料，且容易形成整体性认识。需要注意的地方在于观察者的差异会影响观察和记录的情况，难免有疏漏和偏颇，此外观察者本身会对被观察者产生一定的影响。间接观察是指通过对与观察对象有关的物化了的社会现象进行观察，并通过推论从而获得关于研究对象的信息。比如同样要了解观众对展览的看法，不需要直接面对观众，可以通过博物馆的留言簿、微信评论、微博留言等获得相关信息。

根据观察时观察者是否参与观察对象的活动，分为参与式观察与非参与式观察。参与式观察是观察者深入到被观察者的生活与工作当中，在密切的相互接触和直接体验中了解他们的言行，以获得第一手研究资料。如观众一起参与一个博物馆的教育互动项目，在此过程中收集相关数据。其中，还涉及一种隐蔽参与式观察，即观察者的身份是不暴露的，主要是为了不干扰或影响被观察者。参与式观察的优点在于使观察不只停留在外部可见、可测现象上，而是深入到事物的内部结构与状态，深入到人的内在感受。该方法需要注意的地方在于，由于观察者也是在活动中或事件中，因此容易以自己的感受代替观察对象的感受。而非参与式观察的观察者仅仅是作为旁观者进行客观地观察，以不介入观察对象的日常生活为原则，如可以通过视频、单向隐式系统来观察博物馆儿童活动空间的亲子互动的情景。其优点在于不影响或不干扰观察对象的正常活动，能使其呈现真实自然的状态。非参与式观察搜集资料比较客观，可提高观察结论的可靠性。但因观察者未能亲身体验活动或进入事件，故难以获得深层次信息。

根据观察过程的严密程度，分为结构式观察和非结构式观察。结构式观察是一种标准化和程式化程度都比较高的观察活动，观察者按照预先研制的观察工具与观察要求，设计统一的观察指标与记录标准，对所有的观察对象都实施同样的观察。如观察者都按统一的方式、流程、规范进行观察，并在设计好的记录表上进行标准化的记录。通常结构式观察能获得大量确定和翔实的观察资料，并可对观察资料进行定量分析和对比研究，但其操作缺乏弹性，也比较费时。非结构观察没有结构性假设，只有总的观察目的和要求，或一个大致的观察内容和范围，没有详细的观察项目和指标，所以在具体的观察活动中需要根据当时的实际情况而有选择地进行观察。与结构式观察相比，非结构式观察比较灵活，适应性强，而且简便易行，但获得资料难以进行定量分析，且也会呈现信息零散难以聚焦的情况。介于结构式观察和非结构式观察之间的是半结构式观察，它既能获得较为翔实和可量化的数据，也能获取一些内在差异性的资料。

观察法的基本步骤包括以下 6 个步骤：

（1）确定观察问题：确定需要通过观察活动期望回答的问题。因为问题的确定必须考虑在某一场景里通过观察而获得解决问题的相关信息，所以当研究问题确定时，观察者和观察对象也基本确定。

（2）制定观察计划：观察计划决定了观察活动是否能够顺利开展，制定时要涉及观察目的、重点、范围以及要搜集资料、观察的次数，每次观察的时间、采用的仪器、制订哪些表格以及填写的要求等。

（3）编制观察提纲或确定观察变量：为使观察内容进一步具体化，需要编制具体的观察提纲、确定观察变量。观察提纲的编制可以从以下方面考虑：

- 谁：谁在观察现场、有多少人等。
- 什么：发生了什么事、在场的人有什么行为表现、他们说了或交谈了什么等。
- 何时：有关行为和事件是什么时候发生的，持续了多久、频次如何。
- 何地：行为或事件在哪里发生、这个地方有什么特点或不同。
- 如何：事件如何发生、事件的各个方面相互之间有什么样的联系。
- 为什么：为什么这些事件会发生、促使这些事件发生的原因是什么。

观察变量是观察内容的具体体现，反应了观察的细度。观察变量所要登记的应该是便于观察记录的内容，同时能量化的应尽可能量化，以便统计。比如反应观众对展品的关注程度的，可以统计其观看时长、观看次数、谈论次数等。此外，观察变量的命名不能含糊不清、模棱两可，如研究关心的是观众观看展品的时间，如果仅用"停留时间"来表示，很容易把那些停留在展品前而实际并未观看展品的观众的停留时间包含在内，出现严重偏差。

（4）进入现场环境：主要是获准能进入接近观察对象的现场，同时还要考虑以何种角色进入现场，获得认可和接受，可以被允许和接纳。此外，在现场还要考虑观察位置的选择，要结合光线、声音、空间人小、视野等因素，保证能进行有效、全面、客观、准确地观察。当然也要考虑是否参与其中。

（5）记录观察内容：观察内容的记录要尽量准确和全面，要尊重事实，有什么记什么，不能凭主观想象，也不能凭空捏造，对于记录的信息要逐一核查，尽量不要漏掉信息。记录时可采用描述记录法、取样记录法和核对清单法。

（6）处理观察者效应：排除、降低或弥补由观察者对观察对象产生的干扰、观察者偏见带来的偏差、观察者的行为或言语对实际现象的"污染"以及观察者自身经验或能力不足所带来的信息缺失。

> **小贴士**
>
> 观察者效应（observer effect）：源自物理学的双缝实验，是指由于观察者的存在改变了物质的状态。常指被观察的现象或事物会因为观察行为而受到一定程度的影响。

观察法的优点是简便易行、真实可靠和直观生动，且能获得无法言表的信息。其缺点在于观察有时间性，时间不同，现象也可能不同。此外，观察依赖于观察者，结果受其能力、经验和主观意识的影响。同时，观察到的都是外在表象，没有办法触及事物的本质和人们的思想意识。从操作成本上讲，观察法不适合大面积调查。

案例 3.9

　　为了探讨参观者行为变化与他们在博物馆的参观时长、展品内容、位置等展陈设计以及展线设计之间的关系，中国传媒大学的杨红与龚易澄在首都博物馆北京民俗展开展参观者调研，并选择了 20 世纪 80 年代美国史密森学会在美国自然历史博物馆调研时所采用的观察方法，即研究人员在观众参观博物馆陈列的自然状态下，观察其行为和动作，记录数据，制图描绘出参观者的行为变化趋势。并结合对个别已完成参观的观众进行的简单访谈，对整个展馆进行分析评估。[1]

　　在进行调研方案设计时，研究人员充分考虑了观察地点、观察对象和观察方法。选择了首都博物馆"北京旧事——老北京民俗展"，该展览在空间布局上采用了廊道空间模式，在展线设定上采用了辐射式展线，并且下属四个展厅在展品内容选择，展品位置摆放以及展陈设计方面不尽相同。研究人员在每个展厅选择 20 位成年人进行跟踪观察，不提前告知也不提醒观察对象任何与调研相关的事宜，并在事后进行随机访谈。

　　在观察开始前，研究人员预想并设置了参观者的主要行为选项，包括"专注于一件展品""展品巡览""关注厅内环境"和"其他行为"四个方面，并设置记

［1］ 杨红，龚易澄 . 博物馆民俗文化展厅参观者行为观察与分析——以首都博物馆北京民俗展为调查对象 [J]. 中国博物馆，2020(01):89 - 94.

录表进行跟踪观察。采集观察数据的方法为：跟随一个参观者，每 5 秒记录一次，2 分钟为一组，一组记录 24 个数据，即每隔 5 秒观察参观者的行为，并在四个选项中勾取，持续到该参观者结束一个展厅的参观。最终，基于数据分析得出的参观者行为变化的规律，研究人员对展厅展线设计、展览节奏安排和展览叙事方式提出了相应的意见和建议。

3.4.2 访谈法

访谈法也称访问法，是指调查员通过有计划地与被调查对象进行口头交谈而了解某人、某事和某种观点等的方法，是一种最传统、最普遍的收集资料的方法。访谈的过程实际上是访谈者与被访谈者双方面对面的社会互动过程。它与日常谈话不同，不是漫无目的的交谈，访谈有明确的目的性，访谈者与受访者接触较为正规，受访者所提供的信息应该大致限定在访谈目的之内。访谈法的特点在于：（1）双向互动性：整个访谈过程你来我往，是访谈者与受访者相互影响、相互作用的过程，受访者根据访谈者的问题进行反应，而访谈者围绕访谈目的，根据受访者的回答或反馈给予跟进或调整；（2）技巧性：访谈开展的是否顺利，取决于访谈者的态度、对主题的把握、问题引导的方式、节奏的控制等，要求访谈者具备一定的技巧；（3）灵活性：访谈的过程中，访谈者可随时根据具体情况来决定是否需要进一步问一些与调查主题有关的其他问题，或者让受访者重复说明一些地方，当然也可以调整问题的顺序和提问的方式，语言措辞上也可因人、因情景而异；（4）计划性：访谈有其特定的目的，并有一定的计划安排，遵循原则按要求实施。

因研究的目的、性质或对象的不同访谈法可有不同的类型。根据访谈中访谈者与被访者的交流方式，分为直接访谈和间接访谈。直接访谈是访谈者与被访者进行面对面的交流，如图 3.10 所示，访谈者既可以走出去到被访者的所在地进行，也可以请被访者走进来进行。访谈者不仅能广泛深入地了解被访者的思想、态度和情感等情况，还可以观察到许多非言语信息，如表情和肢体行为等，可帮助访谈者加深对访谈内容的判断和理解。间接访谈是访谈者借助于某种工具对受访者进行访问，如电话访问、网上调查等。适用对于某些不适宜面对面交谈的问题或情况，访谈问题一般应少且简单，访谈时间不宜过长。其优点是快速，可节约大量访谈时间。同时也能节省调查费用。与直接访谈不同，由于不是面对面，所以具有较高的隐蔽性和保密性。当然，由于访谈时间的限制，难以对问题进行深入探讨，访谈者也无法直接观察用户的表情、动作等各种非言语信息。因此在资料获取方面，不如面对面客观和直接。

图 3.10　直接访谈

　　根据一次访谈的人数，分为个别访谈和集体访谈。个别访谈是指访谈者对受访者逐一进行的单独访谈。这个方法的特点是易于沟通交流，方式灵活具有一定的适应性，可获得较为细致全面的信息。个别访谈多用于个案研究、小规模调研或敏感问题调研。集体访谈是访谈者邀请若干个受访者，通过集体座谈的方式搜集有关资料，即开座谈会。实施前要提前确定访谈提纲，并提前通知参加访谈的人做好准备。参加集体访谈的人数最多不宜超过 10 个，以 5~7 人为宜。集体访谈实施得当可以节省调研时间，开阔调查视野，能深入推进调查问题，否则容易导致走过场，不能获取客观、真实、全面的资料。

　　按照对访谈过程的控制程度，分为结构式访谈、无结构式访谈和半结构式访谈。结构式访谈，也称为标准化访谈，由访谈者按照事先设计好的访谈问卷或提纲依次向受访者提问并要求受访对象按规定标准进行回答的一种调查方法。之所以称这种访谈为标准化访谈，是因为访谈问卷或访谈提纲是标准化的，即题目、内容、顺序都是完全统一的。其优点在于访谈结果方便量化，调查结果可靠性高。缺点是费用高，时间长，因而往往使调查的规模受到限制，此外由于标准化问卷或提纲无法包括全部情况，因此这种访谈很难触及深层次信息。无结构式访谈是按照一个粗线条的提纲或仅一个题目，由访谈者与被访者在这个范围内进行交谈。虽然也有调查讨论的主题，但访谈者并没有要求所有的受访者按统一格式和标准的程序作答。受访者也可以比较随便地提出自己的意见，而不管访谈者想得到什么样的答案。该方法的优点是弹性大，能扩展问题的广度和深度。但其缺点是由于缺少标准化约束，时间难以把控，获得的信息也难以量化。无结构式访谈适用于探索性的研究，用于深入了解个人态度、动机、价值观、态度、思想等。半结构式访谈介于结构和无结构之间，有访谈提纲，有结构式访谈的严谨和标准化的题目，同时也给受访者留有较大的表达自己想法和意见的空间。进行访谈时，访谈者具有调控访谈程序和措辞的自由度。半结构式访谈兼有结构式访谈和无结构式访谈的优点，既可以避免结构式访谈缺乏灵活性，难以对问题作深入探究等的局限，也可以避免无结构式访谈的容易离题，难以做定量分析的缺陷。

访谈一般涉及以下环节：准备访谈、进入访谈、控制访谈、结束访谈和记录访谈。准备阶段需要准备访谈问卷或提纲，界定受访者的群体范围，确定适当的受访者，并根据访谈目的和要求选择和准备记录工具，同时拟定实施访谈的程序表。进入访谈环节，主要是取得社区、单位或机构的支持，获准进入访谈现场，并解决称呼问题，顺利接近受访者。对于接近受访者，可以开门见山式自我介绍，说明来意，请求理解和支持，也可求同接近、友好接近或是自然接近。访谈进入时，最好从可增强受访者信心的问题开始，以便能都顺利进行。访谈过程中需要一定的控制工作，一是对题目进行控制，主要包括题目转换、追问、发问和插话等方面；二是对表情或行为进行控制，访谈者自始至终都要在表情和行为上表现出礼貌、谦虚、诚恳和耐心，做一名好的听众非常重要。访谈要做到适可而止，在最佳的时机结束访谈，向受访者表示感谢。对于结构式访谈，内容可记录在问卷或表格上。对于非结构式访谈，可进行当场记录或事后记录。当场记录是在受访者同意的情况下边问边记录，可保证资料的完整性和客观性，但在记录时会无暇顾及受访者的表情或动作要表达的信息。事后记录是在访谈之后靠访谈者的回忆进行书面记录，当然也可以在受访者同意的情况下事先通过录音、录像设备进行记录，事后进行观看回放补书面记录。

访谈者最好经过挑选，一般尽可能选择那些经过训练、有调查经验、对所调查问题比较熟悉的人作访谈者。当然针对访谈的主题、受访者的类型、访谈的环境等，也可以从年龄、性别和教育程度等方面进行挑选。此外，个人对工作的耐心、勤奋、主动和细心等特质，也是选择访谈者时要考虑的因素。

访谈法的优点在于：（1）适用范围广：只要具备正常的语言表达能力，经过一定的训练就可进行；（2）灵活性强：因为访谈是双向的交流和沟通，在访谈过程中，访谈者可以根据情况调整问题的顺序、把握访谈节奏、引导受访者关注重点话题，并可对受访者不清楚的问题进行解释和确认，确保信息的准确传递；（3）信息真实具体：由于是面对面的交流，所以可以通过倾听和观察看到受访者的反应，进而访谈者可对受访者的回答或陈述进行真实性判断，此外交流所能营造的宽松氛围也易鼓励受访者能真实、自然地陈述自己的观点和看法；（4）成功率较高：访谈中，调查者能控制环境和主导访谈过程，因此可以尽量避免出现受访者草草了事的情况，访谈者鼓励性的语言和行为都有助于受访者表达真实想法。但访谈法的问题也是明显的，主要体现在：（1）操作成本高：因为访谈是一对一地进行，即使是集体访谈，一次受访的人数也有限，因此对于稍大规模的访谈任务，花费的时间、人力和物力成本都高，况且一般访谈者也需要经过训练，增加了培训成本；（2）易受主观因素影响：由于受访者直接面对的是访谈者，访谈者的语言、态度、表情和行为等都可能对受访者产生影响，有的是积极的，有的可能是负面的，会影响受访者回答内容的真实性，甚至受访者在主观意愿上出现排斥或不配合等，直接影响访谈效果；（3）记录较困难：访谈过程中，一般受访者表达的内容较多，时间也较长，要将内容全面完整地记录下来比较困难，特别对于无结构访谈，在没有现场录音的情况下，用纸笔记录很难进行，即使是事后追记和补记，也难免不会遗漏信息；（4）隐蔽性差：访谈多是面对面，匿名性差，受访者会有暴露感，难免有所顾虑，特别是碰上要调查敏感或个人化的问题时，受访者会不容易配合。

访谈法适用于调查的问题比较深入，调查对象差别较大的情况。但因为调查成本的问题，不适合大规模的调查，在调查对象数量较小的情况下适用。当然，当调查内容涉及个人隐私或敏感话题时，也不适合。

案例 3.10

为了能更好地了解板头曲在传承过程中遇到的问题，争取提出解决问题的方案，南阳师范学院非物质文化遗产研究中心对河南板头曲国家级"非遗"传承人宋光生进行了访谈。在访谈之前，访谈者对河南板头曲的基本信息和历史沿革，以及宋光生的生活经历有初步了解，并以"邓州是个'曲子窝'""学艺从'抓筝'开始""硕果累累的学术成就""对板头曲传承保护的实践与思考"四个方面为访谈大纲进行深入访谈。[1]

在访谈的开始，访谈者用较为轻松的话题开始这次访谈：

张杰（以下简称"张"）：在您还没有学习古筝之前，您生活在一个怎样的音乐艺术环境之中？

---

[1]　张杰.河南板头曲国家级"非遗"传承人宋光生访谈录 [J].文化遗产，2021(05):150-158.

宋光生（以下简称"宋"）：我在5、6岁的时候就开始听大调曲子，还在一边帮腔，民间的文化氛围特别浓……还有就是茶馆，在茶馆里都是玩大调曲子的，那算是多得很，每天晚上都在那里唱。

在访谈过程中，访谈者抓住了宋光生话中的关键词"茶馆"，由此提问并引出了板头曲的发展变革：

张：茶馆里唱曲的人能赚钱的吗？

宋：唱曲的不但不赚钱，还要往里贴钱，都是一些文人雅士自娱自乐……你想学你就跟着听，跟着玩，曲友们可以相互指导，玩着玩着就学会了，所以玩大调曲还要往里赔钱。我觉得目前大调曲子只衰不亡的原因就是因为它不依赖经济，不依赖市场，而像其他一些曾经靠演出、靠卖唱、靠卖艺、靠表演给别人看的民间艺术形式，很多早已经消失了。

……

结束关于板头曲起源及发展的谈话之后，访谈者将话题从板头曲自然地过渡到传承人与板头曲之间的故事，问题包括"您从什么时候开始学古筝""您学习抓筝的时候是看什么谱子""什么时候开始看谱子的"，层层深入了解了传承人从青少年开始与板头曲结缘、深入学习再到工作的经历：

张：您拉大弦拉了多久？

宋：因为我之前有会简谱的基础，所以上手拉大弦特别快，学了两年……回来以后我就进了刁河区曲剧团，那是一个业余曲剧团……

……

随着传承人访谈内容的不断深入，访谈者将话题转移到传承人的学术研究上，并从传承人的学术研究成果过渡到其对板头曲传承保护的思考与建议。通过"作为非物质文化遗产，您对板头曲的保护传承都有怎样的想法？对我们今后的工作寄予哪些希望""您觉得应该如何培养板头曲的传承人"等问题，了解到了传承人对于板头曲传承与发展的态度。

3.4.3　问卷法

问卷法是调查者通过事先统一设计的问卷来向调查对象了解情况、征询意见的一种资料收集方法。与拟定访谈提纲的程序相似，需要事先设计和准备好问卷，只是问卷法不像访谈法那样可以由访谈者当面进行解释、说明，所以问卷设计的要求更高。问卷法的特点在于：（1）标准化调查：主要通过统一设计的、标准化的问卷获取信息；（2）间接调查：与访谈法不同，问卷法不用面对面开展，可以由调查对象自行填写；（3）书面调查：问卷的内容以书面的形式呈现，受调查者也需要通过书面的形式回答；（4）易量化调查：问卷法是一种结构化的调查，其问题形式、表达、顺序和答案呈现的方式甚至是内容都是固定的，便于结果的量化处理。

按照问卷填答者的填写情况，分为自填式问卷和他填式问卷。自填式问卷是由被调查者本人填答的问卷（如图 3.11 所示）。进一步按照问卷传递方式的不同，可分为报刊问卷、邮政问卷、发送问卷和网络问卷。其中，发送问卷是由调查者或他人将问卷送到调查对象的手中填写，填写好后再被逐一交汇或收回。他填式问卷是由调查者根据被调查者的回答而填写问卷，又按照与被调查者交谈方式的不同，又可分为访谈问卷和电话问卷。

图 3.11　观众调查问卷

一般而言，一份问卷通常包括以下几个部分：标题、封面信、指导语、问题及答案、其他资料。

- 标题反映的是问卷调查的主题是什么，如"公众文物保护意识调查""浙江省博物馆观众购票意愿调查""中小博物馆馆藏资源利用困境调查"，目的在于把调查对象和调查内容反映出来。
- 封面信是致被调查者的一封短信，主要向其介绍和说明调查的目的以及调查者的身份，消除被调查者的顾虑以便使其理解和支持。封面信篇幅不长，但在整个问卷中的作用非常重要。内容上通常包含：调查的主办单位或个人的身份、调查的内容和范围、调查的目的、调查对象的选取方法等。当然也可以把填写问卷的要求、回收问卷的方式和时间等具体事项也写进封面信。此外，在信的结尾处要向被调查者表示谢意。

● 指导语主要是告诉被调查者如何正确填答问卷，作用相当于填写说明书。指导语有卷头指导语和卷中指导语之分。卷头指导语一般以"填表说明"的形式出现在封面信之后，正式调查问题之前。其作用是对填表的要求、方法、注意事项等作一个总的说明。卷中指导语是指凡问卷中出现每一个可能使被调查者不清楚、不明白、难理解的地方，有可能成为被调查者形成填写障碍的地方，都需要出现一定的说明性、解释性文字帮助被调查者理解。原则上指导语应该简单明确、表述清晰。

● 问题及答案部分是将每个问题及答案按照一定的逻辑编排起来，通常把简单的事实性问题排在最前面，避免让被调查者一开始就产生畏惧和危难心理，而愿意继续填写。相对复杂或敏感的问题宜放在后面。也可以按照行为问题、态度或看法问题、隐私性或敏感性问题这样的顺序排列。

● 其他资料部分包含了方便收集、追溯、统计用的基础信息，如问卷编号、问卷发放及回收日期、调查员姓名、审核员姓名、被调查者住址等。

问卷中问题的提问方式有三种：直接提问、间接提问和假设性提问。直接提问一般是针对基本信息和基础情况的，如人的性别、年龄、职业、受教育程度等，被调查者可以不用太多考虑而直接作答。对于有所顾虑，被调查者不敢或不愿说出自己真实想法的问题，则可用间接提问。间接提问不直接问及被调查者本人的相关情况，而是让其站在第三者的角度，对现象或事件发表自己的观点或说明自己的态度，如"你认为目前文保工作人员一年接受2次的专业培训是否合适？""你觉得博物馆需要在夜间举办类似'博物馆奇妙夜'的活动吗？"等。这种提问方式，在消除被调查者顾虑的同时可以获得其本人的真实态度和想法。假设性提问是假设某一情景，或假设别人对事物有某一种看法，要求被调查者说出自己的想法，如"有人认为，当下文物的抢救性保护比预防性保护更紧迫，你是否同意这种观点？""如果有机会对当前的展览进行改善，你想从哪方面入手？""如果要举办一场亲子考古活动，你觉得首要解决的问题是什么？"。通过假设性提问，可获得被调查者一些深层次想法。

问题设计时要注意：（1）尽量用简单的语言，要使人人能看明白，忌用技术性用语、缩略语和专业术语，不要出现如"你对沥粉贴金工艺的现代作用有何认识？""你对博物馆展览中 AR 的运用有何看法？"这样的提问；（2）每个问题要尽量简短，不能过于冗长；（3）问题表述要清楚，不能模糊不清，避免双重含义问题，不要出现如"你认为展览的内容和形式是否需要改善？""你认为这个互动装置的娱乐性和操控性怎样？"这样的提问；（4）提问时不能流露出个人的倾向性和诱导性内容，不要出现如"大多数观众认为这个文创产品设计的不错，你的看法呢？""你不喜欢人工讲解，是吗？"这样的提问；（5）不用否定形式提问，应该直截了当，避免出现如"你是否赞成文保单位不进行管理改革？""这个展品的说明文字是否不清楚？"这样的提问；（6）不要设置被调查者不知道的问题或无能力回答的问题，避免出现如"你对我国的文化文物和旅游统计调查制度是否满意？"这样的提问，"全国文化文物和旅游统计调查制度"普通大众是不清楚的，再如"你 3 年前参观这个展览时，当时展览海报的主元素是什么？"，由于时间久远，过于细节的内容观众不一定记得清楚，虽然他（她）很愿意回答；（7）避免直接提敏感性问题或隐私性问题，可通过委婉的用语和设置区间的方式化解，如要了解观众的月收入情况，可设置区间"1000 元以下，1000~3000 元，3000~5000 元"等。通常问题的数目一般不宜过长，在 30 分钟内回答完毕为最佳。按照一定的逻辑排列顺序，被调查者熟悉、简单易懂的问题放在前面，比较生疏、较难回答的问题放在后面。主要是先能引起被调查者的配合意愿和兴趣，以便能顺利进行。

根据回答问题的方式，问卷中的问题可分为三类：开放式问题、封闭式问题和半结构性问题。开放式问题由于不需要列出答案，一般放在问卷的后面。所以形式很简单，在设计时，只需在问题下面留出一块空白即可。封闭式问题是让被调查者对已经定好的几个答案做出选择，形式比较多样，具体有：

- 填空式

    您的实际年龄：_____ 岁。

    您家有几口人？ _____ 口。

    您目前居住的城市是：_____。

- 是否式

    您是本地居民吗？　　是□　否□

    您是摄影爱好者吗？　　是□　否□

    您是否用过展览参观预约功能？　　是□　否□

- 单项选择式

    您在这个展厅参观的时长是（请在合适答案后的方框内打√）：

    A. 半个小时以内□　　　B. 半个小时到 1 个小时□

    C. 1 个小时（含）到 1 个半小时□　　　D. 1 个半小时（含）以上□

- 多项选择式

    您对以下哪些展馆更感兴趣呢？（请在合适答案后的方框内打√）

    A. 恐龙馆□　　　B. 生态馆□　　　C. 地质馆□　　　D. 矿物宝石馆□

    E. 贝林馆□　　　F. 海洋馆□

- 矩阵式

    您觉得展厅中的下列因素是否严重影响您的参观体验？（在每一行的适当方框中打√）

	很严重	比较严重	不太严重	不严重	不知道
（1）嘈杂的声音	□	□	□	□	□
（2）昏暗的光线	□	□	□	□	□
（3）浑浊的气味	□	□	□	□	□
（4）拥挤的人群	□	□	□	□	□

- 表格式

    您是否赞同下述观点。（在适当方框中打√）

	非常不赞同	不赞同	不太赞同	有点赞同	赞同	非常赞同
每年应该有固定关闭景区的时间以便进行设施维护和修缮						
语音导览设备的租赁应该收取一定费用						
讲解员应该多由志愿者担任						
游客应该有机会参与到景区活动的策划和实施当中						

半结构性问题介于开放式问题和封闭式问题之间，虽然没有事先确定的答案，但基本限制了可能回答的范围。通常大规模问卷调查一般以封闭式问题为主，而半结构性问题和开放式问题常出现在探索性调查中。

问卷从开始设计到实施一般经过以下环节：列出待收集信息的清单、确定问卷的类型和实施方法、确定每个问题的回答方式、确定每个问题措辞、确定每个问题的顺

序、确定格式和版式、试答并进行修改、大面积
印制、正式实施。

当然为了保证问卷填答的质量和回收率，需
要采用一定的策略和方法。上文提到调查内容最
好与调查者的兴趣或利益密切相关，能够引起他
们的兴趣和注意力，问题应该尽量简单明了、填
答容易。此外，也要严密组织和实施调查工作，

调查员要认真负责，有良好的责任心，最好能亲自到场发放问卷和指导问卷填写。调
查问卷的发放可以选取被调查者容易集中的时间或场地开展。为了能够引起被调查者
的广泛参与，提高效率，也可适当采用一些激励办法，可通过物质奖励、信息交换、
行政要求等实现。通常问卷不可能全部回收，回收率低会严重影响调查结果。一般来
说，当问卷的有效回收率在 30% 左右，其只能作参考资料，当问卷的有效回收率在
50% 以上，则可采纳其中部分建议，当问卷的有效回收率在 70% 以上，其结果可作为
研究结论的依据。当回收率低于 70% 时，最好对未填写问卷的对象进行抽查，着重分
析这些对象的特点，并比较与已填写对象的差异，尽可能再争取这些对象的理解和配
合，补充数据。据统计，一般现场调查、电话调查的回收率相对比较高，调查效果也
较好，而网络调查和邮寄调查的回收率和效果可能不太理想。

总体而言问卷法的优点在于：（1）节省人力、物力、财力和时间，在短时间内可
同时调查很多对象；（2）问卷法调查结果容易量化；（3）问卷调查法可以进行大规模
的调查，不依赖于调查者的参与数量及参与程度；（4）采用同一问卷实施调查，有益
于对数据的比较分析。但其问题在于：（1）由于问卷的问题多是封闭式问题，方便量
化处理，但也限制了获取信息的深度和广度，甚至可能会遗漏一些内容，灵活性差；
（2）不同的调查者针对同一内容，尤其思维方面的考察，在问题和答案设计方面差别
会很大，因此问卷的信度和效度需要经验丰富的调查者检查和保证；（3）问卷的发放
率、回收率和有效回收率是不同的指标，研究实际关心的是有效回收率，但往往高发
放率，并不一定有高的回收率，更不一定会确保有高的有效回收率；（4）一般被调查
者在填写问卷时，实际情况和过程是调查者不知道的，尤其是网络问卷、邮寄问卷等
形式，因此调查者很难知道实际填写问卷的对象是否是目标对象，其填写状况是否真
实，从而难以保障调查结果的质量。由于问卷主要是以文字的形式呈现内容，所以总
体上问卷适用于有一定文化程度的调查对象。因其相对简单易操作，问卷较适用于大
规模调查，主要调查人的人口统计学信息、行为、态度、看法或观点等。

案例 3.11

1. 为了解新冠肺炎疫情如何影响博物馆行业，联合国教科文组织和国际博协等组织都展开过广泛的统计调查。以联合国教科文组织为例，为掌握疫情下全球范围内的博物馆行业现状，该组织在 2021 年年初开展了为期一个月的调查，主要通过各驻地代表处向当地成员国的博物馆从业者进行问卷调查，内容包括疫情期间博物馆的开放情况、各博物馆的线上活动情况以及其他应对措施等。调查共获得 52362 家博物馆的回应与反馈，总样本量约占世界博物馆总数的 75%。经过对回收问卷的定量和定性分析，教科文组织对疫情下博物馆参观人数、博物馆预算和博物馆内活动的变化等有了更全面而客观的认识，如疫情对博物馆参观流量造成了巨大冲击，相较 2019 年大多数国家的博物馆参观人次下降了 60% 以上。该调查为博物馆未来几年该如何进行适应与转变也提出了可行的建议，具有一定的代表性。[1]

2. 浙江台州博物馆"海滨之民"展项将最典型的台州海滨渔村——石塘渔村搬进博物馆，通过五感体验，向观众展示台州海滨的典型风貌。为了获知展览多感官运用的效果，研究人员在"海滨之民"展项结束处发放问卷进行调查，回收有效问卷 148 份。问卷主要包括两部分：观众基本资料和观众参观效果。其中第一部分包括观众性别、年龄、受教育程度、是否为当地居民、是否去过渔村以及是否参观过"海滨之民"展项六项。第二部分为量化打分表格，包括展项的整体感受、展项组成感官的呈现效果、展项所含的信息、多感官展项的接受程度等等。这些量化项目可分为三大类：直观测量、认知测量、情感测量。直观测量，即对触觉、听觉、嗅觉、视觉等感官进行直观的评价，有没有感受到是评价的标准；认知测量，即测量观众的理解程度以及对于渔村印象的形成情况；情感测量，即反映观众态度的同时验证多感官能否激发情感与回忆。通过问卷调查，研究人员揭示了多感官在博物馆场域中应用的良好前景，在视角和范式、反省设计、公平性、多样化等方面提出了思考和建议。[2]

---

[1] 支持博物馆：联合国教科文组织报告指出了未来的选择，联合国教科文组织官网，[2021-08-20] https://en.unesco.org/news/supporting-museums-unesco-report-points-options-future

[2] 王思怡. 多感官体验在博物馆展览营造中的理论与运用——以浙江台州博物馆"海滨之民"展项为例 [J]. 东南文化，2017(04):121-126.

3.5　小结

理解

（1）运用科学的统计调查方法，有计划、有组织地向客观现实搜集资料的过程就是统计调查。

（2）统计调查方案主要确定：调查目的（Why）、调查对象和调查单位（Who）、调查项目和调查表（What）、调查时间和调查期限（When）、调查方法（How）和调查工作的组织实施计划（Plan）。

（3）按统计调查的组织方式进行划分，可以分为全面调查和非全面调查，其中全面调查分为统计报表和普查，非全面调查分为非全面统计报表、重点调查、典型调查和抽样调查。

（4）普查常用于搜集某些不能够或不适宜用定期全面统计报表获取的统计资料。

（5）当调查目的只要求了解总体基本情况、发展趋势，不要求全面数据，而总体中又确实存在着重点单位时，可以采用重点调查。

（6）典型调查的主要目的不在于取得社会经济现象的总体数值，而在于认识事物的本质特征、类别关系、因果关系、变化趋势等，以便为理论和政策性问题研究提供依据。

（7）抽样调查的主要目的就是确保样本对总体的代表性进而提高总体推断的可靠性。

（8）概率抽样的情况下，由样本得出的结论可以推断总体情况。

（9）非概率抽样的情况下，由样本得到结果可以在一定程度上反映总体的特征、性质和趋势等，但不能从数量上对总体进行统计推断。

（10）观察法与日常观察不同，具有目的性和计划性，对观察对象要进行选择，并能做严格全面的观察记录。

（11）访谈法与日常谈话不同，不是漫无目的的交谈，访谈有明确的目的性，访谈者与受访者接触较为正规，受访者所提供的信息应该大致限定在访谈目的之内。

（12）问卷法需要事先设计和准备好问卷。

掌握

（1）统计报表指各级企事业、行政单位按规定的表格形式、内容、时间要求和报送程序，自上而下统一布置，自下而上层层汇总上报，提供统计资料的一种统计调查方式。

（2）普查是为了某种特定的目的而专门组织的一次性的全面调查。

（3）重点调查是在调查对象中选择部分重点单位进行的调查。

（4）典型调查是根据调查目的与要求，在对被调查对象进行全面分析的基础上，有意识地选取若干具有典型意义或有代表性的单位进行调查。

（5）概率抽样是一种排除主观意识的随机抽样，指按照一定的概率从构成总体的所有个体中随机选择一部分进入样本的抽样方法。

（6）概率抽样分为简单随机抽样、分层随机抽样、系统随机抽样、整群随机抽样和多阶段随机抽样。

（7）简单随机抽样具体实现分为：抽签法和随机数表法。

（8）分层随机抽样的基本思路是将总体分成互不交叉的层，然后按照一定的比例，从各层独立地抽取一定数量的个体，再合在一起作为样本。

（9）系统随机抽样在使用时，要关注总体中个体的排列，对于要研究的信息或变量而言，个体应该是随机排列的。

（10）整群随机抽样应尽量扩大群内差异，而缩小群间差异，以便每个群都具有足够好的代表性。

（11）多阶段抽样是指在抽取样本时，分为两个及两个以上的阶段从总体中抽取样本的一种抽样方式。

（12）方便抽样指调查者根据实际情况使用对自己最为便利的方式来选取样本。

（13）判断抽样是由专家判断而有目的地抽取他认为"有代表性的样本"。

（14）配额抽样是指将调查总体按某种标准划分为若干层，确定各层单位的样本数额，在配额内任意抽选样本的抽样方法。

（15）滚雪球抽样以少量个体为基础，通过线索触发的方式进行，通过推荐和再推荐来逐次抽取并组织样本。

（16）观察法是指调查者有目的、有计划的，凭借自己的感觉器官及其辅助工具，直接从现场收集资料的研究方法。

（17）访谈法是指调查员通过有计划地与被调查对象进行口头交谈而了解某人、某事和某种观点等的方法。

（18）问卷法是调查者通过事先统一设计的问卷来向调查对象了解情况、征询意见的一种资料收集方法。

3.6 习题

（1）请简述重点调查和典型调查的异同。

（2）如何理解研究总体和抽样总体。

（3）请简述抽样框产生误差的原因。

（4）请简述分层随机抽样和配额抽样的区别与联系。

（5）请简述整群随机抽样的适用情况。

（6）请简述多阶段抽样的适用情况。

（7）请简述非概率抽样的适用情况。

（8）请简述观察法的基本步骤。

（9）请简述访谈法的优缺点。

（10）请简述问卷法的潜在问题。

（11）请判断以下表述是否正确：

A. 调查时间是调查资料所属的时间，具体又分为时点和时期。（   ）

B. 重点单位是指针对要考察的指标，其指标值在所有研究的指标总量值中占有很大比例或有较大代表性。（   ）

C. 典型调查中，典型单位的选择与研究目的有关，不易受人为因素的影响。（   ）

D. 样本容量是指总体中可能抽取的样本个数。（   ）

E. 抽样框又称作抽样范围，目的在于确定总体的抽样范围和结构。（   ）

F. 分层随机抽样中各层抽样按简单随机抽样或系统抽样的方法进行。（   ）

G. 分群遵循的原则是：尽量缩小群内差异，而扩大群间差异。（   ）

H. 多阶段抽样中，每个阶段都会产生抽样误差，经过多阶段后，总的误差会比较大。（   ）

I. 非概率抽样没有遵循随机原则，总体中每个个体被抽中的几率难以计算。（   ）

J. 与结构式观察相比，非结构式观察灵活性差，适应性弱。（   ）

K. 结构式访谈的优点在于结果方便量化，调查结果可靠性高。（   ）

L. 根据回答问题的方式，问卷中的问题可分为三类：开放式问题、封闭式问题和半结构性问题。（   ）

（12）请指出下列情况的抽样方法，并说明原因：

A. 从某一遗址地收集了 1400 个瓷片，随机装入了 20 个箱子，研究人员随机抽取了 5 箱，对其中的每个瓷片做胎的成分检测。

B. 为了了解彝族漆器髹饰技艺传承人的生存现状，特从国家级非遗传承人巫且老师开始进行调查。

C. 为了获得浙江省考古一线工作者子女受教育情况，先选择了宁波、金华、杭州、衢州等 7 个地方，再从每个地方选取了几个区，又对每个区选取了几个社区……

D. 为了了解暑期游客的来源地和旅游期待，研究小组在学校附近的博物馆门口开展了游客调查。

E. 文保人员想自查库房文物的研究和修复情况，抽取了文物登记编号尾号为"2"的文物的资料进行调查。

（13）某考古科普杂志想借助大学生做一个抽样调查，了解 17 岁到 20 岁的青少年需求以便吸引更多的读者。请说明此项调查的研究总体和抽样总体分别是什么，以及调查可能存在的问题。

（14）将参加文物普查工作的 2000 名工作人员进行编码如下：0000、0001、0003、…、1999，准备抽取样本容量为 80 的样本进行专业能力调查，按系统抽样的方式分为 80 个部分，如果在第一部分随机抽取的号码为 0018，则抽取的第 32 和第 60 个号码分别为多少？请给出计算过程。

（15）国家文物局想大致了解 2020 年全国馆藏文物的利用情况，请问：

A. 调查对象是什么？

B. 调查单位是什么？

C. 采用什么调查方法最合适？简要说明为什么。

第 4 章　数据的描述

在第 3 章你知道如何选择对象以及如何获取数据，接下来，当你获得数据时，通常会了解数据的基本特征。为了直观有效地反映数据特征，一般会用到描述性统计量和统计图表两种形式。对于描述性统计量而言，是计算一个代表数据分布特征的数值，以反应三个方面的情况：分布的集中趋势、分布的离散程度和分布的形状。统计图表是对经过整理和计算分析得出的结果进行的可视化表达，便于查看和比较分析。本章主要讲解的是描述性统计量。

> **小贴士**
>
> 数据的分布是指所有数值的散布方式。

4.1　集中趋势

集中趋势反应的是一组数据向某一中心位置聚集的程度，所以也称为"数据的中心位置""集中量数"等。这个中心值可以很好地反映研究对象目前所处的位置和发展水平。反应集中趋势的统计量主要有：平均数、中位数、众数和分位数。

4.1.1　平均数

平均数也称为均值，一般是数据累加求和后除以数据的个数。由于涉及加运算，所以不适用于定类数据和定序数据。平均数消除了观测值的随机波动，但易受极端值的影响。根据数据的分组情况、应用范围等，在具体计算上又分为简单算术平均、加权平均、几何平均和调和平均。

> **小贴士**
>
> 根据总体数据计算的，称为总体平均数，记为 μ；根据样本数据计算的，称为样本平均数，记为 $\bar{x}$。

（1）简单算术平均

简单算数平均是对未分组数据计算的平均数。如果一个样本的数据为 x_1，x_2，$\cdots$，x_n，样本容量为 n，则样本简单算术平均数可表示为：

$$\bar{x} = \frac{x_1 + x_2 + \cdots + x_n}{n} = \frac{\sum\limits_{i=1}^{n} x_i}{n} \tag{4.1}$$

案例 4.1

　　12 块青砖的重量（kg）如下：2.68、2.71、2.70、2.67、2.71、2.69、2.73、2.70、2.68、2.73、2.72、2.71，则这 12 块青砖的平均重量为

$$\overline{x} = \frac{2.68 + 2.71 + 2.70 + 2.67 + 2.71 + 2.69 + 2.73 + 2.70 + 2.68 + 2.73 + 2.72 + 2.71}{12}$$

$$= \frac{32.43}{12} = 2.7025(\text{kg})$$

　　如果获得另一组 12 块青砖的重量（kg）如下：2.70、2.72、2.68、2.67、2.71、2.71、8.29、2.67、2.68、2.71、2.70、2.69，则这 12 块青砖的平均重量为

$$\overline{x} = \frac{2.70 + 2.72 + 2.68 + 2.67 + 2.71 + 2.71 + 8.29 + 2.67 + 2.68 + 2.71 + 2.70 + 2.69}{12}$$

$$= \frac{37.92}{12} = 3.1600(\text{kg})$$

　　从结果上看，第二组青砖的平均重量是显著高于第一组的，但比较每块具体青砖，两组数据基本上差不多，除了第二组中一块异常青砖的数据 8.29kg。正是这个异常数据拉升了第二组青砖重量的平均水平。

　　通过案例 4.1 可以看出，简单算术平均容易容极端值的影响，即极大值和极小值的影响。当然，简单算术平均具有反应灵敏、确定严密、简明易解、计算简单等优点，受抽样变动的影响较小。具体而言，即对从总体抽取的同一样本，计算出的简单算术平均与其他反应集中趋势的统计量相比，抽样误差较小。简单算术平均应用最为广泛，通常是计算其他统计量的基础，如方差和标准差。

　　（2）加权平均

　　针对分组数据计算的平均数称为加权平均数。如果将原始数据分为 k 组，设各组的组中值为 M_1，M_2，$\cdots$，M_k，各组变量值出现的频数分别用 f_1，f_2，$\cdots$，f_k 表示，则样本加权平均 $\overline{x}$ 可表示为：

小贴士

　　组中值是上下限之间的中点数值，以代表各组标志值的一般水平。

　　组中值=（区间上限 + 区间下限）/2；

　　缺下限的组中值 = 上限 - 1/2（相邻组的组距）；

　　缺上限的组中值 = 下限 + 1/2（相邻组的组距）。

$$\overline{x} = \frac{M_1 f_1 + M_2 f_2 + \cdots + M_k f_k}{f_1 + f_2 + \cdots + f_k} = \frac{\sum_{i=1}^{k} M_i f_i}{n} \quad (4.2)$$

其中，n 仍是样本容量 $n = \sum_{i=1}^{k} f_i$。

案例 4.2

某博物馆为了确定文创产品的销售方案，进行了观众调查，抽取了 146 名有收入的观众，按月收入分组，获得如下信息：

表 4.1　观众收入表

收入（元）	组中值 M_i	频数 f_i	$M_i f_i$
1500 以下	750	20	14400
1500~3000	2250	38	85500
3000~5000	4000	42	168000
5000~7000	6000	20	120000
7000~9000	8000	16	128000
9000 及以上	10000	10	100000
合　计	—	146	615900

根据公式（4.2）计算得

$$\bar{x} = \frac{\sum_{i=1}^{k} M_i f_i}{n} = \frac{615900}{146} = 4218.5 \,(\text{元})$$

因为用组中值代表了各组实际的数值，所以基本前提是假定各组数据在组内的分布是比较均匀的，如果确实如此，计算得到的加权平均值还是比较准确的。

案例 4.3

A、B 两组各有 10 名观众，他们在一个互动展项前操作的时长（秒）分别为：

A 组：操作时长（M_i）：　0　　　　30　　　　120

　　　　人数分布（f_i）：　1　　　　1　　　　8

B 组：操作时长（M_i）：　0　　　　30　　　　120

　　　　人数分布（f_i）：　8　　　　1　　　　1

$$\bar{x}_A = \frac{\sum_{i=1}^{3} M_i f_i}{n} = \frac{0 \times 1 + 30 \times 1 + 120 \times 8}{10} = 99 \,(\text{秒})$$

$$\bar{x}_B = \frac{\sum_{i=1}^{3} M_i f_i}{n} = \frac{0 \times 8 + 30 \times 1 + 120 \times 1}{10} = 15 \,(\text{秒})$$

从以上两个平均数可以看出，加权算术平均数同时受到两个因素的影响：各组数值的大小和各组分布频数的多少。在数值不变的情况下，一组的频数越大，该组的数值对平均数的作用就大，反之，越小。

（3）几何平均

几何平均是 n 个变量值乘积的 n 次方根，用 G 表示，其具体计算如公式（4.3）：

$$G = \sqrt[n]{x_1 \times x_2 \times \cdots \times x_n} = \sqrt[n]{\prod_{i=1}^{n} x_i} \qquad (4.3)$$

对于加权几何平均，计算如公式（4.4）：

$$G = \sqrt[\sum_{i=1}^{n} f_i]{x_1^{f_1} \times x_2^{f_2} \times \cdots \times x_n^{f_n}} = \sqrt[\sum_{i=1}^{n} f_i]{\prod_{i=1}^{n} x_i^{f_i}} \qquad (4.4)$$

几何平均数主要适用于对比率、指数等进行平均，计算平均发展速度、平均比率、平均年利率等。需要注意的是，任何一个变量值不能为 0，一个为 0，则几何平均数为 0，如果变量值有负值，计算出的几何平均数就会成为负数或虚数。案例 4.4 可以看出几何平均值的优势。

案例 4.4

小张和小王各上了三个月的班，补助（元）分别为：

小张：80、80、80

小王：60、80、100

如果比较两个人的补助情况，计算算术平均值，结果都为 80，没有体现差别，如果用几何平均值计算：

$$G_{小张} = \sqrt[3]{80 \times 80 \times 80} = 80 （元）$$
$$G_{小王} = \sqrt[3]{60 \times 80 \times 100} = 78.3 （元）$$

就可以反应小张的平均补助会高一些。

（4）调和平均

调和平均是变量倒数的算术平均数的倒数。由于它是根据变量的倒数计算的，所以又称倒数平均数，记为 H，具体计算为公式（4.5）：

$$H = \frac{n}{\frac{1}{x_1} + \frac{1}{x_2} + \cdots + \frac{1}{x_n}} = \frac{n}{\sum_{i=1}^{n} \frac{1}{x_i}} \qquad (4.5)$$

n 是数据个数。调和平均适用于观测值是阶段性变异的资料。

案例 4.5

现有三个等级的化学保护试剂，A 级每元 1 克，B 级每元 1.5 克，C 级每元 2 克，若各买 1 克，平均每元可买多少克。根据公式（4.5）计算得：

$$H = \frac{3}{\frac{1}{1} + \frac{1}{1.5} + \frac{1}{2}} = 1.38（克）$$

调和平均数易受极端值的影响，且受极小值的影响比受极大值的影响更大。只要有一个数值为 0，就不能计算调和平均。

4.1.2　中位数

中位数是指在按一定顺序排列的一组数据中位于中间位置的数值，用 M_e 表示。中位数实际将数据划分为两个部分，一部分数据比中位数大，另一部分数据比中位数小，各自占 50%。中位数主要适用于测量定序数据、定距数据和定比数据的集中趋势，但不适用于定类数据。

对于未分组数据的中位数计算，先要对数据进行整体排序，然后计算中位数的位置，具体如公式（4.6）：

$$中位数的位置 = \frac{n+1}{2} \tag{4.6}$$

其中，n 是数据个数。再具体一些，设一个样本数据为 x_1，x_2，$\cdots$，x_n，按从小到大的顺序排序后为 $x_{(1)}$，$x_{(2)}$，$\cdots$，$x_{(n)}$，则中位数为：

$$M_e = \begin{cases} x_{\left(\frac{n+1}{2}\right)}, & n\text{为奇数} \\ \dfrac{1}{2}\{x_{\left(\frac{n}{2}\right)} + x_{\left(\frac{n}{2}+1\right)}\}, & n\text{为偶数} \end{cases} \tag{4.7}$$

案例 4.6

有 7 天的博物馆观众参观流量数据（人次）如下：

原始数据：	2500	950	1080	1380	1210	2100	2340
排序：	950	1080	1210	1380	2100	2340	2500
位置：	1	2	3	4	5	6	7

根据公式（4.6）可计算位置，为 4，则对应的中位数 $M_e = 1380$。

有 8 天的博物馆观众参观流量数据（人次）如下：

原始数据:	2500	950	1080	1380	1210	2100	2340	1680
排序:	950	1080	1210	1380	1680	2100	2340	2500
位置:	1	2	3	4	5	6	7	8

根据公式（4.7）计算，

$$M_e = \frac{1}{2}\{x_{\left(\frac{8}{2}\right)} + x_{\left(\frac{8}{2}+1\right)}\} = \frac{1}{2}\{x_{(4)} + x_{(5)}\} = \frac{1}{2}\{1380 + 1680\} = 1530$$

中位数位置的计算主要取决于数据的个数，与其奇数和偶数有关，相应位置的数据才是 M_e，因为并不是每个数据都参与其中，所以中位数受极端值的影响小。因此当数据中出现极端值时，中位数比算术平均更能真实反应数据的集中趋势。对于定序数据而言，由于无法计算算术平均，中位数则是合适的选择。

案例 4.7

某博物馆观众对语音导览服务的满意度调查结果如表 4.2 所示。

表 4.2　某博物馆观众对语音导览服务满意度的频数分布

满意度情况	人数（人）	累计频次
非常不满意	10	10
不满意	34	44
一般	100	144
满意	98	242
非常满意	67	309
合计	309	—

由于数据本身就是排序数据，根据公式可计算得：

$$中位数的位置 = \frac{309+1}{2} = 155$$

从表 4.2 的累计频次可以看出，中位数在"满意"这一类中，因此中位数

$$M_e = 满意$$

4.1.3　众数

众数，顾名思义，是一组数据中出现次数最多的那个数，记作 M_o，从分布角度看，众数是具有明显集中趋势的数值。因为众数与数据出现的次数有关，所以只有在数据量较大的情况下众数的意义才愈发明显。众数不受极端值的影响。众数可适用于定类数据、定序数据、定距数据和定比数据。

对于表 4.2 而言，由于满意度为"一般"的人数最多，100 人，所以其众数 M_o＝一般。可以用"一般"表示观众对语音导览服务满意度的度量，但是否反映了实际情况，也可进一步与中位数等做比较分析。

对于未分组数据，只需要根据出现次数确定，而对于分组数据，需要按照以下公式计算众数：

$$M_o = L + \frac{\Delta_1}{\Delta_1 + \Delta_2} \times d \qquad (4.8)$$

其中 L 为众数所在组下限，Δ_1 为众数所在组的频数减去前一组的频数，Δ_2 为众数所在组的频数减去后一组的频数，d 为众数所在组的组距。如案例 4.2，某博物馆为了确定文创产品的销售方案，进行了观众调查，抽取了 146 名有收入的观众，按月收入分组。从表 4.1 可以看出，人数最多的是 24，所在组是 3000~5000，根据公式 4.8 可以计算 120 名观众月收入的众数为：

$$M_o = 3000 + \frac{42 - 38}{(42 - 38) + (42 - 20)} \times 2000 = 3307.7(\text{元})$$

从数据分布的情况来看，众数就是高峰点所对应的数值。如果数据分布没有高峰点，众数则不存在。当然，如果有多个最高峰点，则会有多个众数，如图 4.1 所示。

- 一个众数：3 **5** 8 2 **5** 6 9 **5** 1
- 两个众数：3 **5** **8** **8** **5** 9 **5** **8** 1
- 没有众数：3 5 8 2 4 6 9 1 7

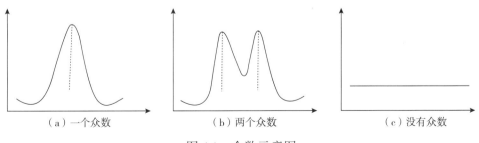

（a）一个众数　　　　（b）两个众数　　　　（c）没有众数

图 4.1　众数示意图

4.1.4　分位数

对一组排序数据而言，除了最大值和最小值能反映数据的情况以外，还可以考虑选择部分中间数据，如前面提到的位于 50% 位置上的中位数，将数据分为了两部分。如果我们还关心 25% 和 75% 位置上的值，即通过 3 个点将数据分为 4 部分，每部分各占 25% 的数据。因此就会有：

- 下四分位数（Q_L）：将数据最前面的 1/4 与后面的 3/4 分开，是数据前半部分的中位数；
- 中间四分位数（M_e）：是数据总体的中位数；
- 上四分位数（Q_U）：将数据最前面的 3/4 与后面的 1/4 分开，是数据后半部分的中位数。

图 4.2　四分位数示意图

上四分位数和下四分位数的确定都需要先对数据排序，然后计算相应的位置，位置所对应的数值就是四分位数。通常计算位置的公式有多种，这里介绍常用的三种：

$$\text{第 1 种：} Q_L\text{位置} = \frac{n}{4}, \quad Q_U\text{位置} = \frac{3n}{4} \tag{4.9}$$

$$\text{第 2 种：} Q_L\text{位置} = \frac{n+1}{4}, \quad Q_U\text{位置} = \frac{3(n+1)}{4} \tag{4.10}$$

$$\text{第 3 种：} Q_L\text{位置} = \frac{n+3}{4}, \quad Q_U\text{位置} = \frac{3n+1}{4} \tag{4.11}$$

如果计算出的位置是整数，则四分位数就是相对应位置上的数。如果位置涉及 0.5，则四分位数取该位置两侧数值的平均数；如果位置涉及 0.25 或 0.75，则四分位数等于该位置的下侧值加上按比例分摊位置两侧数值的差值。

案例 4.8

案例 4.6 中，8 天的博物馆观众参观流量数据（人次）为例，如下：

原始数据：　　2500　　950　　1080　　1380　　1210　　2100　　2340　　1680

排序：　　　　950　　1080　　1210　　1380　　1680　　2100　　2340　　2500

位置：　　　　1　　　2　　　3　　　4　　　5　　　6　　　7　　　8

第一种：

$$Q_L \text{位置} = \frac{8}{4} = 2, \quad Q_U \text{位置} = \frac{3 \times 8}{4} = 6, \quad Q_L = 1080（人次）, \quad Q_U = 2100（人次）$$

第二种：

$$Q_L \text{位置} = \frac{8+1}{4} = 2.25, \quad Q_U \text{位置} = \frac{3 \times (8+1)}{4} = 6.75$$

$$Q_L = 1080 + (1210 - 1080) \times 0.25 = 1112.5（人次）,$$

$$Q_U = 2100 + (2340 - 2100) \times 0.75 = 2280（人次）$$

第三种：

$$Q_L \text{位置} = \frac{8+3}{4} = 2.75, \quad Q_U \text{位置} = \frac{3 \times 8 + 1}{4} = 6.25$$

$$Q_L = 1080 + (1210 - 1080) \times 0.75 = 1177.5（人次）,$$

$$Q_U = 2100 + (2340 - 2100) \times 0.25 = 2160（人次）$$

4.1.5　小结

在实际应用中，我们都希望选用最合适的统计量来表征数据的集中趋势，对于平均数、中位数和众数而言，我们需要进一步了解它们间的关系，才能做出正确的选择。

平均数是全部数据的算术平均，其应用最为广泛，从数据分布的角度来看，当数据呈现对称分布或近似对称分布时，平均数、中位数和众数三个值相等或接近相等，可选用平均数作为衡量数据集中趋势的代表值。但需要注意的是，当存在极端值，取值大的数或取值小的数占比较多时，平均数代表性差，不能准确表征数据的集中趋势。中位数是数据排序后位于中间位置的数，不受极端值的影响。如果数据中取值大或取值小的数占比较多，即在分布上具有倾斜性，这时用中位数来表征集中趋势是合适的。众数是出现次数最多的那个数，也不受极端值的影响，但只有在数据量较多时才有意义，众数是不唯一的，没有、有一个或多个都是可能的情况，如中位数一样，当数据分布具有倾斜性时，众数比平均数具有更好表征数据集中趋势的能力。相较而言，众数适合定类数据的测量，而中位数适合定序数据的测量。

4.2　离散程度

离散程度反应的是一组数据远离其中心值的程度。数据的离散度越大，上文提到的反应集中趋势的统计量对该组数据的代表性也越差，反之数据的离散度越小，其代表性也越好。反应离散程度的统计量主要有：全距、四分位差、方差、标准差、差异系数和异众比率。

4.2.1　全距

全距是一组数据的最大值与最小值之差，是离散程度的最简单测度值，反映了数据差异的范围。全距大，说明变异度大；反之，全距小，说明变异度小。由于全距是数据中两个极端值的差，所以又称极差，记作 R，计算如公式（4.12）：

$$R = x_{max} - x_{min} \qquad (4.12)$$

如对于未分组数据：21，12，5，34，12，54，7，23，37，17，根据公式（4.12）计算其全距为：

$$R = 54 - 5 = 49$$

对分组数据而言，其全距为最大一组上限与最小一组下限之差。

案例4.9

如某博物馆百元（含）内的文创产品价格区间统计表4.3。

表4.3　百元（含）内的文创产品统计表

价格（元）	文创产品种类（类）	月销量（件）
10~30	12	1130
30~50	8	650
50~80	6	102
80~100	5	97

这个分组数据的全距为：

$$R = 100 - 10 = 90$$

全距适用于定距数据和定比数据，不适用于定类数据和定序数据。全距在计算时没有考虑数据的实际分布，灵敏度不够，易受极端值的影响。

4.2.2 四分位差

四分位差也称为内距或四分间距，是上四分位数与下四分位数之差，记为 Q_d：

$$Q_d = Q_U - Q_L \qquad (4.13)$$

由定义可知，四分位差反映了中间 50% 数据的离散程度。Q_d 越小，说明中间的数据越集中，Q_d 越大，说明中间的数据越分散。由于与中间数据有关，四分位差不受极端值的影响。以案例 4.6 中 8 天的博物馆观众参观流量数据（人次）为例，根据第一种计算方法，可得 $Q_L = 1080$（人次），$Q_U = 2100$（人次），因此

$$Q_d = Q_U - Q_L = 2100 - 1080 = 1020 \text{（人次）}$$

四分位差不受极端值的影响，其大小可以衡量中位数对一组数据的代表性。四分位差主要适用于定序数据，但不适用于定类数据。

4.2.3 方差与标准差

方差是用来测量一组数据的波动情况，即这组数据偏离平均数的情况，具体而言就是每个数据与这组数据的平均数离差平方的平均数，是数据离散程度的最常用测度值。在样本容量相同的情况下，方差越大，说明数据的波动越大，越不稳定，反之方差越小，说明数据波动的越小，越稳定。根据总体数据计算的，称为总体方差，记为 σ^2；根据样本数据计算的，称为样本方差，记为 s^2，对于未分组数据，具体计算公式为：

$$\sigma^2 = \frac{\sum_{i=1}^{N}(x_i - \mu)^2}{N} \qquad (4.14)$$

$$s^2 = \frac{\sum_{i=1}^{n}(x_i - \overline{x})^2}{n-1} \qquad (4.15)$$

对于分组数据，具体计算公式为：

$$\sigma^2 = \frac{\sum_{i=1}^{k}(M_i - \mu)^2 f_i}{N} \qquad (4.16)$$

$$s^2 = \frac{\sum_{i=1}^{k}(M_i - \overline{x})^2 f_i}{n-1} \qquad (4.17)$$

其中 N 为总体的数量，n 为样本容量，M_i 为组中值，f_i 为频数，k 为分组的组数。以上公式需要说明的是，样本的方差是用样本容量减 1 去除，即

小贴士

无偏估计的意义是在多次重复下，它们的平均数接近所估计的参数真值。即进行多次抽样，计算得到的样本方差的平均数接近所估计的总体方差的真实值。

$n-1$ 去除。样本方差之所以要除以 $n-1$，是因为这样的方差估计量才是关于总体方差的无偏估计量。

计算方差时平方的作用可以消除正负号的影响，但样本数据在有单位的情况下，同时单位也被平方了。因此为了使单位与样本数据的单位一致，可以做开方处理。方差的平方根是标准差，既可反映数据的波动性又能保持单位的一致性，总体标准差记为 σ，样本标准差记为 s，对于未分组数据，具体公式为：

$$\sigma = \sqrt{\frac{\sum_{i=1}^{N}(x_i - \mu)^2}{N}} \quad (4.18)$$

$$s = \sqrt{\frac{\sum_{i=1}^{n}(x_i - \overline{x})^2}{n-1}} \quad (4.19)$$

对于分组数据，具体计算公式为：

$$\sigma = \sqrt{\frac{\sum_{i=1}^{k}(M_i - \mu)^2 f_i}{N}} \quad (4.20)$$

$$s = \sqrt{\frac{\sum_{i=1}^{k}(M_i - \overline{x})^2 f_i}{n-1}} \quad (4.21)$$

标准差具备了方差的特点，样本容量相同的情况下，值越大，说明数据的波动越大，越不稳定，反之值越小，说明数据波动的越小，越稳定。方差和标准差在统计分析中占有重要地位，反应灵敏，受抽样变动的影响小，即来自同一总体的不同样本的标准差或方差比较稳定，应用最为广泛，通常用样本方差或标准差来估计未知的总体方差或标准差。但值得注意的是，因为每个数据都参与了计算，方差和标准差也受极端值的影响。

案例4.10

环境湿度是影响石窟壁画保存的重要因素，一些壁画的典型病害，如起甲、酥碱等，都和环境中水的含量和分布有直接的联系。我国西北一处大型石窟寺现存有一百多个洞窟，保存有几千平方米的精美壁画，为了更好对这些石窟壁画进行预防性保护，某文物保护研究团队选取了两处有代表性的大型洞窟，安装了精密的环境温湿度传感器，定期记录和传送洞窟内的温湿度信息到监测中心。表4.4列出了这两个洞窟最近一年中，每个月的相对湿度数据（%）。

表 4.4　洞窟湿度数据

月份	1	2	3	4	5	6	7	8	9	10	11	12
洞窟 1	26.5	23.7	25.8	29.3	36.9	38.6	57.7	69.3	52.1	39.8	34.3	30.7
洞窟 2	27.5	25.1	29.8	31.7	38.9	42.8	47.6	49.9	45.2	47.6	36.2	33.6

为了比较两个洞窟环境湿度谁更稳定，可通过比较标准差来实现：

洞窟 1：$\bar{x} = 38.7250$，

$$s = \sqrt{\frac{\sum_{i=1}^{n}(x_i - \bar{x})^2}{n-1}} = \sqrt{\frac{(26.5 - 38.7250)^2 + (23.7 - 38.7250)^2 + \cdots + (30.7 - 38.7250)^2}{12 - 1}} = 14.1207$$

洞窟 2：$\bar{x} = 37.9917$，

$$s = \sqrt{\frac{\sum_{i=1}^{n}(x_i - \bar{x})^2}{n-1}} = \sqrt{\frac{(27.5 - 37.9917)^2 + (25.1 - 37.9917)^2 + \cdots + (33.6 - 37.9917)^2}{12 - 1}} = 8.5696$$

可以看出洞窟 2 的环境湿度相对比较稳定。

4.2.4　差异系数

全距、四分位差和标准差的单位都是总体数据或样本数据的单位，只能用来比较两组或两组以上平均数相近且具有相同单位之数据间的分散程度，这些统计量都是绝对差异量。如果要比较两组单位不同、或单位相同但两个平均数相差较大的数据时，绝对差异量没有办法反应两组的差异，就需要采用相对差异量进行比较。差异系数，就是一个度量数据分散程度的相对差异量，它消除了数据水平高低和单位的影响。差异系数是标准差与其相应的均值之比，总体差异系数记为 CV，样本差异系数记为 cv，具体计算公式为：

$$CV = \frac{\sigma}{\mu} \times 100\% \tag{4.22}$$

$$cv = \frac{s}{\bar{x}} \times 100\% \tag{4.23}$$

可以看出差异系数是无单位的统计量，其值越大，表明离散程度越大，反之值越小，表明离散程度越小。

案例 4.11

　　某研究团队正在对一种新开发的石质文物保护材料进行性能测试，以了解这种新材料对于风化严重的石材的保护效果。该团队使用不同浓度的新材料水溶液对样品进行渗透加固，处理完之后放置 28 天，使用压力试验机测试了这些模拟样品的抗压强度，得到的结果如表 4.5 所示。

表 4.5　石质文物新型保护材料的保护效果测试结果

保护材料浓度（％）	抗压强度（MPa）	表面吸水率（％）
1	2.4	3.6
1.5	3.5	3.0
2	3.9	2.8
2.5	4.2	2.3
3	5.1	1.5
3.5	5.4	1.2

　　抗压强度和表面吸水率的单位不同，可用差异系数比较抗压强度和表面吸水率的分散程度。

　　抗压强度：

$$cv = \frac{s}{\bar{x}} \times 100\% = \frac{1.0944}{4.0833} \times 100\% = 26.8019\%$$

　　表面吸水率：

$$cv = \frac{s}{\bar{x}} \times 100\% = \frac{0.9187}{2.4000} \times 100\% = 38.2792\%$$

　　从计算结果可知，表面吸水率的差异系数较大，其数据离散程度大于抗压强度。

4.2.5　异众比率

　　异众比率又称离异比率或变差比，是非众数组的频数与总频数的比率，即众数不能代表的那一部分数值在总体中的比重。异众比率的作用是衡量众数对一组数据的代表程度。异众比率越大，说明非众数组的频数占总频数的比重越大，众数的代表性就越差；异众比率越小，说明非众数组的频数占总频数的比重越小，众数的代表性越好。

异众比率记为 V_r，具体计算公式为：

$$V_r = \frac{\sum f_i - f_m}{\sum f_i} = 1 - \frac{f_m}{\sum f_i} \qquad (4.24)$$

其中，$\sum f_i$ 为数据的总频数，f_m 为众数组的频数。可以看出，异众比率特别适用于衡量定类数据的离散程度，不过对于定序数据及定距和定比数据也可以计算异众比率。

案例 4.12

案例 4.7 的数据，可知众数组是"一般"，频数是 100，计算异众比率：

$$V_r = \frac{309 - 100}{309} = 1 - \frac{100}{309} = 0.676$$

可以看出在受调查的 309 人中，对博物馆提供的语音导览服务的满意度持其他意见的占 67.6%，异众比率比较高，从而用"一般"来代表观众对语音导览服务的满意度是不太理想的。

4.2.6　小结

实际应用中，应该选择合适的统计量来测量数据的离散程度。对于定类数据，既不能排序，也不能进行加减运算，因此不能用全距、四分位差、方差和标准差来测量，而多用异众比率；对于定序数据，可排序但无法进行加减运算，虽然也可用异众比率，但更多选用四分位差来测量；对于定比和定距数据，虽然全距、四分位差和差异系数都可适用，但更多使用方差和标准差来测量其离散程度。如果涉及多组数据的比较，则可用异众比率。

4.3　分布形状

数据分布的形状是非常重要的特征，体现在对称情况、偏斜情况和扁平情况。

对于具有单峰分布的数据，如果分布是对称的，即取值大的数和取值小的数占比相当，则平均数、中位数和众数应该相等，即 $\bar{x} = M_e = M_o$，如图 4.3（a）所示；如果存在极小值，而大部分数据靠右而极小值数据相对孤立在左，看起来尾部向左拉长，则称为负偏分布或左偏分布，即 $\bar{x} < M_e < M_o$，如图 4.3（b）所示；如果存在极大值，而大部分数据靠左而极大值数据相对孤立在右，看起来尾部向右拉长，则称为正偏分布或右偏分布，即 $\bar{x} > M_e > M_o$，如图 4.3（c）所示。

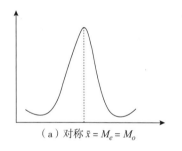 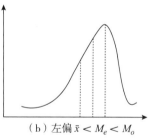 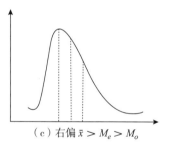

（a）对称 $\bar{x}=M_e=M_o$　　　（b）左偏 $\bar{x}<M_e<M_o$　　　（c）右偏 $\bar{x}>M_e>M_o$

图 4.3　不同分布的特征

4.3.1　偏态

偏态是对数据分布偏向方向和程度的度量，主要反应分布的非对称特征，其统计量称为偏斜系数或偏态系数，记为 SK，对于未分组数据，具体计算公式为：

$$SK=\frac{n\sum_{i=1}^{n}\left(x_i-\bar{x}\right)^3}{(n-1)(n-2)s^3} \tag{4.25}$$

对于分组数据，具体计算公式为：

$$SK=\frac{\sum_{i=1}^{k}\left(M_i-\bar{x}\right)^3 f_i}{ns^3} \tag{4.26}$$

其中 s^3，为样本标准差的三次方。

当 $SK=0$，说明是对称分布，$SK>0$，说明是右偏分布，$SK<0$，说明是左偏分布。$|SK|>1$，说明是高度偏态分布，$1>|SK|>0.5$，说明是中等偏态分布。$|SK|$ 越接近 0，说明数据分布的偏斜程度就越小。

案例 4.13

以案例 4.1 中 12 块青砖的重量（kg）为基础：2.68、2.71、2.70、2.67、2.71、2.69、2.73、2.70、2.68、2.73、2.72、2.71，计算其偏态系数：

$$n\sum\left(x_i-\bar{x}\right)^3=12\times\left[\left(2.68-2.7025\right)^3+\left(2.71-2.7025\right)^3+\cdots+\left(2.71-2.7025\right)^3\right]=-0.000130500$$

$$s=\sqrt{\frac{\sum_{i=1}^{n}(x_i-\bar{x})^2}{n-1}}=\sqrt{\frac{\left(2.68-2.7025\right)^2+\left(2.71-2.7025\right)^2+\cdots+\left(2.71-2.7025\right)^2}{12-1}}=\sqrt{\frac{0.004225}{11}}$$

$$=0.019598237$$

$$SK=\frac{n\sum\left(x_i-\bar{x}\right)^3}{(n-1)(n-2)s^3}=\frac{-0.0001305}{11\times10\times0.019598237^3}=-0.157603836$$

4.3.2　峰态

峰态是对数据分布峰值高低的测量，即高耸和平坦情况的度量，其统计量称为峰态系数，记为 K，对于未分组数据，具体计算公式为：

$$K = \frac{n(n+1)\sum_{i=1}^{n}(x_i - \bar{x})^4 - 3\left[\sum_{i=1}^{n}(x_i - \bar{x})^2\right]^2(n-1)}{(n-1)(n-2)(n-3)s^4} \tag{4.27}$$

对于分组数据，具体计算公式为：

$$K = \frac{\sum_{i=1}^{k}(M_i - \bar{x})^4 f_i}{ns^4} - 3 \tag{4.28}$$

$K=0$ 峰度适中，反映了正态分布的峰；$K<0$，是扁平峰，说明数据分布更分散；$K>0$，是高耸峰，说明数据分布更集中。有时公式（4.28）也可以不用减 3，当 $K=3$ 时，数据分布峰度表现为与正态分布相同；$K<3$，为扁平分布，说明数据分布在众数附近比较分散，使得曲线的峰顶较正态分布曲线更平缓；$K>3$，为高耸分布，说明数据分布曲线的顶部较正态分布曲线更为陡峭。通常，可利用偏态系数和峰态系数检验数据的正态性。

案例 4.14

以案例 4.1 中 12 块青砖的重量（kg）为基础：2.68、2.71、2.70、2.67、2.71、2.69、2.73、2.70、2.68、2.73、2.72、2.71，计算其峰态系数：

$$n(n+1)\sum_{i=1}^{n}(x_i - \bar{x})^4 = 12 \times 13 \times \left[(2.68-2.7025)^4 + (2.71-2.7025)^4 + \cdots + (2.71-2.7025)^4\right]$$
$$= 0.000452376$$

$$3\left[\sum_{i=1}^{n}(x_i - \bar{x})^2\right]^2(n-1) = 3 \times 0.004225^2 \times 11 = 0.000589071$$

$$K = \frac{n(n+1)\sum_{i=1}^{n}(x_i - \bar{x})^4 - 3\left[\sum_{i=1}^{n}(x_i - \bar{x})^2\right]^2(n-1)}{(n-1)(n-2)(n-3)s^4} = \frac{0.000452376 - 0.000589071}{11 \times 10 \times 9 \times 0.019598237^4}$$
$$= -0.935942953$$

4.4　EXCEL 和 SPSS 下的描述统计量计算

在 EXCEL 中涉及计算集中趋势、离散程度和分布形状的函数主要有：

表 4.6　EXCEL 主要函数列表

函数名	主要功能	示例
AVERAGE	计算简单算术平均	AVERAGE（A1：A20）计算单元格区域 A1 到 A20 中数字的平均值
GEOMEAN	计算几何平均数	GEOMEAN（A1：A20）计算单元格区域 A1 到 A20 中数字的几何平均值
HARMEAN	计算调和平均数	HARMEAN（A1：A20）计算单元格区域 A1 到 A20 中数字的调和平均值
MEDIAN	计算中位数	MEDIAN（A1：A20）返回单元格区域 A1 到 A20 中数字的中位数
MODE	计算众数	MODE（A1：A20）返回单元格区域 A1 到 A20 中数字中的众数，如果数据集合中不包含重复的数据点，则 MODE 返回错误值 #N/A
QUARTILE	计算四分位数	QUARTILE（A2：A20，1）返回单元格区域 A1 到 A20 中数字的第一四分位数，第二个参数分别取值：0、1、2、3、4，代表：最小值、第一四分位数、中位数、第三四分位数、最大值
VAR（VARP）	计算样本（总体）的方差	VAR（A1：A20）计算单元格区域 A1 到 A20 中样本数据的方差
STDEV（STDEVP）	计算样本（总体）的标准差	STDEV（A1：A20）计算单元格区域 A1 到 A20 中样本数据的方差
SKEW	计算偏态系数	SKEW（A1：A20）返回单元格区域 A1 到 A20 中数据集分布的偏斜度
KURT	计算峰态系数	KURT（A1：A20）返回单元格区域 A1 到 A20 中数据集分布的峰值

在 SPSS 中，计算描述性统计量的操作如下：

软件计算

　　以案例 4.1 中 12 块青砖的重量数据为例，求描述性统计量。

　　点击"分析"→"描述统计"→"描述"，将变量"重量"选入变量中（图 4.4 左图），点击"选项"，勾选要计算的统计量（图 4.4 右图），点击"继续"、点击"确定"，即可得到表 4.7 的结果。

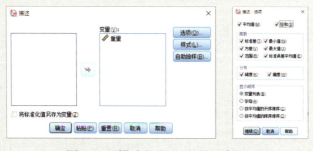

图 4.4　"描述"和"选项"窗口

表 4.7　输出结果

	个案数	范围	最小值	最大值	总和	平均值		标准差	方差	偏度		峰度	
	统计	统计	统计	统计	统计	统计	标准误差	统计	统计	统计	标准误差	统计	标准误差
重量	12	0.06	2.67	2.73	32.43	2.7025	0.00566	0.01960	0.000	−0.158	0.637	−0.936	1.232
有效个案数（成列）	12												

4.5　小结

理解

（1）描述性统计量和统计图表都可用于描述数据的基本特征。

（2）描述性统计量是用一个数值来反应数据分布的集中趋势、离散程度和形状。

（3）测量数据集中趋势的统计量不止一个，需要根据应用实际和数据类型选择合适的统计量。

（4）测量数据离散程度的统计量不止一个，需要根据应用实际和数据类型选择合适的统计量。

（5）可用偏态系数和峰态系数检验数据的正态性。

掌握

（1）反应数据集中趋势的统计量主要有：平均数、中位数、众数和分位数。

（2）反应数据离散程度的统计量主要有：全距、四分位差、方差、标准差、差异系数和异众比率。

（3）反应数据分布形状的统计量主要有：偏态系数和峰态系数。

（4）平均数也称为均值，一般是数据累加求和后除以数据的个数。

（5）中位数是指在按一定顺序排列的一组数据中位于中间位置的数值。

（6）众数是一组数据中出现次数最多的那个数。

（7）四分位数主要计算上四分位数和下四分位数。

（8）全距是一组数据的最大值与最小值之差。

（9）四分位差也称为内距或四分间距，是上四分位数与下四分位数之差。

（10）方差和标准差反映了一组数据偏离平均数的情况。

（11）差异系数用于比较两组单位不同、或单位相同但两个平均数相差较大的数据。

（12）异众比率是非众数组的频数与总频数的比率。

（13）偏态是对数据分布偏向方向和程度的测量。

（14）峰态是对数据分布峰值高低的测量。

4.6　习题

（1）请简述平均数、中位数和众数各自的特点、相互联系及其适用情况。

（2）请简述全距、四分位差、标准差和异众比率各自的特点和适用情况。

（3）请简述对称分布、左偏分布和右偏分布三种情况下，平均数、中位数和众数三者之间的关系。

（4）请简述如何理解众数的不唯一性。

（5）请判断以下表述是否正确：

A. 简单算术平均容易受极端值的影响。（　　）

B. 平均数适用于定类数据和定序数据。（　　）

C. 中位数主要适用于测量定序数据、定距数据和定比数据的集中趋势，但不适用于定类数据。（　　）

D. 当数据中出现极端值时，中位数比算术平均更能真实反应数据的集中趋势。（　　）

E. 一组数据的众数一般都是一个或一个以上。（　　）

F. 上四分位数和下四分位数的确定都需要先对数据排序，然后计算相应的位置。（　　）

G. 相较而言，众数适合定序数据的测量，而中位数适合定类数据的测量。（　　）

H. 全距适用于定距数据和定比数据，不适用于定类数据和定序数据。（　　）

I. 四分位差受极端值的影响，其大小可以衡量中位数对一组数据的代表性。（　　）

G. 方差越大，说明数据的波动越小，反之方差越小，说明数据波动的越大。（　　）

K. 差异系数是一个度量数据分散程度的相对差异量，它消除了数据水平高低和单位的影响。（　　）

L. 异众比率不适用于衡量定类数据的离散程度。（　　）

M. 偏态系数 $SK>0$ 说明是左偏分布。（　　）

N. 峰态系数 $K=3$ 时，数据分布峰度表现为与正态分布相同。（　　）

（6）如何理解当数据为非对称分布时，使用中位数比均值更能反映数据的集中趋势。

（7）某一遗址 1~12 月的平均气温（单位：摄氏度）如表 4.8 所示：

表 4.8 1~12 月的平均气温数据

1月	2月	3月	4月	5月	6月
10.6	12.6	14.5	18.1	22.3	24.8
7月	8月	9月	10月	11月	12月
28.8	28.6	26.1	20.9	18.6	14.1

A. 计算以上气温数据的众数、中位数和平均数。

B. 计算以上气温数据的四分位数。

C. 计算以上气温数据的标准差。

D. 计算以上数据的偏态系数和峰态系数。

（8）抽取了 130 位非遗传承人进行调查，按授徒时间进行分组，结果如表 4.9 所示：

表 4.9 非遗传承人数据

按授徒时间分组（年）	人数（位）
1 年以内	8
1~2	22
2~3	26
3~4	32
4~5	22
5 年及以上	20
合计	130

A. 计算 130 位非遗传承人的平均授徒时间。

B. 计算 130 位非遗传承人的授徒时间众数。

C. 计算 130 位非遗传承人的授徒时间标准差。

（9）在石质文物保护中，渗透深度是对保护材料有效性进行评估的重要指标。现研制了三种保护材料，在样本容量为 10 的样本上进行了测试，得到了以下渗透深度（单位：毫米），如表 4.10 所示：

表 4.10　测试数据

材料类型	1	2	3	4	5	6	7	8	9	10
A	20.2	20.6	20.3	20.1	20.5	20.4	20.2	20.6	20.5	20.3
B	20.3	20.1	20.2	20.5	20.1	20.3	20.4	20.2	20.1	20.3
C	20.4	20.3	20.5	20.3	20.3	20.2	20.3	20.5	20.3	20.4

A. 请问哪个材料的平均渗透深度最好？

B. 请问哪个材料的稳定性最好？

C. 请问哪个材料的稳定性最差？

D. 如果你是文物保护人员，你会选择哪个材料？

第 5 章　概率和概率分布

现在你应该知道了如何收集和描述数据，这些数据可能是你在考古遗址发掘出土的各种不同类型器物的数量，可能是你在实验室对文物保护材料进行性能测量得到的数据，也可能是你在博物馆做了观众调查之后得到的反馈数据。而且，这些数据是来自于某个样本（sample），它们的均值、方差可以用描述性统计方法计算出来，那么我们如何用这些样本的数据来推断一个更大的总体（population）的某些特性？

案例 5.1

某考古队在浙江的两处唐代窑址发掘出了大量的瓷器碎片，并分别从这两处窑址随机选取了 10 个瓷片样本，使用便携式 X 射线荧光光谱仪（XRF）测出了这些瓷片的元素组成（在陶瓷考古中，习惯上用相应元素的氧化物表示），其中铝元素的含量（用 % 表示）如表 5.1 所示。这些数据是否能提供足够的信息表明两处窑址出土瓷片的铝元素含量有区别？

表 5.1　浙江两处唐代窑址出土的部分瓷片的 Al_2O_3 含量（%）

窑址 1		窑址 2	
18.6	15.8	17.7	18.3
18.0	20.8	16.7	14.8
18.2	18.0	19.1	15.7
19.4	17.9	17.3	19.2
17.5	19.1	18.8	16.4

上面这个案例所提出的问题，是一个典型的推断性统计的问题，需要用一种工具——概率（probability）——来解决。要正确地使用概率这个工具，你需要理解概率是怎么回事，以及概率是如何运作的。

图 5.1　古代瓷窑址附近的瓷片

5.1　为什么学习概率

假如在某个地区，过去的五十年来，考古学家已经进行了许多发掘和研究，并发现了大量的史前人类遗址。一项新的基础设施建设即将在这个地区启动，项目所在地周围 5 千米内，密密麻麻的分布着这些发掘出的史前遗址。你是否认为很有必要在基础设施建设之前，进行考古勘探工作？你的答案可能是更倾向于考古前置。为什么呢？因为根据过去五十年的考古发掘记录，该基础建设项目所在地很可能埋藏了史前人类的遗址，而考古前置就是为了避免基础建设对遗址的破坏。但是不是一定会在此处有考古发现呢？也不一定！考古队也有可能在这里一无所获。这里需要注意的是，在考虑是否要进行考古发掘的这个过程，实际上包含了一个机会（chance），或者说概率的考量。过去的经验告诉人们，在这里发现史前人类遗址的概率应该很高，但什么也没有发现，出现这种情况的可能性也是有的。其实这是日常生活、工作中，经常会碰到的情形：即很多时候，因为某些不确定因素的影响，人们需要根据一些经验、数据甚至直觉来做决定。概率在其中起到了很重要的作用。

我们现在生活在一个数据的社会，或者说信息的社会。我们身边到处都是数据和信息，它们可能会影响我们日常生活中的各种决策过程，例如中午吃什么，穿什么衣服，看几个小时的手机，开车还是坐地铁，等等；也会影响一些重要的决策，包括医疗保障、就业、金融秩序和教育政策等。这里面可能涉及很多不确定的、随机的事件的发生，和概率密切相关，需要人们学会用概率的思维来运用这些数据和信息，并做出推断和决策。

　　例如掷硬币，可能会出现正面朝上（英语中通常用 Head 表示，简写为 H），也可能是反面朝上（英语中用 Tail 表示，简写为 T）。如果你反复的掷一枚硬币，会得到无穷多个结果（可看作一个总体），有些是 H，有些是 T。这些结果看上去有什么特点？如果没有在硬币上做什么手脚，出现的结果里面，H 应该占 50%，T 也应该占 50%。这时如果你再掷一次硬币，出现正面朝上的机会有多少？大多数人会说正面朝上的概率为二分之一。

图 5.2　掷硬币

左：正面朝上（H）；右：反面朝上（T）

　　现在换一种情况，你可能并不是很确定硬币上是否做过手脚，也就是说，并不很确定掷硬币出现正面朝上的概率是二分之一。于是你决定做一项简单的实验：掷硬币 20 次，看看出现正面朝上的有几次。结果，20 次全部是正面朝上（H）。那么根据这项实验，你是否认为这样掷硬币是公平的？答案可能是否定的，因为如果没有在硬币上做手脚，得到 20 次全部正面朝上的结果的可能性是很小的，也就是说，发生这种情况的概率是很低的，因此很有可能是在硬币上做了手脚，使得掷硬币不那么公平。

　　这个掷硬币的例子，其实告诉了人们使用概率的两种方式。一个是当总体（population）已知的情况下，用概率来描述出现某个特定样本的可能性。另一个是当总体未知的时候，且从总体获得了一个样本，这时候用概率来对总体进行推断。

　　很多时候，人们会更多地碰到第二种情况，因为总体通常都是未知的。例如医院可能很关心病人等候问诊所需时间的规律，这样可以帮助医院更好的安排病人就诊空间的设置，医护人员的数量，并优化其他医疗资源的配置。但医院可能并不清楚病人问诊时间背后的数学规律。因此工作人员可能会在某个时间段，观察某家医院在该时间段就诊的病人所需要的等候及就诊时间，根据这样一个样本，再运用概率工具，来对这家医院的病人问诊时间进行推断。在文化遗产领域，你可能也会碰到很多这样类似的情形，正如案例5.1描述的那样。因此，概率是进行推断性统计的基础。

另外，概率以及由概率建立起来的模型也能更好地帮助人们理解自然和社会现象。例如一个史前人类曾经生活的地区，在某个特定时间段内，人群的规模，即人口数量，可以用一个概率模型与人群的出生率和死亡率联系起来，甚至能够解释在一个地理范围内人群的扩张。在这里，概率模型能够为研究人员提供非常丰富的信息。

案例 5.2

伊利诺伊州考古预测模型（IAPM，https://go.isas.illinois.edu/IAPM ）是由美国伊利诺伊大学厄巴纳—香槟分校开发的一种基于地理信息系统（GIS）的概率模型工具。该模型建立在伊利诺伊州一百多年的考古工作的基础上，并考虑了史前美洲土著遗址的已知地点，缺乏考古遗址的地方的地形，以及其他环境和地球物理变量，如海拔、河流的范围和原生植被等。从这些位置采样得到的数据通过GIS进行分析，并输入TensorFlow神经网络（一种机器学习算法），以预测该州每90米×90米单元遇到考古遗址的概率。

伊利诺伊州当局和其他有兴趣的利益相关者会利用IAPM来帮助评估各种因素对不可替代和不可再生的考古资源的潜在影响，从而鼓励和促进当地的可持续发展。使用IAPM可以帮助考古学家在调查期间优先考虑时间和资源的安排，并允许他们提出建议，以防止或减轻对考古资源的不利影响。它还有可能使普通公民、管理者和开发商在伊利诺伊州的文化遗产保护方面成为积极主动的参与者。

史海钩沉

概率自古以来就一直是人类意识的一部分。数学家帕斯卡从骰子受到启发，创造了概率论。那么骰子又是怎么发明的？

现代的骰子实际上是从各种各样的动物的距骨或指骨逐渐演化而来的。在野鹿、狍、白尾鹿、牛、山羊、猪等动物中，人类都能找到距骨，并做成骰子用于赌博。那时人类相信命运通常被归因于精神或超自然的力量，导致在占卜仪式和葬礼仪式中使用了距骨骰子（astragali）。也有人认为，它们可能是货币的原始形式。

　　人们还发现了用青铜、玻璃、银、象牙和石灰石制作的距骨骰子（图 5.3），有些还经过切割、抛光和钻孔，在其中填充了铅、铁或青铜。目前，在希腊、罗马、埃及、伊拉克、伊朗、以色列、约旦、黎巴嫩、巴勒斯坦、叙利亚、土耳其、塞浦路斯、保加利亚、西班牙，甚至蒙古也发现了距骨骰子。已知最早的距骨骰子大约始于公元前 2000 ~ 前 1500 年。

　　掷距骨骰子可能会出现六个面中的一面朝上。然而，与现代立方骰子不同的是，每个面出现的可能性并不相等。因为距骨骰子的边缘是弧形的，所以骰子垂直站立是相当罕见的，而且在泥土或不平整的地面上几乎是不可能的。典型的结果可能包括四面中的一面，在某些文化中俗称骆驼、马、山羊或绵羊。较宽的一面，俗称绵羊或山羊，出现的概率大约是较窄的一面（俗称驴或骆驼）的三倍，所以出现驴面或骆驼面被认为是好运气。在游戏中，通常是同时掷几个骰子，它们出现相同的结果被认为是幸运的。四个距骨骰子产生四个不同的面也被认为是幸运的，这个概率是 0.0384。这些游戏和人们对战胜命运的渴望导致了距骨骰子的广泛使用，并随着时间的推移，加深了我们对概率的理解。

图 5.3　玻璃制作的距骨骰子

（公元前 3~2 世纪，图片来源于美国大都会博物馆，https://www.metmuseum.org/art/collection/search/256148）

5.2　概率的基本概念

5.2.1　随机事件

前文已经说到，概率是一种强大的工具，能够让人们更加清晰地认识和理解这个世界，在文化遗产领域也是如此。为了更好地理解概率这样一个比较抽象的概念，接下来本书会以掷硬币、掷骰子等作为案例，描述概率是怎么一回事，然后会引出概率在文化遗产领域的应用实例。

定义

　　具有以下三个特征的试验或观察，称为随机试验：

　　1.每次试验得到的所有可能的结果是可知的，并且所有可能的结果不止一个；

　　2.试验可以在同样的条件下重复进行；

　　3.试验的结果总是所有可能的结果中的一个，但事先不能确定哪个结果会出现。

在足球比赛开始前，大家都会看到双方队长围在裁判身边掷硬币，来决定谁先开球。前面讲到，掷硬币的结果可能是 H，也可能是 T，因此不是一个确定的结果。根据经验，我们都知道出现 H 或 T 的概率都是 0.5。但这是不是意味着掷 10 次硬币，就一定会出现 5 次 H？那可不一定。也许 10 次掷硬币的结果都是 T，也许都是 H，也有可能刚好是 5 次 H，5 次 T。无论出现哪一种情况，都是事先无法预想的，出现的结果都呈现一种偶然性。

掷硬币就是一个典型的随机试验，它可能出现的结果有两个，但人们无法预先知道会出现哪一个结果。类似这样的随机试验有很多，比如掷骰子，测量某一天的降水量，对生产的产品进行质量抽检，等等。

定义

　　随机事件：是指随机试验中可能出现或可能不出现的结果，用大写字母 E 表示。

在掷硬币的随机试验中，可能出现 H 或 T 两种结果，这两种结果就是随机事件。再比如掷骰子，可能会出现 6 种结果，这些结果就是随机事件。一般来说，随机事件可以再分成一个个的简单事件，例如掷骰子出现的点数为 1，就是一个简单事件。

案例 5.3

掷一个骰子，列出所有的简单事件：

E_1：点数为 1；E_2：点数为 2；E_3：点数为 3；

E_4：点数为 4；E_5：点数为 5；E_6：点数为 6；

列出点数为偶数的事件：

$$A=\{E_2,\ E_4,\ E_6\} \tag{5.1}$$

列出点数小于 5 的事件：

$$B=\{E_1,\ E_2,\ E_3,\ E_4\} \tag{5.2}$$

5.2.2　样本空间

从上一节的案例 5.3 可以看出，不同的简单事件可以合在一起，构成具有某种特定要求的事件，这样的事件称为组合事件。例如点数为偶数的事件，就包含了三个不同的简单事件，即意味着这样一个组合事件，可能会呈现出三种不同的结果。

定义

　样本空间：随机试验得到的所有的简单事件所组成的集合，用大写字母 S 表示。

案例 5.4

掷一个骰子，列出该随机试验的样本空间：

$$S=\{E_1,\ E_2,\ E_3,\ E_4,\ E_5,\ E_6\} \tag{5.3}$$

有时，可以使用一种叫作维恩图（Venn diagram）的示意图来可视化一个随机实验。在这个示意图里面，外部框表示样本空间，其中包含所有的简单事件，用标记的点表示。由于组合事件是一个或多个简单事件的集合，适当的点被圈起来并用事件字母标记。如图 5.4，方框表示的是样本空间 S，其中组合事件 A 和 B 包含在 S 里面，每一个简单事件都在图中用一个点表示。

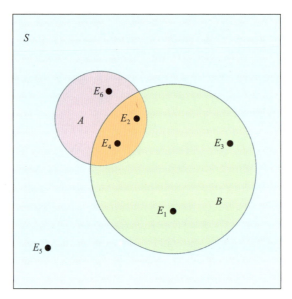

图 5.4　案例 5.3 中掷骰子试验的样本空间的维恩图

从图 5.4 可以看出两个事件 A 和 B 的关系。例如，事件 A 和事件 B 至少有一个发生，即掷骰子的点数要么为偶数，要么小于 5，这也是一个组合事件，称为事件 A 和事件 B 的并：

$$A \cup B = \{E_1, E_2, E_3, E_4, E_6\} \tag{5.4}$$

也可能会出现事件 A 和事件 B 同时发生的情况，称为事件 A 和事件 B 的交：

$$A \cap B = \{E_2, E_4\} \tag{5.5}$$

如果两个事件不可能同时发生，则称这两个事件为互斥事件。例如 $A=\{$ 点数为偶数 $\}$，$C=\{$ 点数为奇数 $\}$，很显然，事件 A 和 C 不能同时发生。

在自然界和日常生活中，有些事件是必然会发生的，例如在世界上大部分地区，太阳会在每天早上升起。有些事件是不能发生的，例如上面提到的掷骰子得到的点数既为奇数也为偶数的情况。这两种事件，可以看作是两种特殊的随机事件。理解事件的相互关系，有助于对事件发生的概率进行计算。

如果事件 A 不发生，在样本空间里面即 A 这个圆圈以外的地方，仍然可以看作是一个事件，称为事件 A 的互补，用 $\overline{A}$ 表示：

$$\overline{A} = \{E_1, E_3, E_5\} \qquad (5.6)$$

从这里也可以看到，必然发生的事件与不可能发生的事件是互补关系。因此，对于任意一个事件 A：

$$A \cup \overline{A} = S \qquad (5.7)$$

案例 5.5

　　某博物馆即将举办一场中国古代瓷器的特展。该博物馆拥有四件明代的珍贵瓷器，都为国家一级文物，分别为：青花、釉里红、斗彩和五彩。受到展览空间的限制，以及文物安全的需要，这四件瓷器不能同时拿出来展示，只能选取其中的两件进入特展。可以把选择这两件瓷器看作一个试验。

　　a. 列出这项试验的样本空间：

$$S = \{\{ 青花，釉里红 \}，\{ 青花，斗彩 \}，\{ 青花，五彩 \}，$$
$$\{ 釉里红，斗彩 \}，\{ 釉里红，五彩 \}，\{ 斗彩，五彩 \}\}$$

　　b. 用 A 来表示选择瓷器中包含斗彩的事件，该事件会得到几种结果：

$$A = \{\{ 斗彩，青花 \}，\{ 斗彩，釉里红 \}，\{ 斗彩，五彩 \}\}$$

有三种结果。

5.2.3　概率的定义

在掷骰子的试验中，我们知道可能会得到 6 种结果，点数分别为 1，2，3，4，5，6。因为掷骰子是一个随机试验，所以并不确定会出现什么点数。那么一个人现在掷一个骰子，出现点数为 6 的可能性有多大？很多人都会脱口而出：有 1/6 的可能。实际上在回答这个问题的时候，大家都已经用到了概率这一概念，而且很明白概率与可能性、机会等这样的描述有关。

> **定义**
>
> 　　概率：是指在进行随机试验的时候，出现样本空间里面某一个结果（事件）的可能性的大小，用一个在0和1之间的数来表示，用P表示。

从以上概率的定义可以知道，对于事件A：

$$1 \geqslant P(A) \geqslant 0$$
$$P(S) = 1 \qquad\qquad (5.8)$$

对于不可能发生的事件，$P(A)=0$；对于一定会发生的事件（必然事件），$P(A)=1$。因此，概率的数值越接近1，表明该事件发生的可能性就越大；概率的数值越接近于0，该事件就越不可能发生。

从式（5.8）可以看到，对于一个样本空间，若其中一个事件发生的概率为p_i，则有：

$$\sum_i^\infty p_i = 1 \qquad\qquad (5.9)$$

5.3　概率的计算

5.3.1　概率的计算方法

有时候，我们可以很容易的为某个样本空间中的事件给出概率。例如掷硬币，只有H和T两种可能的结果，所以大家都很容易计算出其中一种结果的概率为1/2。在掷骰子的例子里面，样本空间有6种可能的结果，也可以很快给出每种结果出现的概率，即1/6。在这两个例子里面，实际上每种结果出现的可能性是相等的，除非硬币或骰子被人做了手脚。这时，计算概率就可以使用简单的方法：

$$P(A) = \frac{\text{事件}A\text{包含的样本结果的个数}}{\text{样本结果的总数}} \qquad\qquad (5.10)$$

这种方法计算出来的概率称为理论概率，该方法也叫作古典概率计算法。用这种方法来计算概率，要求样本空间中每个结果出现的概率是相等的。

案例5.6

　　拥有三个小孩的家庭，其中两个是女孩，一个是男孩的概率是多少？假设男女孩的出生比例相同?

假设用 B 表示男孩, G 表示女孩, 由于三个孩子的年龄有差异, 因此:

$$S = \{BBB,\ BBG,\ BGB,\ BGG,\ GBB,\ GBG,\ GGB,\ GGG\}$$

样本空间有 8 种可能的结果, 其中有三种是两个女孩、一个男孩的情况:

$$A = \{BGG,\ GBG,\ GGB\}$$

因为男女孩出生的比例相同, 因此每种可能的结果出现的可能性是相等的, 所以:

$$P(A) = \frac{1}{8} + \frac{1}{8} + \frac{1}{8} = \frac{3}{8} = 0.375$$

在案例 5.6 里面, 可以看到要准确计算得到理论概率, 需要对一项试验的结果进行计数。对于上面讲述几个案例, 计数是很容易的。但对于很多随机试验, 得到的结果的数量可能是巨大的, 计数就变得很复杂。这时需要一定的法则来帮助计数。

假设有两件明代的青花瓷器即将出土, 它们可能是完整无缺的, 也可能是有些破损的。那么这两件瓷器可能呈现给人们的状态有哪些? 人们可以很容易的列出所有可能的状态:

表 5.2　瓷器出土的状态

瓷器 1	瓷器 2		
		完整	损坏
	完整	完整, 完整	完整, 损坏
	损坏	损坏, 完整	损坏, 损坏

因为每件瓷器都可能会有两种状态: 完整或损坏, 因此最终可能出现的状态是 $2 \times 2 = 4$ 个。

定义

基本计数原理: 如果一项随机试验中的一个任务会得到 n_1 个结果, 另一个任务会得到 n_2 个结果, 那么两个任务合在一起, 则会得到 $n_1 \times n_2$ 个结果。

基本计数原理不仅适用于两个任务，多个任务同样适用。例如若有三件瓷器，那么可能出现的状态数目则为 $2×2×2=8$。

案例 5.7

在一次博物馆观众调查的过程中，研究人员找到了 12 位家长，希望从中随机选择 5 位进行访谈，以了解家长对于博物馆儿童教育的看法。12 位家长中，有 4 位男性，8 位女性。那么随机选择的 5 位家长全是女性的概率有多少？有 2 位女性、3 位男性的概率是多少？

在选择 5 位家长的时候，选择家长的顺序并不重要，最后只看这 5 位家长是谁。因此，从 12 位家长中随机选出 5 位，根据组合的计算方法，可能出现的结果的数目有：

$$C_{12}^5 = \frac{12!}{5!(12-5)!} = 792$$

从 8 位女性家长中选出 5 位，可能的结果的数目为 $C_8^5 = \frac{8!}{5!(8-5)!} = 56$，同样，从 4 位男性家长中选出 0 位，只有 $C_4^0 = 1$ 种结果。于是，根据基本计数原理，从 12 位家长中选出 5 位女性和 0 位男性的结果的数目为 $C_8^5 \times C_4^0 = 56 \times 1 = 56$。根据古典概率计算方法，选出 5 位都是女性家长的概率为 $\frac{56}{792} = \frac{7}{99} \approx 0.07$。类似的，选出 2 位女性、3 位男性家长的概率应为：

$$\frac{C_8^5 \times C_4^3}{C_{12}^5} = \frac{28 \times 4}{792} = \frac{14}{99} \approx 0.14$$

计算概率的时候，有时也可以采用相对发生频率的计算方法。这是建立在大量的试验基础上的，用事件 A 发生的次数除以试验的总数，得到事件 A 发生的概率：

$$P(A) = \frac{事件A发生的次数}{试验的总次数} \tag{5.11}$$

这样得到的概率是我们观测到的某个事件发生的相对频数，称为经验概率。以掷骰子为例，某人连续掷了 100 次骰子，结果出现了 32 次点数为 1，那么建立在这样一个观测或试验基础上的出现点数为 1 的概率就是 $\frac{32}{100} = 0.32$。另一个比较常见的案例是自然灾害发生的概率。地质灾害记录显示在过去的 2000 年里，有一条河发生过四次重大洪涝灾害，那么该河流发生重大洪涝灾害的概率是多少？根据经验概率的计算方法，该河流发生重大洪涝灾害的概率应为 $\dfrac{4}{2000}=\dfrac{1}{500}$，这就是人们常说的五百年一遇的洪涝灾害。

但是在实际工作和生活中，运用古典概率法和经验概率法来计算概率是有一些局限性的，因为在很多时候无法进行大量的观测和试验，或者进行这样大量的试验的成本太高。这时通常会根据人的主观判断、经验甚至直觉来计算事件发生的概率，称为主观计算法。例如计算明天下雨的概率、毕业后找到梦寐以求的工作的概率等。

这里需要注意的是，在上述掷骰子出现点数为 1 的经验概率计算的时候，得到的结果是 0.32，但在计算掷骰子的理论概率的时候，得到的结果却是 1/6＝0.167。为什么这两个概率不一样？

如果某人多掷几次骰子，记录出现点数为 1 的次数，就可以得到点数为 1 的经验概率，但我们无法保证这个经验概率就等于理论概率。那么怎样才能使得经验概率等于，或者至少接近理论概率呢？我们可以用计算机来模拟掷骰子的过程，即让计算机在 1~6 这六个数中间随机抽取一个数，并且不断的重复，计算出现数字为 1 的经验概率（这是一个很简单的随机过程，可以用很多的数学软件实现），得到的结果如图 5.5 所示。

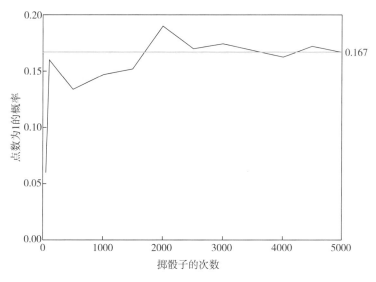

图 5.5　掷骰子的次数与出现点数为 1 的经验概率

可以看到，当掷骰子的次数比较少的时候，点数为 1 的经验概率并不太接近理论概率 0.167，甚至还有一些明显的波动。随着掷骰子的次数逐渐增加，点数为 1 的经验概率越来越趋近 0.167，而且波动越来越小。也就是说，随着试验重复的次数越来越多，人们所关心的某个事件出现的经验概率会逐渐趋近于这个事件在一次试验中发生的理论概率，这叫作大数定律。

大数定律在日常生活和工作中有着广泛的应用。花瓶是由分子组成，每个分子都在不规律地剧烈运动。但是你可曾见过一只放在桌子上的花瓶，突然自己跳起来？尽管每个分子个体看起来都显得杂乱无章，但整个群体却能呈现某种稳定的形态。这就是大数定律在起作用。再比如，你是否收到过这类短信：请直接把5000元钱打到某银行卡号？看到这样的短信，你可能付之一笑，绝对不会把钱汇款到对方。但是电信诈骗犯都很蠢吗？类似这种垃圾短信，每发出一万条，上当的人总有七到八个，成功率非常稳定。也就是说，尽管受骗的理论概率非常低，但只要接收到短信的人足够多（试验次数足够多），一定会有人受骗。

如果把一次试验看作是得到了一次样本的观测机会，那么大数定律就告诉人们，关于我们所关注的对象的某些规律和性质，只有在试验次数足够多（样本数量足够大）的时候，才有可能清楚准确地观测到。与"大数定律"相对的，就是"小数定律"：如果样本（试验）数量比较小，那么各种极端情况都有可能发生，这些极端情况可能离人们预期的情况相差甚远。但是我们在判断不确定事件发生的概率时，往往会忽视大数定律，而不由自主地使用"小数定律"，犯以偏概全的错误。例如在科技考古与文物保护的研究中，常常要对所得到的样本进行各种各样的测量和分析试验，研究员常常会要求多次重复的进行某项测试，以及只有在获得的样本数量足够多的时候，才能够总结、推断样本的某些规律。如果所获得的样本数量很小，那么在进行分析的时候，就需要格外小心。

很多时候，人们会很容易对大数定律产生误解。例如掷骰子的时候期望得到点数为6，但之前掷了20次都没有得到点数6，于是认为下一次掷骰子应该就是点数6了。考古发掘也带有一定的不确定性，有人连续发掘了好几个探方都没有发现很有价值的遗存，于是认为接下来应该会运气变好，肯定会有重要的发现了。这被称为"赌徒谬误"，认为一个随机事件发生的概率与之前发生的事件有关，即其发生的概率会随着之前没有发生该事件的次数而上升。这其实是人们错误的诠释了"大数定律"的平均法则。

5.3.2 运算法则

在案例5.7中，如果把选出女性和男性家长分别看作是两个事件，我们用基本计数原理得到了选出女性和男性家长数目的概率，这可以被认为是两个事件同时发生，因此这是一个组合事件。组合事件中的各个事件如果能同时发生，其概率称为和概率：

$$P(A \cap B) = P(A) \times P(B) \tag{5.12}$$

用式（5.12）计算概率的时候，需要注意的是两个事件应为独立事件，即一个事件的结果（发生或不发生）不会对另一个事件的结果产生影响。例如掷三个骰子，三个的点数都是 6 的概率：$\frac{1}{6} \times \frac{1}{6} \times \frac{1}{6} = \frac{1}{216}$。

如果两个事件不可能同时发生，则称这两个事件为非重叠事件。这时，事件 A 或者事件 B 发生的概率，称为或概率：

$$P(A \cup B) = P(A) + P(B) \qquad (5.13)$$

例如掷一个骰子，出现点数为 2 或 3 的概率：$\frac{1}{6} + \frac{1}{6} = \frac{1}{3}$。

如果 A 和 B 两个事件能够同时发生，称为重叠事件。A 或 B 发生的概率为：

$$P(A \cup B) = P(A) + P(B) - P(A \cap B) \qquad (5.14)$$

案例 5.8

　　某考古队在发掘一处墓葬的时候，发现了一些珍贵瓷器，其中元代的青花 2 件，明代的青花 4 件，元代的釉里红 6 件，明代的釉里红 8 件。这些瓷器被装在一个安全的套箱里面存放，如果随机的从套箱中拿出一件瓷器，它是明代的或者是釉里红的概率是多少？

　　一共有 20 件瓷器，其中釉里红 14 件，明代瓷器有 12 件，明代的釉里红有 8 件，因此，根据式（5.13），可以计算出：

$$P(\text{明代} \cup \text{釉里红}) = \frac{14}{20} + \frac{12}{20} - \frac{8}{20} = \frac{18}{20} = 0.9$$

对于互补事件，由于不能同时发生，属于非重叠事件，根据式（5.7）、（5.8）和（5.12）：

$$P(S) = P(A \cup \overline{A}) = P(A) + P(\overline{A}) = 1 \qquad (5.15)$$

因此，$P(\overline{A}) = 1 - P(A)$。有的时候，计算某一个事件发生的概率可能不太容易，但计算这个事件的互补事件的概率却容易得多。比如表 5.2 中，出土的两件瓷器，至少有一个完整瓷器的概率是多少？从表中可以看到，除了两件都损坏这个情况以外，其他几种情况都至少有一件完整的瓷器，因此 $P(\overline{A}) = \frac{1}{4}$，则 $P(A) = 1 - P(\overline{A}) = \frac{3}{4}$。

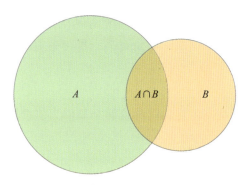

图 5.6 组合事件的概率的维恩图

从图 5.6 也可以看出：

$$P(A \cap B) = P(B \cap A)$$
$$P(A \cup B) = P(B \cup A)$$

（5.16）

5.3.3 条件概率

到目前为止，我们讨论的概率都称为无条件概率，因为除了随机试验所约定和限制的条件之外，没有附加额外的条件。但很多时候，某个事件的概率可能会因为其他的一些干扰或者条件的限制而发生一些变化，这个概率称为条件概率。例如在掷骰子的时候，得到点数为偶数（事件 A）的概率应该是 1/2。但在一次掷骰子的试验中，得到的点数不大于 3（事件 B），这时，得到点数为偶数的概率还是 1/2 吗？显然不是！因为当事件 B 发生的时候，样本空间里面简单事件的数量已经减少了（从 6 个减少到 3 个）。由于在这个缩小的样本空间里面，每个简单事件发生的概率都一样，因此出现偶数点数的概率为：

$$P(A|B) = \frac{1}{3}$$

（5.17）

其中，$P(A|B)$ 表示当事件 B 发生的条件下，事件 A 发生的概率。在计算这个概率的时候，可以用事件 A 在缩小的样本空间中的概率，即事件 A 和事件 B 同时发生的和概率 $P(A \cap B)$，除以缩小的样本空间出现的概率，即 $P(B)$（前提是这个概率不等于 0）：

$$P(A|B) = \frac{P(A \cap B)}{P(B)} = \frac{1/6}{3/6} = \frac{1}{3}$$

（5.18）

案例 5.9

浙江大学博物馆学研究团队通过问卷的方式对杭州某博物馆进行了观众调查，

以了解男性和女性观众对某个亲子教育活动的评价。问卷调查的结果如表 5.3 所示。

表 5.3　杭州某博物馆亲子教育活动的观众调查结果（单位：人）

活动评价	男性	女性
很好	79	98
好	32	63
一般	47	36
较差	15	9
总计	173	206

在女性观众中，认为该亲子教育活动很好的概率是多少？

调查的总人数为 173+206＝379 人，其中女性有 206 人，认为活动很好的女性有 98 人，因此可以很快地计算出概率为 $\dfrac{98}{206}$。

我们也可以用式（5.18）来计算这个条件概率。

事件 A：认为教育活动很好；事件 B：女性。计算当事件 B 发生的时候，事件 A 发生的概率。这就意味着事件 A 和事件 B 一定要同时发生，因此 $P(A\cap B)=\dfrac{98}{379}$，而事件 B 发生的概率为 $P(B)=\dfrac{206}{379}$，因此：

$$P(A|B)=\frac{P(A\cap B)}{P(B)}=\frac{98/379}{206/379}=\frac{98}{206}$$

根据条件概率的计算公式（5.18），我们还可以得到概率计算的乘法定律：

$$P(A\cap B)=P(A|B)\times P(B)$$
$$P(B\cap A)=P(B|A)\times P(A)$$

（5.19）

5.3.4　独立事件

前面曾经提到，在掷三个骰子的时候，我们把掷每个骰子看作是一个独立事件，即掷其中一个骰子不会对掷另外两个骰子的结果产生影响。换句话说，两个事件 A 和 B，无论事件 B 发生或不发生，事件 A 发生的概率是不变的，因此，对于两个独立事件 A 和 B：

$$P(A|B) = P(A) \tag{5.20}$$

此时，式（5.19）可以写成：$P(A \cap B) = P(A) \times P(B)$，即式（5.12）可以看成是当两个事件为独立事件时，和概率的特殊情况。

如果一个事件的发生会影响到另一个事件发生的概率，那么这两个事件就不是独立的。在日常生活和工作中，这样的非独立事件也会经常碰到。

案例 5.10

　　在案例 5.8 里面，某考古队发现了 20 件珍贵瓷器，其中元代青花 2 件，明代青花 4 件，元代釉里红 6 件，明代釉里红 8 件。这些瓷器被装在一个安全的套箱里面存放，如果随机的从套箱中拿出两件瓷器，这两件都是釉里红的概率是多少？

　　一共有 20 件瓷器，其中釉里红 14 件，随机抽出一个瓷器为釉里红的概率为 $\frac{14}{20}$，抽第二件瓷器的时候，套箱里还剩下 19 件，釉里红还剩下 13 件，因此第二次随机抽到釉里红的概率就变成了 $\frac{13}{19}$。因此，根据式（5.19），可以计算出抽到两件都是釉里红瓷器的概率为 $\frac{14}{20} \times \frac{13}{19} \approx 0.48$。

在案例 5.10 里面，抽出第一件釉里红瓷器以后，套箱内剩余的瓷器数量（包括釉里红瓷器的数量）发生了改变，所以抽出第一件釉里红这个事件明显地改变了这之后再抽出釉里红瓷器的概率，因此是典型的非独立事件。如果抽出了第一件釉里红瓷器之后，把这件瓷器放回套箱里再次随机抽取，那么第一次抽取瓷器的事件就不会对第二次抽取造成影响，也就变成了两个独立事件，可以按照式（5.12）来计算概率。

5.4　贝叶斯定理

5.4.1　什么是贝叶斯定理

根据式（5.16）和（5.19），我们可以得到：

$$P(A|B) \times P(B) = P(B|A) \times P(A) \tag{5.21}$$

于是：

$$P(A|B) = \frac{P(B|A) \times P(A)}{P(B)} \tag{5.22}$$

式（5.22）被称为贝叶斯定理。其中，$P(A)$ 称为事件 A 发生的先验概率，而当事件 B 发生以后，非独立事件 A 发生的概率会相应的出现变化，因此 $P(A|B)$ 称为后验概率。贝叶斯定理体现了新的事件发生对先验概率的修正，或者说，新的事件发生以后，人们获得了额外的一些信息，信息的增加会导致原来所关心的那件事件的概率的变化。例如某考古队在发掘一处墓葬遗址之前，可能不太确定这座墓葬是哪个朝代的，可能是唐代的，也可能是宋代的，甚至可能是明代的，考古学家根据经验会有一个判断，这就是先验概率。进行发掘以后，很快就发现了一件唐代的器物，这会让大家认为该墓葬是唐代的概率更大了，尽管还不能完全确定就是唐代墓葬，因为宋代、明代墓葬里面也有可能出现唐代的器物。在这里，出土一件唐代器物，这个事件的发生，或者说，出土一件唐代器物这个信息，影响到了该墓葬为唐代的概率，如果在后续的发掘过程中，持续不断的发现唐代器物，那么这个概率会不断变大，这就是后验概率。

有的时候，事件 B 发生的概率不是那么容易直接得到，这时可以利用图 5.6 来推算：

$$P(B) = P(B \cap A) + P(B \cap \overline{A}) = P(B|A) \times P(A) + P(B|\overline{A}) \times P(\overline{A}) \quad （5.23）$$

这样，贝叶斯定理可以写成：

$$P(A|B) = \frac{P(B|A) \times P(A)}{P(B|A) \times P(A) + P(B|\overline{A}) \times P(\overline{A})} \quad （5.24）$$

案例 5.11

假设某种疾病在所有人群中的感染率是 0.1%，医院现有的技术对于该疾病检测准确率为 99%（已知患病情况下，99% 的可能性可以检查出阳性），但会出现 1% 的假阳性（没有患病，但也被检查出阳性），如果从人群中随机抽一个人去检测，医院给出的检测结果为阳性，那么这个人实际得病的概率是多少？

记事件 A 表示这个人患病，事件 B 表示检查的结果为阳性。从上面描述可以知道，$P(B|A) = 0.99$，现在希望计算出 $P(A|B)$。

现在知道 $P(A) = 0.001$，$P(\overline{A}) = 1 - P(A) = 0.999$，$P(B|\overline{A}) = 0.01$，根据贝叶斯定理，由式（5.24）可得到：

$$P(A|B) = \frac{P(B|A) \times P(A)}{P(B|A) \times P(A) + P(B|\overline{A}) \times P(\overline{A})} = \frac{0.99 \times 0.001}{0.99 \times 0.001 + 0.01 \times 0.999} \approx 0.09$$

从案例 5.11 可以看到，如果随机抽取一个人检测出阳性，他患病的概率也只有 0.09，而不是很多人想象中的那么高。而且，$P(A|B) \neq P(B|A)$。

案例 5.12

　　假设有两个各装了 100 个球的箱子，甲箱子中有 70 个红球，30 个绿球，乙箱子中有 30 个红球，70 个绿球。假设随机选择其中一个箱子，从中拿出一个球记下球色再放回原箱子，如此重复 12 次，记录得到 8 次红球，4 次绿球。你认为被选择的箱子是甲箱子的概率有多大？

　　记事件 A 为选择甲箱子，事件 B 为拿出的是红球。从上面的描述可以看到，假设拿到的第一个球是红色的，那么 $P(A) = 0.5$，$P(\overline{A}) = 1 - P(A) = 0.5$，$P(B|A) = 0.7$，$P(B|\overline{A}) = 0.3$，根据贝叶斯定理，由式（5.24）可得到：

$$P(A|B) = \frac{P(B|A) \times P(A)}{P(B|A) \times P(A) + P(B|\overline{A}) \times P(\overline{A})} = \frac{0.7 \times 0.5}{0.7 \times 0.5 + 0.3 \times 0.5} = 0.7$$

　　拿了第一个球是红球之后，被选择的是甲箱子的概率由 0.5 变为了 0.7；同样可算出，拿了第一个球是绿球之后，被选择的是甲箱子的概率由 0.5 变为了 0.3。最后，8 次拿出的是红球，4 次拿出的是绿球，可依次代入计算得到选择的是甲箱子的概率为 0.967。

　　可以非常明显地看出，当拿出一个球，知道了其颜色之后，选择的是哪个箱子的概率就发生了变化，因为有了更多的信息，先验概率就被更新了。但很多时候，人们都有保守主义情结，即使出现了新信息，也不愿意根据新信息来更新先验概率。即：新信息是 B 事件不断发生，人们本应该根据这个信息去更新 A 事件发生的概率，但人们却更愿意固守之前估计的 A 事件发生的概率。

式（5.23）和（5.24）显示的是两个互斥事件 A 和 $\overline{A}$ 在贝叶斯定理中的作用，其实也可以扩展到一个样本空间中更多的事件。假设一个样本空间 S 里面有 n 个事件：$A_1, A_2, A_3 \cdots A_i \cdots A_n$，它们两两互斥，$A_1 \cup A_2 \cup \cdots \cup A_n = S$，且 $P(A_i) > 0$，则式（5.23）可以写成：

$$P(B) = P(B|A_1) \times P(A_1) + \cdots + P(B|A_n) \times P(A_n) = \sum_{i=1}^{n} P(B|A_i) \times P(A_i) \qquad （5.25）$$

相应的，贝叶斯定理可以写成：

$$P(A_i|B) = \frac{P(B|A_i) \times P(A_i)}{\sum_{i=1}^{n} P(B|A_i) \times P(A_i)}$$（5.26）

史海钩沉

　　贝叶斯定理，以英国 18 世纪数学家托马斯·贝叶斯（1702~1761 年）的名字命名。贝叶斯生前是一名默默无闻的牧师，他后来为了证明上帝的存在，投身到了概率的研究，特别是"逆概率"的研究。例如一个袋子里面有红球和绿球，如果事先知道红球和绿球的数量，随机抽出一个红球或绿球的概率可以很容易计算出来。但如果事先不知道红球和绿球的数目，随机抽出一个球并观察它的颜色，根据这个信息可以对袋子里不同颜色的球的比例做出怎样的推测？这其实就是用新的信息去不断修正旧的信息。贝叶斯把他对这个问题的研究成果写成了论文，可惜一直没有发表，直到他去世前把论文手稿交给了一位叫普林斯的朋友。贝叶斯去世三年后，普林斯帮忙把论文发表，但没有引起很大的关注，直到几十年之后才被学界所正视。贝叶斯当时并没有意识到自己所研究的这个问题包含着十分深刻的思想，到现在，贝叶斯定理已经在统计学、人工智能、博弈论等领域大放异彩，在文化遗产领域也越来越受到重视。

5.4.2　贝叶斯定理的应用

　　贝叶斯定理是一种在已知先验概率的情况下求解逆概率的方法。从上一节可以看出，它的数学原理并不难理解，简单说就是，如果你看到一个人总是做好事，会觉得那个人应该是个好人；你的朋友也看到这个人经常做好事，则会推断那个人多半会是个好人；有更多的人看到这个人经常做好事，那么这个人是好人的概率就越来越大。也就是说，当你不能准确掌握一个事物的本质属性的时候，你可以依靠与事物特定属性相关的事件出现的多少去判断其本质属性的概率。用数学语言表达就是：支持某项属性的事件发生得愈多，则该属性成立的可能性就愈大。因此，与其他统计学方法不同，贝叶斯定理是可以建立在主观判断的基础上，可以先预估一个值，然后根据客观事实不断进行修正。

　　现实生活和工作中，人们经常需要做出决策和预测，例如要预测明天是否会下雨，在下一个探方里是否能发现特别有价值的遗存。一般情况下，大家只掌握了有限的信息，例如过去的天气数据。既然无法得到全面的信息，我们就只能在信息有限的情况下，尽可能做出一个好的预测。这时，人们可以根据以往的经验预估一个"先验概率" $P(A)$，然后加入新的信息（实验结果 B），有了新的信息后，我们对事件 A 的预测就更加准确。

案例 5.13

明代与汉代一样，也是封藩制度，但"分封而不锡土、列爵而不临民、食禄而不治事"。皇帝的儿子都直接封亲王，就藩地方。其嫡长子继承亲王爵位，其他儿子封郡王。明代实封六十五家亲王，追封二十二家。各藩王府再分封郡王，计有六百二十四支。如此庞大的亲王郡王也留下了大量墓葬，目前已经考古发掘和整理的墓葬，大多都被盗掘，少量珍贵文物流落在外。例如某省的两座明亲王墓甲墓和乙墓，根据考古发掘整理的结果，这两座墓葬出土的随葬品非常丰富，各类型所占比例如下表 5.4 所示：

表 5.4　两座明藩王墓出土器物的种类和比例

出土随葬品种类	钱币	陶瓷器	玉器	纺织品	漆木器	石制品
甲墓（%）	30	20	10	20	10	10
乙墓（%）	24	14	20	13	16	13

有一天，小王同学到古玩城闲逛，发现有个摊位上出售疑似明代器物，文物贩子介绍说有一件瓷器和一件玉器分别是从某省的两座明藩王墓里弄出来的，一座是甲墓，另一座就是乙墓，但文物贩子也不确定哪一件随葬品是从哪座墓葬里出土的。请问这件瓷器从甲墓里出土的概率是多少？

假设事件 A：甲墓；事件 B：瓷器。

$P(A)=0.5, P(\overline{A})=0.5, P(B|A)=0.2, P(B|\overline{A})=0.14$；根据贝叶斯定理，有：

$$P(A|B)=\frac{P(B|A)\times P(A)}{P(B|A)\times P(A)+P(B|\overline{A})\times P(\overline{A})}=0.588$$

因此，这件瓷器从甲墓出土的概率为 0.588。

在考古学与文化遗产领域，统计方法的应用比较多出现在假设检验里面（我们会在第 7 章介绍）。常规的假设检验根据一个关于总体的假设来陈述某种数据的概率，而贝叶斯方法则根据数据来陈述假设的概率。例如，贝叶斯方法允许研究人员使用他们的数据来为他们的假设分配概率，而不是使用一个 p 值来拒绝或不拒绝一个零假设。贝叶斯可信区间不是置信区间，而是为估计参数分配一个概率区间。考古学家最早使用贝叶斯统计主要集中在断代数据的校准和建模上，直到 21 世纪，贝叶斯模型才更多地将其用于回答其他的考古学问题。

　　贝叶斯统计在考古学中最广泛的应用是在年代测定。在这种情况下，贝叶斯方法被称为放射性碳同位素断代法中的一场正在进行的"革命"。贝叶斯方法将观察到的放射性碳年代与日历校准曲线和相对年代信息，如地层学相结合，以估计有关日期的真实概率分布，以得到精确的放射性碳年表。一些采用贝叶斯定理的断代校准软件的发展，特别是 OxCal 软件，为考古学家提供了一种校准放射性碳年代、开发更复杂的时间模型的简单方法，彻底改变了贝叶斯统计在考古学中的使用。虽然贝叶斯断代建模的方法和软件是在 20 世纪 90 年代早期发展起来的，但大多数使用这些方法的研究都在过去的十年中得到了广泛的应用。大多数贝叶斯断代建模已被用于确定考古遗址的时间顺序、序列顺序和类型。贝叶斯方法也逐渐在动物考古、陶瓷考古、石器研究等方面得到了较多的应用，具体可以参考一些已发表的文献[1]。

5.5　离散随机变量的概率分布

　　在讲到概率分布的时候，有必要解释一下随机变量。假设一个变量 x 的数值会根据被测量的实验结果而变化。例如，掷一个骰子，把得到的点数作为一个变量并测量它的值，即在骰子上面观察到的数字。变量 x 可以接受 6 个值中的任意一个：1、2、3、4、5、6，这取决于实验的随机结果。因此，我们将变量 x 称为一个随机变量。再

[1]　(1) BANKS W E, BERTRAN P, DUCASSE S, et al. An application of hierarchical Bayesian modeling to better constrain the chronologies of Upper Paleolithic archaeological cultures in France between ca. 32,000–21,000 calibrated years before present [J]. *Quaternary Science Reviews*, 2019, 220, 188-214.

(2) FERNéE C L, TRIMMIS K P. Detecting variability: A study on the application of bayesian multilevel modelling to archaeological data. Evidence from the Neolithic Adriatic and the Bronze Age Aegean [J]. *Journal of Archaeological Science*, 2021, 128, 105346.

(3) LONG T, WAGNER M, TARASOV P E. A Bayesian analysis of radiocarbon dates from prehistoric sites in the Haidai Region, East China, for evaluation of the archaeological chronology [J]. *Journal of Archaeological Science: Reports*, 2017, 12, 81-90.

(4) OTÁROLA-CASTILLO E, TORQUATO M G. Bayesian Statistics in Archaeology [J]. *Annual Review of Anthropology*, 2018, 47(1): 435-453.

(5) BENTLEY J, SCHNEIDER T J. Statistics and archaeology in Israel [J]. *Comput Stat Data Anal*, 2000, 32(3): 465-483.

比如，新生儿的性别（用 Z 表示）可以看作是一个随机变量，它可以取两个值：男性和女性，假设男性用数字 0 表示，女性用数字 1 表示，则这个随机变量可以取的值要么为 0，要么为 1。当一个随机变量可取的值为有限个元素或数值，这样的随机变量称为离散随机变量。掷一个骰子得到的点数，即变量 x，以及新生儿的性别 Z，都是典型的离散随机变量。

在掷一个骰子的时候，随机变量 x 可以取的值有 6 个，我们知道其中任意一个出现的概率为 1/6，可以用图 5.7 来表示 x 的每一个取值出现的概率：

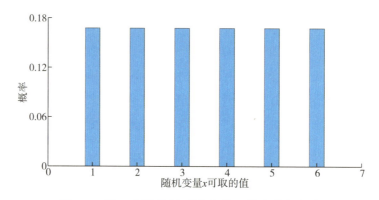

图 5.7　掷一个骰子得到的点数 x 的取值与概率

再来看另一个例子。一个实验箱中标号为 1，2，3，3，4 一共 5 只小白鼠，从中任取一只，记下它的标号 Y，作为一个随机变量。那么 Y 就取 {1，2，3，4} 中的一个，这也是一个离散随机变量。这时，Y 的取值及其概率如图 5.8 所示：

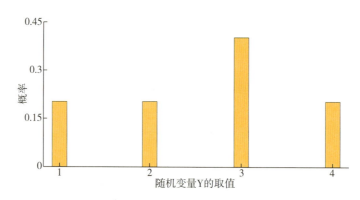

图 5.8　小白鼠的标号的取值与概率

从图 5.7 和图 5.8 可以看到，随机变量取值的概率呈现出一种分布，有的取值的概率大，有的概率小，有的概率甚至完全一样。

> **定义**
>
> 概率分布: 一个离散随机变量的概率分布是一个公式、表或图, 它给出了随机变量 x 的可能值, 以及与每个 x 的值相关联的概率 $p(x)$。

假设随机变量 X 有 n 个不同的取值, 且:

$$X: x_1, x_2, x_3 \cdots x_n\, ; P(x_i) = p_i\, (i = 1, 2, 3 \cdots n)$$

可知:

$$0 \leqslant p_i \leqslant 1$$

$$\sum_{i=1}^{n} p_i = 1$$

如果把一项随机试验不断地重复下去, 随机变量的取值会逐渐趋向于一个平均值, 称为随机变量的期望值:

$$\mu = E(x) = \sum_i x_i p_i \tag{5.27}$$

随机变量的方差为:

$$\sigma^2 = E(x - \mu)^2 = \sum_i (x_i - \mu)^2 p_i \tag{5.28}$$

期望值反映的是随机变量呈现一种概率分布的时候的集中趋势, 是在事件还没确定时, 根据概率, 对平均结果的估计。如果事件发生, 结果并不是期望值。但是, 如果重复进行大量实验, 其结果的平均值会趋近期望值。方差反映的是随机变量分布的离散度。

案例 5.14

购买彩票中大奖是很多人梦寐以求的一夜暴富的路径。然而彩票中大奖, 毕竟是概率很低的一件事情, 即便是一般的小奖, 也不是每一个购买彩票的人都能获得。某福利彩票 (面值 1 元) 的奖项设置以及中奖的概率如下表 5.5 所示:

表 5.5　某福利彩票的奖项设置和中奖概率

事件	收益（¥）	概率	收益 × 概率（¥）
赢得免费彩票	1	1/5	0.20
赢得 5 元	5	1/100	0.05
赢得 1000 元	1000	1/100000	0.01
赢得 100 万元	1000000	1/10000000	0.10

那么我们可以计算一下购买该福利彩票的预期收益。如果一个人要购买一张彩票，需要支付 1 元，因此收益为 −1 元，概率为 1。彩票中奖的金额以及分别出现的概率见表 5.5，根据式（5.27），可以计算出该彩票的预期收益为：

$$E = -1 + 0.20 + 0.05 + 0.01 + 0.10 = -0.64$$

所以购买该福利彩票的预期收益是负数，也就是说尽管会有人中奖，但只要购买彩票的人足够多，总体上，彩票的购买者不会获得收益，而彩票中心会得到相当大一笔收益。这也体现了福利彩票的意义所在，否则，如果彩票中心不能获得收益，它如何开展社会公益？

在日常生活和工作中，人们经常会碰到离散变量的随机分布，下面将详细介绍几个常见的离散变量的随机分布。

5.5.1　伯努利分布

伯努利分布（Bernoulli Distribution），是一种常见的离散随机分布，又称为"0−1分布"或"两点分布"。例如抛硬币只会有正面或反面，一件商品有缺陷或没缺陷等，此类满足"只有两种可能，试验结果相互独立且对立"的随机变量也称为伯努利随机变量。在伯努利分布下，随机变量只有两个可能的取值：1 和 0。随机变量取值 1 的概率为 p。相应的，随机变量取值 0 的概率为 $1-p$。因此，伯努利分布可以表示成：

$$P(X = k) = \begin{cases} p, k = 1 \\ 1 - p, k = 0 \end{cases} \quad （5.29）$$

掷硬币是典型的伯努利分布，正常情况下，$p = 0.5$。假如有人在硬币上做了手脚，比如出现正面的概率 $p = 0.8$，那么其概率分布就如图 5.9 所示：

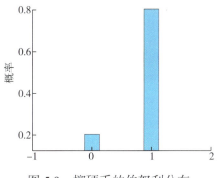

图 5.9　掷硬币的伯努利分布

虽然掷硬币是一种常见的伯努利分布，但人们一般不会太关心只尝试一次掷硬币，或者只尝试一次是否能成功，如果掷硬币的结果不太满意，还会再尝试。所以伯努利分布的应用不算十分频繁，但它可以作为一项基础来构建其他的一些概率分布，例如二项分布。

5.5.2　二项分布

假设我们还是进行伯努利分布的尝试，但不止测试 1 次，而是进行 n 次独立测试，每次测试成功的概率为 p（相应的，失败的概率为 $1-p$）。这 n 次测试中的"成功次数"就是一个随机变量，这个随机变量符合二项分布。

n 次测试，如果随机变量为 k，意味着其中的 k 次成功，$n-k$ 次失败。从 n 次测试中挑选 k 个，根据计数原理，有 C_n^k 种可能，其中的每种可能出现的概率为 $p^k(1-p)^{n-k}$，因此，二项分布可以表示成：

$$P(X=k) = C_n^k p^k (1-p)^{n-k}, \quad k = 0,1,2,3,\cdots,n \qquad (5.30)$$

可以看到，二项分布就是多次伯努利实验的概率分布，也叫作 n 重伯努利分布。例如，进行连续的 10 次打靶，如果每次中靶的概率为 0.7，那么在 10 次打靶中，打中靶的次数就是一个符合二项分布的随机变量。在这样的假设下，可以取值从 0 到 10 之间的任意整数。根据式（5.30）可以很快计算出 k 不同取值的概率（图 5.10）。

我们也可以用免费的 GeoGebra（www.geogebra.org）软件很快地得到二项分布的结果。打开 GeoGebra 6.0 软件，选择"概率"→"分布"，在下拉菜单选择"二项分布"，试验次数填写"10"，成功概率填写"0.7"，就会得到 10 次打靶这个例子的二项分布，如图 5.11 所示。在软件界面各个取值的概率以表格形式出现在分布图的右侧，点击 ⮥ 按钮，可以将概率分布柱状图复制到软件的绘图区。

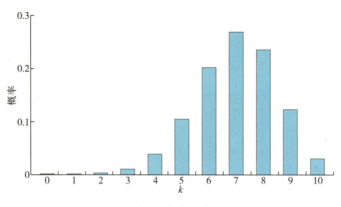

图 5.10　10 次打靶命中次数的二项分布

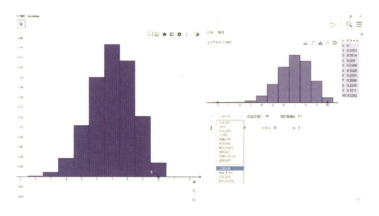

图 5.11　用 GeoGebra 软件计算 10 次打靶命中次数的二项分布

从图 5.12 可以看到，二项分布的形状是取决于试验的次数 n 和成功的概率 p。当 $p > 0.5$ 的时候，二项分布偏右，反之，当 $p < 0.5$ 时，二项分布偏左，当 $p=0.5$ 时，二项分布呈现出左右对称。

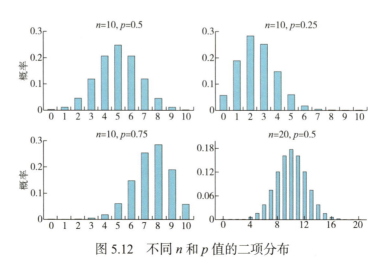

图 5.12　不同 n 和 p 值的二项分布

案例 5.15

　　在一处墓葬的发掘现场，考古学家注意到了一个不同寻常的现象：出土的一些彩绘俑身上有凤的图案，而且在女士俑上面出现的更普遍，7 件女士俑有凤的图案，只有 2 件男士俑有凤的图案，尽管男士俑的数量更多。直觉告诉这位考古学家，女性可能更多的与凤的图案有关联，这可能为深入了解当时社会的性别认识以及其他一些社会因素提供额外的信息。因为假设凤的图案与男性和女性之间都具有同样的关联的话，出现上面这种情况应该是不可能的。

　　然而仅凭借直觉做出这样的判断，可能是容易犯错误的，尤其在考古学研究里面，许多看似不可能发生的事情，最后还是发生了。这里，我们可以用二项分布来帮助回答这个问题。假设从理论上，凤的图案出现在男性和女性彩绘俑上面的概率是一样的，并且把出现在女士俑上面看作是"成功"，即 $p=0.5$，那么在 9 个有凤的图案的彩绘俑里面，最多只有 2 件男士俑的概率是多少？

　　这是一个典型的二项分布问题，$n=9$，$p=0.5$，要计算 $k \geq 7$ 的概率（即 $k=7$，$k=8$，$k=9$ 的概率之和，也称为累积概率）。用 GeoGebra 软件，可以很快算出结果：$p(k \geq 7)=0.0898$。

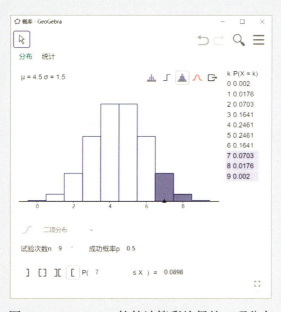

图 5.13　GeoGebra 软件计算彩绘俑的二项分布

5.5.3 泊松分布

有些时候，人们还可能碰到类似这样的事件：某医院平均每小时出生 3 个婴儿；某公司平均每 10 分钟接到 1 个电话；某超市平均每天销售 4 包浙大牌奶粉；某网站平均每分钟有 2 次访问；某遗址平均每个探方出土 5 件青铜器。我们可以预估这些事件的总数，但是没法知道具体的发生时间。已知平均每个探方出土 5 件青铜器，请问下一个探方，会出土几个？可能 6 个，也可能 1 个也没有。因此，

$$P(x=k)=\frac{(\lambda)^{k}\,e^{-\lambda}}{k!} \tag{5.31}$$

这也是一个随机变量，它的概率分布为表示在给定时间或空间单位中指定事件发生次数的数据提供了一个很好的模型。这就是泊松分布（Poisson Distribution）。

其中，λ 是随机变量 x 在一个特定时间或空间内发生的平均次数，当随机事件发生 k 次的概率可以用式（5.31）来计算。以某医院平均每小时出生 3 个婴儿为例，那么，接下来两个小时，一个婴儿都不出生的概率是多少？此时，$\lambda=3\times2=6$，$k=0$，代入到式（5.31）可以很快计算出 $P(x=0)\approx0.0025$。同样可以计算出，接下来一个小时至少出生两个婴儿的概率为：$P(x\geqslant2)=1-P(x=0)-P(x=1)\approx0.8$。同样可以使用 GeoGebra 软件计算出泊松分布的概率（图 5.14）。

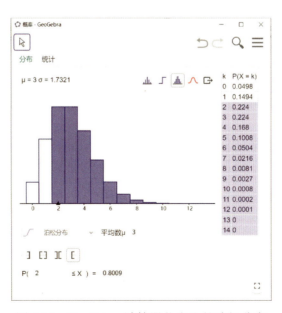

图 5.14　GeoGebra 计算婴儿出生的泊松分布

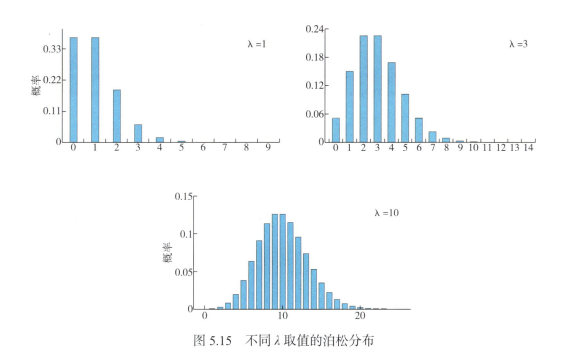

图 5.15　不同 λ 取值的泊松分布

当 λ 取值越来越大的时候，泊松分布的形状越来越趋向于左右对称，如图 5.15 所示。而且，通常泊松分布里面概率最大的那个 k 值基本都在 λ 附近，远离 λ，也就是事件发生的次数很大或很小，其概率都很小。

泊松分布可以用于模拟生活中一系列 "计数"，这些计数的特点是：（1）在某一段时间（一处空间）内，不太可能发生太多次；（2）在某段时间（一处空间）内，也不太可能一次不发生；（3）对于某一个事件，发生的次数和时间长度（空间大小）呈正相关；（4）不重叠的时间段（空间）内，发生次数互不干扰。

在二项分布里面，当 n 很大，p 很小的时候，用式（5.30）计算二项分布就很困难，这时可以用泊松分布来计算概率，因为在这种情况下，泊松分布可作为二项分布的近似。

案例 5.16

考古学家在某建筑工地发现了一个五代墓葬群，他们把整个工地均匀的分成 48 个探方，每个探方的面积为 35 平方米，这些探方中随机地出土了 33 件瓷器，看上去并无明显的规律。随机取一个探方，在这个探方中刚好发现 2 件瓷器的概率是多少？预计有几个探方会刚好出土 3 件瓷器？

在一个空间内随机出现的数量符合泊松分布：

$\lambda = \dfrac{33}{48} = 0.6875$，根据式（5.31），可以算出：

$$P(2) = \frac{\lambda^2 \times e^{-\lambda}}{2!} = 0.119$$

$P(3) = \dfrac{\lambda^2 \times e^{-\lambda}}{3!} = 0.027$，$P(3) \times 48 = 1.3 \approx 1$个探方。

也可以使用 GeoGebra 软件计算，如图 5.16 所示，窗口的右上方列出了不同 k 值的概率，其中 $k=2$，$k=3$ 的概率用紫色高亮标出。

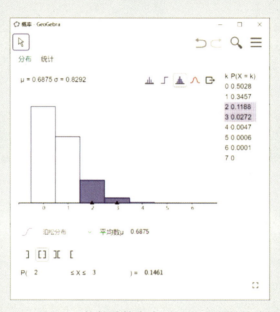

图 5.16　GeoGebra 软件计算考古工地出土瓷器的泊松分布

5.6　连续随机变量的概率分布

当一个随机变量 x 是离散的时候，你可以给 x 的每个取值分配一个正的概率，并得到 x 的概率分布。与 x 的不同值相关的所有概率之和是 1。然而，并不是所有的随机试验都会产生离散的随机变量。连续的随机变量，如身高和体重、特定产品的寿命或实验室误差，可以是一个直线区间上的点相对应的无穷多个值。如果试图为这些不计其数的数值分配一个正概率，则概率将不再像离散随机变量一样，概率之和为 1。因此，必须使用不同的方法来生成连续随机变量的概率分布。

假设对一个连续随机变量有一组测量值，并创建一个相对频率直方图来描述它们的分布（就像图 5.16 所示那样的直方图）。对于少量的测量值，可以使用少量的组；然后随着收集越来越多的测量值，可以使用更多的组并减少每组的宽度。直方图的轮廓会轻微改变，大部分变得越来越不规则。当测量数变得非常大，组的宽度变得非常窄时，相对频率直方图看起来越来越像平滑的曲线。这条平滑的曲线描述了连续随机变量的概率分布。

那么如何为这个概率分布创建一个模型？一个连续的随机变量可以在实线上取无数的值，就像海滩上无数的沙粒一样。概率分布是通过沿着这条线分布一个概率单位而产生的，就像你可能会分配少量的沙了一样。沙粒或测量值会在某些地方堆积起来，结果就是一个概率分布（图 5.17 所示）。概率的大小，随 x 而变化，可以用一个函数 $f(x)$ 来描述，称为随机变量 x 的概率分布或概率密度函数。

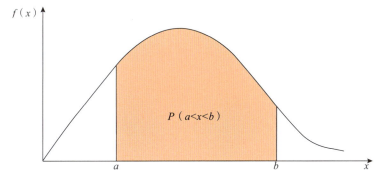

图 5.17 连续随机变量的概率分布

如图 5.17 所示，对于连续随机变量，需要考虑的是随机变量位于 a 和 b 之间的概率，即图中函数 $f(x)$ 与两个点 a 和 b 之间合围的面积。对于随机变量 x 的某一个取值 a，因为函数在这个点没有合围面积，因此 $P(x=a)=0$。这意味着无论是否包含一个区间的两个端点，随机变量在这个区间的概率都是一样的。而且，函数 $f(x)$ 与横坐标合围的面积，即随机变量所有取值的概率之和，应该等于 1。因此，连续随机变量具有以下特征：

$$f(x) \geq 0;$$
$$\int_{-\infty}^{+\infty} f(x)dx = 1; \tag{5.32}$$
$$P(a < x < b) = \int_{a}^{b} f(x)dx$$

对于连续随机变量，它的期望值为：

$$E(x) = \int_{-\infty}^{+\infty} xf(x)dx \tag{5.33}$$

5.6.1 正态分布

正态分布（Normal Distribution）是最重要的一种连续随机变量的概率分布。自然界和生活中有很多连续随机变量都服从或者近似服从正态分布，例如某年所有考生的高考成绩，测量某一件出土铜镜直径的误差等。正态分布的概率密度函数为：

$$f(x) = \frac{1}{\sqrt{2\pi}\sigma} e^{-\frac{(x-\mu)^2}{2\sigma^2}}, -\infty < x < +\infty \tag{5.34}$$

其中，μ 是随机变量 x 的平均值（可以根据式（5.33）得到正态分布的期望值，也是 μ），σ 是标准偏差。图 5.18 表示的是不同 μ 和 σ 取值的正态分布概率密度函数。

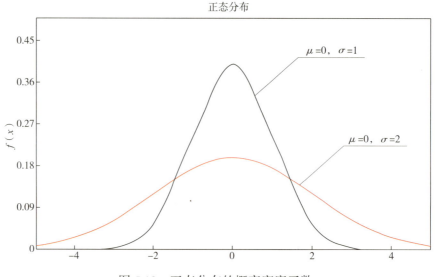

图 5.18　正态分布的概率密度函数

可以看到，正态分布的随机变量的取值范围是整个 x 轴，并且关于 $x=\mu$ 对称，密度函数在此处取得最大值，并随着偏离中心而递减。σ 代表了概率分布的离散程度，σ 越小，概率越趋近对称中心。当 $\mu=0$，$\sigma=1$，这样的正态分布称为标准正态分布，记为 $N(0,1)$。

案例 5.17

对于标准正态分布，随机变量 $x > 1.5$ 的概率是多少？

可以根据式（5.32）的积分公式计算出概率，这需要一些微积分的知识。也可以用软件 GeoGebra 很方便的快速计算：

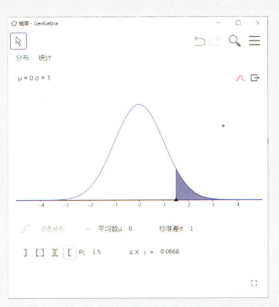

图 5.19　计算 $x > 1.5$ 的标准正态分布的概率，得到的结果为 0.0668

类似的，也可以很方便地计算出 $-1.64 < x < 1.64$ 的概率：

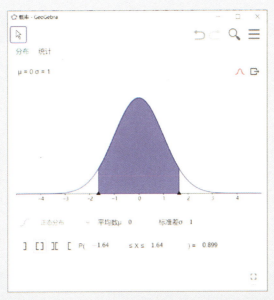

图 5.20　计算 $-1.64 < x < 1.64$ 的标准正态分布的概率，得到的结果为 0.899

以及，随机变量 $|x|>1.6$ 的概率分布：

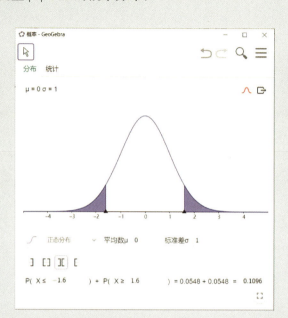

图 5.21　计算 $|x|>1.6$ 的标准正态分布的概率，得到的结果为 0.1096

对于非标准正态分布，可以很方便地转化为标准正态分布，其表达式为：

$$z = \frac{x - \mu}{\sigma} \tag{5.35}$$

这时，随机变量 z 的概率分布是一个标准正态分布，它表示的是随机变量 x 与平均值 μ 之间相差了多少个标准差 σ。

案例 5.18

　　某史前遗址出土了大量的鹿骨遗存，经过仔细的称量，这些鹿骨的重量呈现正态分布，其平均值为 12.88 克，标准差为 5.79 克。总体上来看，这些鹿骨里面，越重的鹿骨，其保存情况相对更好，更适合做进一步的科技分析。于是学者决定从这些鹿骨里面选择 10% 的最重的鹿骨进行研究，那么这些鹿骨的重量至少要大于多少？

　　用 x_0 来表示鹿骨至少的重量，那么这些鹿骨里面，至少有 90% 的鹿骨重量要小于 x_0。

$$P(x < x_0) = 0.9$$

这不是一个标准正态分布，因此先根据式（5.35）可以得到：

$$P\left(z < \frac{x_0 - \mu}{\sigma}\right)$$

通过 GeoGebra 可以知道 $P(z<1.28)=0.9$，因此 $\frac{x_0 - \mu}{\sigma}=1.28$，而 $\mu=12.88$ 克，$\sigma=5.79$ 克，可计算得到 $x_0=20.29$ 克。学者应该选取重量为 20.29 克以上的鹿骨。

当然，也可以直接在 GeoGebra 软件里面把平均值和标准差输入到正态分布，并计算得到结果（图 5.22）。

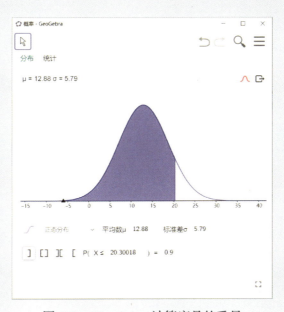

图 5.22　GeoGebra 计算鹿骨的重量

5.6.2　指数分布

有时我们还会遇到很多与时间有关的概率分布，比如两个随机独立事件发生的间隔。比如小等级的洪水常发生，而大洪水发生的概率则很小，两次较大洪水发生的时间间隔就比较长。再比如，某个贵重仪器设备可能经常发生小故障，而出大故障则比较少，大故障之间的时间间隔可能比较长。这提醒我们，一些特殊的条件导致了某种特殊的分布，这通常用指数分布来表示。指数分布经常被用来表示独立事件发生的时间间隔，它的概率密度函数为：

$$f(x) = \lambda e^{-\lambda x}, \ x \geq 0 \tag{5.36}$$

其中，λ 称为率常数，即平均每单位时间发生该事件的次数，可以推导出来，指数分布中随机变量的平均值和方差都等于 $1/\lambda$（期望值也是 $1/\lambda$）。指数分布的概率密度函数如图 5.23 所示。

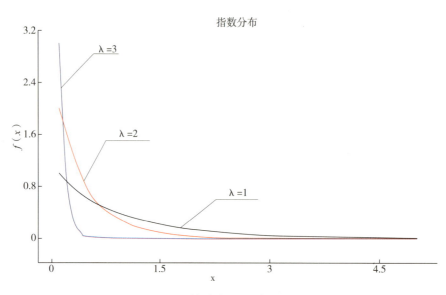

图 5.23　指数分布的概率密度函数

指数分布的应用十分广泛，例如放射性衰变就遵循这一分布，这里的半衰期就对应 $1/\lambda$，因此在考古学断代里面常用的碳–14 断代方法，利用的就是碳–14 同位素衰减的指数分布。指数分布除了用来表示独立随机事件的时间间隔，即随机事件发生时间之间的距离，也可以用来表示随机事件发生地点之间的距离，例如一条铜导线上面缺陷点之间的距离等等。

5.7　小结

理解

（1）很多时候人们只能从一些样本的特性来推断总体的性质，在这种情况下，需要用到概率。

（2）很多现象或事件的发生是随机的，随机事件是随机试验可能的结果，随机事件的集合构成了一个样本空间。

（3）大数定律告诉人们，如果数据量足够大（随机试验次数足够多、统计数据足够丰富），那么很多事件出现的概率（频率）会很接近它的理论概率（期望值）。

（4）贝叶斯定理描述了先验概率是如何随着信息的更新而发生改变的，它在文化遗产与考古领域得到了越来越多的应用。

（5）随机变量包含离散随机变量和连续随机变量，它们取值的概率呈现出一种分布。

（6）常见的离散随机变量的概率分布有伯努利分布，二项分布，泊松分布等。其中，二项分布与泊松分布有着十分广泛的应用。

（7）常见的连续随机变量的概率分布有正态分布，指数分布等。其中，正态分布是应用最广的一种概率分布。

掌握

（1）计算概率的理论方法、经验方法和主观方法。

（2）概率的运算法则。

（3）运用贝叶斯定理计算条件概率。

（4）运用二项分布和泊松分布计算一些随机事件的概率。

（5）运用 GeoGebra 软件快速计算概率。

5.8　习题

（1）吴哥古迹（Angkor）位于柬埔寨北部暹粒省境内，距首都金边约 240 千米。在 9~15 世纪时，原名湿婆宫，建成于吴哥王朝耶跋摩 5 世元年（968 年）吴哥曾是柬埔寨的王都，最盛时人口达数十万。吴哥古迹现存 600 多处，分布在面积 45 平方千米的森林里。大吴哥和小吴哥是它的主要组成部分，其中有许多精美的佛塔以及众多的石刻浮雕，蔚为壮观。1992 年，联合国教科文组织将吴哥古迹列入世界文化遗产。

吴哥窟（Angkor Wat）建筑群又称吴哥寺，是吴哥古迹中保存得最好的建筑，以建筑宏伟与浮雕细致闻名于世，被称作柬埔寨国宝，是世界上最大的庙宇。吴哥窟原始的名字是 Vrah Vishnulok，意思为"毗湿奴的神殿"，中国佛学古籍称之为"桑香佛舍"。吴哥窟作为吴哥古迹的重中之重，成为柬埔寨一张亮丽的旅游名片。一百多年来，包括中国在内的世界各国投入大量资金和人力在吴哥窟的维修工程上，以保护这份世界文化遗产。

近年来，一些文物保护科学家发现吴哥古迹的石材表面存在大量的微生物病害，严重影响了石质建筑的外观，而且微生物分泌的一些酸性物质还会对石材产生严重的破坏。一项持续三年的调查研究显示，在吴哥古迹，有 25% 的石质造像表面存在微生物破坏。

A. 文物保护工作人员在吴哥窟选取了 20 座石质造像作为研究和保护对象，其中，不到一半的造像出现微生物破坏的概率是多少？超过 15 座造像出现微生物破坏的概率是多少？

B. 调查研究显示，吴哥窟现存造像 379 座，这些造像里面，超过一半存在微生物破坏的概率是多少？

（2）在某考古遗址，考古工作者发掘出了大量瓷器，经研究发现这些瓷器来自不同的窑口，其详细情况如表 5.6 所示：

A. 在这个遗址，来自各个窑口的瓷器的概率是多少？

B. 随机取了 15 件瓷器，来自各个窑口的瓷器预计会有多少？

C. 取出 1 件定窑或钧窑瓷器的概率是多少？

表 5.6　某考古遗址发掘出土的瓷器数量

窑口	瓷器数量
景德镇	47
越窑	58
定窑	21
官窑	12
建窑	11
钧窑	6

（3）古代壁画、彩绘中的颜料有很多是无机矿物颜料，在使用的时候需要将蛋清、动物胶等胶结物与颜料混合，分析检测这些胶结物的成分对壁画彩绘的科学保护都具有重要意义。然而这些胶结物的含量很少，易老化变质，很多常规的分析方法都很难准确分析其成分。某科研机构开发出了一种基于免疫学的古代胶结物的分析方法，他们通过大量壁画彩绘样品的实验发现，在 1000 个样品中，假设有 100 个使用的是动物胶，那么它们中间会有 50 个样品的免疫学检验结果呈阳性，在没有使用动物胶的样品中，有 9 个会检测出阳性。

A. 如果有一个壁画样品使用了动物胶，那么它用该方法检测呈阳性的概率是多少？（这个概率表示的是该检测方法的灵敏度）

B. 如果一个壁画样品没有使用动物胶，那么它的检测结果呈阳性的概率是多少？

C. 如果一个壁画样品免疫学检测结果呈阳性，那么该样品中含有动物胶的概率是多少？

（4）在某史前遗址的发掘工作中，发现了大量制作精美的玉璧，这些玉璧的直径呈现出正态分布，其平均值为27.2厘米，标准差为4.3厘米。

A. 从这些玉璧中随机取1件，它的直径小于22.0厘米的概率是多少？

B. 如果该遗址发掘的玉璧总数为732件，估计有多少件玉璧的直径大于32.0厘米？

（5）由几位浙江大学文物与博物馆专业硕士生组成的研究团队，最近对杭州某博物馆的元代文物特展进行了观众问卷调查，共收到了1000份有效问卷（观众年龄都在18岁以上）。其中有一个问题，是让观众回答对这次的特展中陈列文物的文字说明的理解程度。调查结果显示，具有高中及以下文化程度的观众里面，有92%认为可以完全理解展览中的文字说明，大专学历、本科学历和研究生以上学历的观众中，认为可以完全理解展览中的文字说明的比例分别为88%、81%和71%。在调查的这1000位观众中，具有高中及以下文化程度、大专学历、本科学历和研究生以上学历的比例分别为49%、29%、15%和7%。

A. 从这些观众中随机抽取一位，他（她）具有本科学历，并且认为可以完全理解陈列文物的文字说明的概率是多少？

B. 从这些观众中随机抽取一位，认为可以完全理解陈列文物的文字说明的概率是多少？

第 6 章 参数估计

现在你应该知道了如何收集和描述数据，这些数据可能是你在考古遗址发掘出土的各种不同类型器物的数量，可能是你在实验室对文物保护材料进行性能测量得到的数据，也可能是你在博物馆做了观众调查之后得到的反馈数据。而且这些数据是来自于某个样本（sample），它们的均值、比例、方差可以用描述性统计方法计算出来，那么我们如何用这些样本的数据来推断一个更大的总体（population）的某些特性？

案例 6.1

> 某博物馆举办了一项明清绘画的特展，在展览过程中，对成年观众做了一项调查，以了解他们对这次特展的评价。其中一项内容是关于明清绘画特展的文字说明内容的。在 1028 位参与调查的成年观众中，有 772 人认为特展的文字说明内容对理解展品是有帮助的。根据这个信息，你是否可以下结论，说超过 75% 的成年观众认为特展的文字说明内容对理解展品是有帮助的？

案例 6.1 所描述的观众调查可能是博物馆观众研究中经常遇到的问题。我们很想知道观众对于某项展览的评价，于是可能采用随机抽样的方法调查了一部分观众。假设参观的观众中有一部分人认为特展的文字说明内容对理解展品是有帮助的，人数的比例为 p，但是这个比例是未知的，需要进行估计。在这个案例中，通过抽样调查结果，可知观众中认为特展文字说明内容对理解展品是有帮助的比例为 75%。但这个结果是根据一次随机调查得到的，样本容量（即得到的有效调查的观众数量）为 1028，而真正参观了这个特展的观众比这个数量要大很多，可能是几万甚至几十万，所有参观的观众构成了一个总体。那么从 1028 个观众调查的结果来推断所有参观的观众中有超过 75% 认为特展的文字说明内容对理解展品是有帮助的，这样的推断是否可靠？

　　我们再来看上一章的案例 5.18。某史前遗址出土了大量的鹿骨遗存，这些鹿骨遗存可能有成千上万件，假设从中抽取了 100 件，经过仔细的称量，这些鹿骨的重量呈现正态分布，其平均值为 12.88 克，标准差为 5.79 克。很显然，出土的所有鹿骨遗存构成了一个总体，这个总体的数据（鹿骨的重量和标准差）是未知的，而抽取的 100 件鹿骨遗存则构成了一个样本，那么根据这个样本所得到的重量数据，即鹿骨重量的均值和标准差，我们是否能够有把握来推断总体的数据？

> **定义**
>
> 　　总体参数：也称为参数（parameter），是反映或者描述总体的某项特性的指标。常见的总体参数有总体的均值、总体的比例、总体的方差、标准差等。由于总体总是确定的、唯一的，因此总体参数也是确定的、唯一的，但通常是未知的。

　　在上面两个案例中，我们都碰到了总体和样本的差异，特别是描述总体和样本的某种特性的数据的差异，例如均值、比例、标准差等。总体的均值、比例和标准差通常都是未知的，需要通过样本的数据去进行推断。

> **定义**
>
> 　　样本统计量：也称为统计量（statistic），是反映或者描述样本的某项特性的指标。常见的样本统计量有样本的均值、样本的比例、样本的方差、标准差等。由于样本的产生是随机的，因此样本统计量也是随着样本的变化而变化的，是典型的随机变量。

表 6.1　总体参数与样本统计量及其符号

	总体参数	样本统计量
均值	μ	$\bar{x}$
方差	σ^2	s^2
标准差	σ	s
比例	p	$\hat{p}$

推断性统计，或者统计推断，就是利用样本的数据，来对总体的特性进行推断，在进行推断之前，我们需要弄清楚总体参数和样本统计量的一些性质。比如，由于样本不是唯一的，可以有很多，每个样本的统计量可能都是不一样的，那么一个样本的统计量（均值、比例、标准差等）是否比另一个样本的统计量包含更多的关于总体参数的信息？我们根据什么原则选择"最佳"的统计量来对总体进行推断？

6.1　抽样分布

6.1.1　抽样分布的概念

上面提到，从一个总体中可以抽取多个样本，样本统计量是一个随机变量，会随着样本的变化而变化。因此，样本统计量可以取很多个值，这些值会呈现出一种分布。我们再来看案例 5.18，假设所有的鹿骨遗存的重量均值为 13.00 克，标准差为 4.55 克。从中随机选取了 100 件鹿骨遗存，其平均值为 12.88 克。也可以重新选取另外 100 件鹿骨遗存，称得它们的重量，其平均值为 14.12 克，我们可以从总体中不断的选取 100 件鹿骨遗存，得到这 100 件鹿骨的重量均值。如果把这些样本得到的重量均值分别放在一个区间范围内，例如某个样本的数据落在（12.50，13.00）这个范围内，然后计算落在各个数据范围的样本数量，也就是出现在该区间范围的频数，结果列在表 6.2 中。

表 6.2　某史前遗址出土的鹿骨遗存抽样称重所得到的结果

鹿骨重量均值区间范围（克）	样本数量（个）
< 10.00	3
（10.00，10.50）	8
（10.50，11.00）	15
（11.00，11.50）	20
（11.50，12.00）	24
（12.00，12.50）	29
（12.50，13.00）	27
（13.00，13.50）	23
（13.50，14.00）	18
（14.00，14.50）	14
（14.50，15.00）	5
> 15.00	2

这样，我们从总体中得到了若干个样本，每个样本的重量均值都不一样，图 6.1 用柱状图显示出了这些不同的样本数据的分布情况。可以看到，鹿骨重量均值呈现出一种分布，越靠近总体均值 $\mu=13$，样本数量也越多（意味着出现在总体均值附近的概率也越大）。如果样本均值 $\bar{x}$ 是对总体均值 μ 的比较准确的估计，那么 $\bar{x}$ 将会分布在 μ 的周围，这样的分布称为抽样分布，因为是对总体进行大量重复抽样计算得到的。

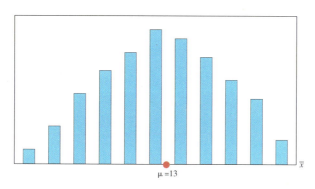

图 6.1　不同鹿骨遗存样本的重量均值的分布

定义

　　抽样分布：是指样本统计量的分布，即样本统计量的全部可能取值以及它们的概率分布。

样本统计量的性质是由它的抽样分布决定的，因此，如果要比较两个样本统计量，就需要比较它们的抽样分布。假设有两个样本统计量 A 和 B，都用来估计一个总体参数，例如方差 σ^2，它们的抽样分布如图 6.2 所示。从图中可以看到，相比样本统计量 B，样本统计量 A 的抽样分布更加聚集在方差 σ^2 的周围，所以如果抽取一个样本，统计量 A 可能会更接近真实的方差 σ^2。因此，我们会更倾向于用统计量 A 来估计方差。

6.1.2　抽样分布的性质

　　很多时候，我们可以用不同的样本统计量来估计同一个总体

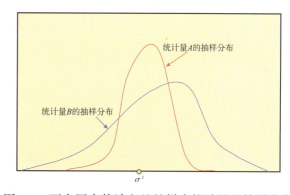

图 6.2　两个用来估计方差的样本统计量的抽样分布

参数，每一个样本统计量都有自己的抽样分布，通过比较这些不同的抽样分布，可以知道使用这些抽样分布是否能够准确地对总体参数进行估计。

假设有两个统计量 A 和 B，用来估计同一个总体参数（ μ , p 或者 σ^2 ），用 R 来表示。它们的抽样分布如图 6.3 所示。根据这两个抽样分布，使用哪一个统计量可以更准确的估计 R ？

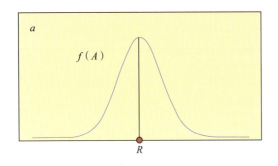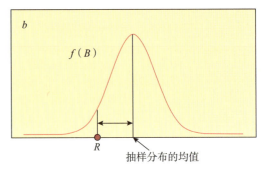

图 6.3　两个抽样分布的比较

正如上一节提到的，我们希望用以总体参数为中心的抽样分布来进行估计，这可以通过检查抽样分布的均值来决定。如果抽样分布的统计量恰好等于总体参数，那么我们称这样的抽样分布是无偏的，如图 6.3（a）所示。如果抽样分布的统计量不等于总体参数，如图 6.3（b）所示，抽样分布向右边偏离。这样的话，样本的统计量要么比总体参数高（高估了总体参数），要么比总体参数低（低估了总体参数），所以，如果抽样分布的统计量的其他性质都一样，我们尽可能选择无偏的抽样分布来进行估计。

另外，抽样分布的标准差，也是它的一项重要的性质。同样的两个无偏的统计量 A 和 B，如图 6.4 所示，可以看到两个统计量的抽样分布的标准差是不同的。很自然的，我们会选择标准差更小的统计量 A 进行估计，因为只要进行足够的抽样，统计量 A 的值会更多地以总体参数为中心而分布，也就是说，统计量 A 接近总体参数的概率要大于统计量 B。

总的来说，当使用样本的统计量来进行总体参数的估计的时候，我们更希望用无偏的，标准差比较小的抽样分布的统计量来进行估计。通常，样本统计量的

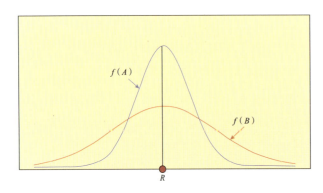

图 6.4　两个标准差不同的无偏统计量的抽样分布

抽样分布的标准差，也叫作样本统计量的标准误差。

需要注意的是，在对总体均值进行估计的时候，除了使用样本均值之外，样本的中位数同样也可以作为一个备选的统计量。但一般来说，样本中位数的抽样分布不是无偏的，而且其标准差要比样本均值的抽样分布的标准差更大，所以一般来说，人们更多的会使用样本的均值作为统计量来对总体均值进行估计。

因此，关于样本均值，我们还可以得到以下的性质：

定义

1. 抽样分布的均值的期望值，等于总体均值，也就是 $E(\bar{x}) = \mu$。

2. 抽样分布的标准差为：

$$\sigma_{\bar{x}} = \frac{\sigma}{\sqrt{n}} \tag{6.1}$$

其中 σ 为总体的标准差，n 为样本容量。

样本均值抽样分布的形成过程如图 6.5 所示。

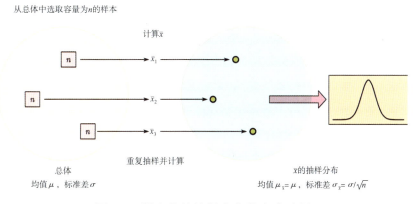

图 6.5　样本均值抽样分布的生成过程

6.1.3　中心极限定律

根据上一节的分析，以及图 6.1 所示的样本均值的分布，我们可以做出一些关于样本均值抽样分布形态的一些推测。大量的试验证明，当总体服从正态分布的时候，样本均值的抽样分布也是一个正态分布。

定理

如果一个总体服从正态分布，那么从这个总体中随机抽样得到一个容量为 n 的样本，这些样本的均值也服从正态分布。

定义

中心极限定律：假设从任意一个总体中随机抽取容量为 n 的样本，总体的均值为 μ，标准差为 σ。当样本容量 n 足够大的时候，样本均值 $\bar{x}$ 的抽样分布近似的服从均值为 μ，标准差为 $\sigma / \sqrt{n}$ 的正态分布。样本容量 n 越大，样本均值的抽样分布越接近正态分布。中心极限定律的数学表达式为：

$$\bar{x} \sim N\left(\mu_{\bar{x}}, \sigma_{\bar{x}}^2\right) = N\left(\mu, \sigma^2 / n\right) \tag{6.2}$$

如果总体不服从正态分布，那么当样本容量足够大的时候，样本均值的抽样分布也近似的服从正态分布，这就是中心极限定律（Central Limit Theorem）。

这里提到的足够大的样本容量，通常取决于总体的分布形状，比较偏态的总体分布，通常需要更大的样本容量使得样本均值的取样分布接近正态分布。一般认为，当样本容量大于或等于 30 的时候，这个容量就足够大了，称为大样本，这时样本均值的抽样分布接近正态分布。而当样本容量小于 30 的时候，称为小样本，就不宜用正态分布。

另外，从式（6.1）也可以看到，当样本容量 n 增大的时候，抽样分布的标准差就减小，因此样本统计量估计总体参数就越准确。所以在抽样的时候，样本容量越大，得到的结果也就越准确。但是在文化遗产领域，这样的抽样可能经常会受到很多限制，比如考古发掘的材料具有很大的偶然性，一个遗址可能只会出土很少数量的令人感兴趣的研究材料，或者可以用于研究的一些材料只能是总体的很小一部分。比如全世界的博物馆可能藏有成千上万件景德镇官窑青花瓷器，但一位陶瓷学者能够上手研究的这类瓷器可能只有不到 10 件。另外，如果要获取更大量的研究材料，所需要花费的时间和资金成本也可能非常高，很多时候甚至不太现实。因此，这需要人们审慎采取合适的抽样策略和方法，尽可能的在进行研究的时候，用一部分，可能是一小部分样本能够最大程度的反映总体的某些性质。

定理

　1. 抽样分布的比例的期望值，等于总体比例，也就是 $E(\hat{p}) = p$。

　2. 抽样分布的标准差为：

$$\sigma_p = \sqrt{pq/n} \tag{6.3}$$

　其中 $q = 1 - p$，n 为样本容量。

前面提到的总体参数都是总体的均值，那么总体比例 p 是否也服从类似的中心极限定律？答案是肯定的。当样本容量 n 足够大的时候，样本比例 $\hat{p}$ 的抽样分布也近似的服从正态分布。因此，当样本量足够大的时候有：

$$\hat{p} \sim N\left(p, \frac{pq}{n}\right) \tag{6.4}$$

类似的，对于样本比例，样本容量有多大才算是足够大？大量的试验和概率论的理论都可以证明，如果同时满足 $n\hat{p} \geqslant 15$，$n(1-\hat{p}) \geqslant 15$，则可以认为样本容量足够大。一般来说总体比例 p 是未知的，因此这里用样本比例代替。

案例 6.2

考古工作人员在某瓷窑遗址进行发掘的时候，发现了成千上万件碎瓷片。经过研究，考古学家认为这些瓷片属于当地唐五代的越窑瓷器，前期研究表明这类瓷器的胎体中钙元素的含量平均值为 3.8%，标准差为 1.5%。为了深入了解该窑址烧造瓷器的材料来源，陶瓷考古学家随机选取了 30 件碎瓷片，用便携式 X 射线荧光光谱仪测量这些碎瓷片胎体的常见元素成分，请计算这些碎瓷片胎体钙元素含量小于 3.3% 的概率有多大？

由于窑址出土了数量庞大的碎瓷片，考古学家不可能把所有的瓷片都进行分析，所以只选取了 30 件进行了元素成分的测量。窑址出土的所有瓷片作为总体，也并不清楚它们的胎体中钙元素含量是否呈正态分布。但选取了 30 件碎瓷片，数量足够大，根据中心极限定律，可以认为样本均值的分布是近似服从正态分布的。

已知，这类瓷器钙元素含量的均值和标准差分别为：$\mu = 3.8$，$\sigma = 1.5$，$\sigma_{\bar{x}}^2 =$

$\sigma^2/30 = 0.075$，因此 $\bar{x} \sim N(3.8, 0.075)$。可以使用 GeoGebra 软件的概率计算器，很快得到这些碎瓷片胎体钙元素含量均值小于 3.3% 的概率为 0.032（图 6.6）。

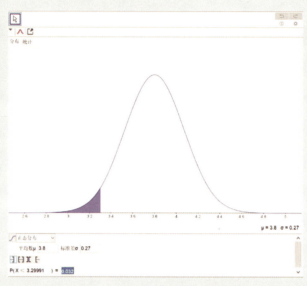

图 6.6　GeoGebra 软件计算碎瓷片胎体钙含量的分布

6.2　总体均值和比例的区间估计

在案例 6.2 里面，考古学家要对发掘出土的碎瓷片进行钙元素含量的测试和分析。像这样的对古代瓷器的胎体中一些元素含量的分析，可以帮助学者们判断瓷器的生产来源，例如它们可能是来自哪个古代的窑址，而且，这些元素含量的信息可以帮助陶瓷考古学家进一步研究陶瓷的烧造材料和工艺。考古学家从这批瓷器碎片中随机选取了 30 件进行测试，所得到的这些瓷片的钙含量如表 6.3 所示。我们通过这 30 件碎瓷片的钙含量数据，是否可以对这个窑址出土的类似瓷片的钙含量的平均值做一个比较准确的估计？

这个问题是要我们利用一个样本的均值来对总体的均值进行估计，因为总体均值这个参数是未知的（碎瓷片太多，不可能所有的碎瓷片都要做测试）。样本是从总体中抽取出来的，所以不可能完全代表总体，甚至有时候，样本的数量还比较少，那么可以想象，这样的估计值和总体参数的真实值之间可能还有一定的偏差。所以，人们一般还想知道这样的估计值是否可靠？

在案例 6.2 里面，研究人员要估计的是该窑址出土瓷器胎体钙元素的含量的平均值，这是一个总体参数，我们称为目标参数。很多时候，人们还会对总体比例感兴趣，

表 6.3　30 件碎瓷片的钙含量的值（%）

1.9	4.6	2.6	3.3	5.1
0.7	3.5	3.8	2.5	6.3
5.8	5.3	4.9	5.8	7.4
4.7	4.4	5.2	2.1	2.7
3.7	2.9	4.2	2.2	2.4
3.4	3.9	1.7	4.0	4.1

比如案例 6.1 提到的有多少比例的观众认为博物馆的某个特展的文字说明是有帮助的，这时的目标参数就是总体比例。可能我们也会对总体的方差感兴趣，希望用样本方差来进行估计，这时的目标参数就是总体方差。在对总体参数进行估计的时候，会从总体中抽取一个样本，利用样本的数据来估计目标参数。

6.2.1　总体均值的估计

我们还是来看案例 6.2 以及表 6.3 给出的数据。对于这样一个由 30 件碎瓷片构成的样本，样本的均值可以计算得到（$\bar{x} = 3.84$），这个平均值是样本统计量的具体值，可以把它当作总体参数的估计量，即点估计。但由于这只是由 30 件碎瓷片构成的一个样本的平均值，这个点估计的误差有多大？是否可靠？这些问题是点估计不能回答的。如果点估计和目标参数相差的很大，那么这样的点估计也就没有什么实际价值。

这里我们就需要用到抽样分布了。由于 $n \geq 30$，可以算作大样本，根据中心极限定律，样本均值的分布近似的服从正态分布，即 $\bar{x} \sim N\left(\mu, \sigma_{\bar{x}}^2\right)$。用图 6.7 表示。

在这个正态分布上，我们可以构建一个区间，从比总体均值 μ 小两个标准偏差 $\sigma_{\bar{x}}$

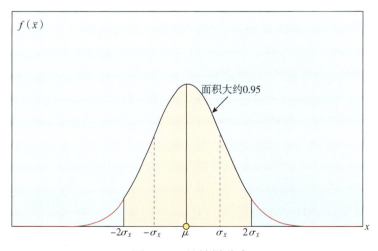

图 6.7　$\bar{x}$ 的抽样分布

开始，到比总体均值大两个标准偏差结束。如果 30 个碎瓷片钙含量的平均值位于这个区间内，考虑到 μ 与 $\bar{x}$ 的距离是对称的，反过来，μ 也刚好位于以 $\bar{x}$ 为中心的两个标准偏差之内。通过正态分布的概率密度计算，可以知道位于分布均值两个标准偏差范围内的概率大约为 0.95，也就是说，区间 $\bar{x} \pm 2\sigma_{\bar{x}}$ 中包含总体均值的 μ 概率大约为 0.95。

定义

置信区间（Confidence interval）：由样本估计量构造出的总体参数在一定置信水平下的估计区间。置信区间中包含总体参数真实值的概率称为置信系数（confidence coefficient），置信系数用百分比表示，就是该置信区间的置信水平（confidence level）。

这表示，如果我们得到这个样本的均值，可以构建一个区间 $(\bar{x} - 2\sigma_{\bar{x}},\ \bar{x} + 2\sigma_{\bar{x}})$，那么就有 95% 的可能性使得总体均值 μ 位于这个区间内。所以，并不能保证总体均值一定会位于这个区间，但我们有一定的信心，认为总体均值有非常大的概率位于这个区间，这个信心来自于如果我们从这些碎瓷片中抽取 100 个样本，每个样本含有 30 件碎瓷片，且每个样本都构建 $\bar{x} + 2\sigma_{\bar{x}}$ 的区间，其中有 95 个区间是包含了总体均值 μ 的。我们并不是很确定所抽取的某个样本是属于那 95 个样本中的一个，还是另外的 5 个不包含总体均值的样本中的一个，但是概率告诉我们这个样本所构建的区间包含总体均值的可能性很大。因此，所构建的区间 $(\bar{x} - 2\sigma_{\bar{x}},\ \bar{x} + 2\sigma_{\bar{x}})$ 可以很可靠的估计该窑址出土碎瓷片胎体钙含量的平均值。这样的区间被称为置信区间。

不过总体参数 σ 一般是未知的，所以只要样本容量足够大（$n \geqslant 30$），可以用样本的标准偏差 s 来代替，那么置信区间就变成 $\left(\bar{x} - 2\dfrac{s}{\sqrt{n}},\ \bar{x} + 2\dfrac{s}{\sqrt{n}} \right)$。对于碎瓷片的例子，可以计算出该区间为（3.27，4.40），该窑址出土的瓷器胎体钙含量的均值有 95% 的可能性落在这个区间。一般来说，我们不知道点估计值与总体参数真实值的接近程度，很难通过点估计来对总体参数进行可靠的估计，而区间估计可以给出统计量与总体参数接近程度的概率度量，因此通常会采用置信区间来对总体参数进行估计。

当使用区间估计的时候，可以计算出总体均值落在置信区间的概率。图 6.8 展示了从一个总体中抽取 10 个不同的样本，从每个样本得到的估计区间。总体均值 μ 用垂直直线表示，每个样本的置信区间用水平横线表示。可以注意到样本如果不一样，置信区间也不一样，有些区间包含了总体均值 μ，有的则没有。对于 95% 的置信水平，应该有 95% 的样本置信区间是包含总体均值的。

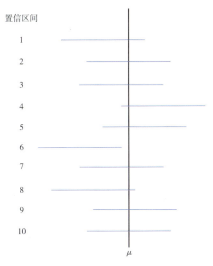

图 6.8　10 个不同样本的置信区间与总体均值

在选择置信水平的时候，我们也可以设置不同的数值，前面的例子使用的置信水平是 95%，它是正态分布概率密度曲线下面阴影的面积（图 6.7），剩下的 5%，均匀地分布在正态分布曲线的两个尾端（位于尾端的面积用 α 表示，如果置信系数为 0.95，那么 $\alpha = 1 - 0.95 = 0.05$）。这样，我们只要选择正态分布曲线下面不同的面积，就可以构建具有不同置信水平的置信区间。例如，如果在正态分布曲线的一个尾端设置的面积为 $\alpha/2$，也就是位于 $z_{(\alpha/2)}$ 右边的面积为 $\alpha/2$（如图 6.9 所示），那么我们就可以构建一个置信系数为 $(1 - \alpha)$ 的置信区间：

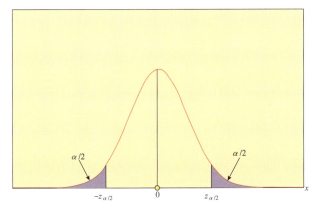

图 6.9　标准正态分布里面 $z_{\alpha/2}$ 的设置

$$\bar{x} \pm z_{\alpha/2}\sigma_{\bar{x}} \qquad (6.5)$$

这里，z_α 就是在标准正态分布里面的随机变量：z 统计量，使得位于它右边的正态分布曲线下面的面积刚好为 α，也就是说，$P(z>z_\alpha)=\alpha$。

根据图 6.9，可以知道：

$$P(-z_{(\alpha/2)} \leqslant z \leqslant z_{(\alpha\backslash2)})=1-\alpha \qquad (6.6)$$

因此，如果置信系数为 0.90，即置信水平为 90%，那么 $\alpha=1-0.90=0.10$，$\alpha/2=0.05$；根据标准正态分布，可以得到 $z_{0.05}=1.645$。大多数情况下，在参数估计中，置信系数选取的范围是 0.90 到 0.99 之间，最常见的几个置信水平以及相应 α、$z_{\alpha/2}$ 的值见表 6.4。

表 6.4　常用的置信水平以及相应的 $z_{\alpha/2}$ 值

置信水平			
$100(1-\alpha)$	α	$\alpha/2$	$z_{\alpha/2}$
90 %	0.10	0.05	1.645
95 %	0.05	0.025	1.96
99 %	0.01	0.005	2.575

根据上面所述，对于总体均值 μ，如果抽取得到一个大样本，我们可以构建一个置信水平为 $100(1-\alpha)$ 的置信区间：

$$\bar{x} \pm z_{\alpha/2}\sigma_{\bar{x}} = \bar{x} \pm z_{\alpha/2}\frac{\sigma}{\sqrt{n}} \qquad (6.7)$$

其中，σ 为总体标准偏差，n 为样本容量。当 σ 未知的时候，对于大样本的情况，可以用样本的标准偏差 s 代替，那么置信区间近似等于：

$$\bar{x} \pm z_{\alpha/2}\frac{s}{\sqrt{n}} \qquad (6.8)$$

置信区间构建出来之后，还要对这个区间的含义进行合理的阐释，因为区间估计给出的并不是一个确定的数值，如果没有进行合理的阐释，人们可能无法清楚地理解这样的估计结果是什么意思。当构建出一个置信区间之后，我们会说：有 $100(1-\alpha)\%$ 的把握认为总体均值 μ 位于这个区间之内。这样一种阐释方式反映的是我们对参数估计的一种信心。因为我们可以从总体中抽取很多个样本，每个样本都能得到一个估计区间，而且有 $100(1-\alpha)\%$ 的区间会包含总体均值，尽管没有办法确定某个特定的区间一定会包含总体均值，或者某个特定的区间一定不包含总体均值，但这样的区间估计可以告诉我们这项估计的可靠性。

从表 6.4 和式（6.7）、（6.8）可以看到，如果置信水平越高，α 越小，那么 $z_{\alpha/2}$ 就越大，得到的置信区间就越宽。这也很好理解，如果想得到的一个更可靠的、更有把握的估计，这个区间就应该越大。这个区间越小，也就意味着总体均值的可能范围就越小，估计结果也会更接近真实的总体均值，对于这样的结果，人们可能也不敢有特别大的把握。

上面关于总体均值的估计都是基于大样本的，也就是样本容量 $n \geq 30$。如果总体参数是服从正态分布的，那么即便对于小样本，样本估计量也是服从正态分布的。但是对于小样本，如果总体方差是未知的，那么用样本方差来代替总体方差计算正态分布的 z 统计量就会出现问题。

案例 6.3

　　某史前遗址出土了一批人类骨骼遗存，考古学家希望分析这些骨骼中的碳、氮同位素来推测这些史前人类的饮食结构。经过前期的大量研究和检测分析，研究人员认为这些骨骼遗存中的 ^{13}C 同位素的含量服从正态分布，但这批骨骼中，发现只有 10 件样品符合同位素分析的要求，其他的骨骼样品都受到了一定的污染，不能用来分析其中的同位素含量。于是，对这 10 件骨骼样品完成了 ^{13}C 同位素测定，所得结果如表 6.5 所示。请给出该遗址史前人类骨骼遗存中 ^{13}C 同位素含量的平均值。

表 6.5　某史前遗址人类骨骼样品的 $\delta^{13}C$ 值（‰）

−6.35	−7.89	−4.58	−3.55	−5.87
−8.02	−7.11	−6.97	−5.32	−4.93

案例 6.3 所给出的情况在考古和文化遗产研究领域是经常遇到的，研究人员所能分析的样本数量相当少，就不能继续采用正态分布来进行参数估计。这时，可以用另一个统计量：

$$t = \frac{\bar{x} - \mu}{s / \sqrt{n}}$$

（6.9）

称为 t 统计量，它的抽样分布与标准正态分布很接近，其均值也为 0。由于 t 统计量包含 $\bar{x}$ 和 s 两个随机变量，而 z 统计量只包含 $\bar{x}$ 一个随机变量，因此 t 统计量的抽样分布相对于正态分布，在尾部收敛更慢。t 统计量的抽样分布称为 t 分布，它会随着样本容量 n 而变化，一般我们把 $n-1$ 称为 t 分布的自由度（degree of freedom，df），样本容量 n 越大，自由度也就越大，t 分布就越接近正态分布。与 z 统计量类似，t 分布也有 t_α 值，使得 $P(t>t_\alpha)=\alpha$。我们也可以使用 GeoGebra 软件很方便地计算出 t 分布的 t_α 值，如图 6.10 所示，当 $n=6$，自由度为 5，可以得到 $t_{0.025}=2.571$。前面表 6.4 中列出 $z_{0.025}=1.96$，可以看到，当 α 一样的时候，t_α 比相应的正态分布的 z_α 要大。

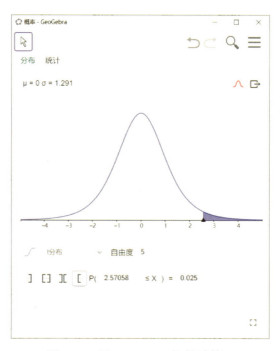

图 6.10　用 GeoGebra 软件计算 t_α

这样，对于小样本 $n<30$，总体方差未知的情况，我们可以通过自由度为 $n-1$ 的 t 分布，构建置信水平为 $100(1-\alpha)\%$ 的总体均值的置信区间：

$$\bar{x}\pm t_{\alpha/2}\frac{s}{\sqrt{n}} \tag{6.10}$$

对于案例 6.3 中的遗址出土骨骼碳同位素数据，我们可以用 SPSS 软件计算出样本的均值和标准偏差。将数据输入 SPSS 的数据表，命名变量为"碳同位素值"，选择菜单"分析"→"描述统计"→"描述"，把"碳同位素值"放入"变量"，点击"选项"，勾选"均值"和"标准差"，点击"继续"→"确定"，输出的结果如表 6.6 所示。

表 6.6　用 SPSS 软件计算输出的碳同位素值的均值和标准差

	N	均值	标准差
碳同位素值	10	−6.059000	1.4740831
有效的 N（列表状态）	10		

可得到：$\bar{x}=-6.06, s=1.47$，若选择置信水平为 95%，自由度 $n-1=9$，$t_{0.025}=2.262$，代入式（6.10），则置信区间为：

$$-6.06 \pm (2.262) \times \frac{1.47}{\sqrt{10}} = -6.06 \pm 1.05$$

我们也可以用 SPSS 直接进行置信区间的计算。选择菜单"分析"→"比较均值"→"单样本 T 检验"，选择"碳同位素值"作为检验变量，点击"选项"，置信区间百分比为"95%"，点击"继续"→"确定"，输出的结果如表 6.7 所示。

表 6.7　用 SPSS 软件计算输出的碳同位素值的置信区间

	检验值 =0					
	t	df	Sig.（双侧）	均值差值	差分的 95 % 置信区间	
					下限	上限
碳同位素值	−12.998	9	0.000	−6.0590000	−7.113496	−5.004504

可以看到，SPSS 输出的结果与上面计算的结果所得到的区间是吻合的。对这样的结果，合理的阐释是：我们有 95% 的把握认为该遗址出土人类骨骼样品的 $\delta^{13}C$ 值（‰）在（−7.11, −5.00）这个范围内。需要注意的是，这样一个置信区间是基于总体服从正态分布这个假设的，从一个服从正态分布的总体中随机抽取一个小样本，是在这个样本数据基础上构建总体参数估计区间的前提条件。

前面提到，如果自由度足够大，t 分布就会接近正态分布。当样本容量 $n=30$，自由度为 29，此时 $t_{0.025}=2.0$，而正态分布的 $z_{0.025}=1.96$，两者已经非常接近。所以在 SPSS 软件里面，使用"单样本 t 检验"同样可以对大样本进行参数估计。对于案例 6.2 和表 6.3 所列的碎瓷片的钙元素含量的数据，用 SPSS 软件输出的结果如表 6.8 所示。

表 6.8　用 SPSS 软件计算输出的碳同位素值的置信区间

	检验值 =0					
	t	df	Sig.（双侧）	均值差值	差分的 95 % 置信区间	
					下限	上限
瓷片钙含量	13.816	29	0.000	3.8366667	3.268716	4.404617

史海钩沉

威廉·戈塞特（William Sealey Gosset），英国统计学家，23 岁的时候在牛津大学获得化学和数学的学位。毕业后进入位于爱尔兰都柏林的吉尼斯酿造厂工作，以发挥他在化学方面的技能。然而，戈塞特还利用他在数学方面的知识，帮助解决酿酒过程中碰到的问题：麦芽浆准备发酵的时候，需要仔细地测量酵母的用量，工人们需要精确知道某个给定的瓶中有多少酵母，他们会提取一定量的麦芽浆，在显微镜下观察，计量他们所看到的酵母细胞数。那么这种测量有多么精确？了解这一点对于酿造啤酒是很重要的，因为麦芽浆中含有的酵母数应该精确地控制。如果酵母太少，发酵就不充分；若酵母太多了，啤酒又会变苦。1906 年，戈塞特到著名统计学家卡尔·皮尔逊门下学习一年。他着重关心的是少量数据的统计分析问题，在当时这是一个全新的课题。根据戈塞特的经验，科学家通常只能看到 10 到 20 个观测数据，而且这种现象在所有的学科中都很普遍。从小样本来分析数据是否可靠？误差有多大？他不厌其烦的把一个总体中的所有小样本的平均值、标准差和统计量计算出来，并绘制它们的分布，发现它们的形状都很接近，这就是 t 分布。1908 年，戈塞特将其研究成果发表，当时吉尼斯酿造厂禁止它的雇员发表文章。在这种情况下，戈塞特只能用匿名的方式发表文章。于是，戈塞特用"学生（Student）"为笔名发表了这篇论文，这个笔名一直用到他 1937 年去世。因此，关于小样本的抽样分布就被称为学生的 t 分布（Student's t distribution）。这篇论文开创了小样本统计理论的先河，为研究样本分布理论奠定了重要基础，被统计学家誉为统计推断理论发展史上的里程碑。

6.2.2　总体比例的估计

在案例 6.1 里面，研究人员想了解有多少比例的观众认为博物馆的明清绘画特展的文字说明内容是有帮助的。这是一项非常典型的抽样调查，以了解人们对某些事物的观点和看法，可以帮助博物馆的策展人对古代绘画类的展览的文字说明进行改进，使得观众更容易理解展览的内容。在这样的调查中，研究人员想知道某个特定群体中具有某项特征的比例，这个特征可能是对一件事物持有相同的看法，比如认为展览文字说明有帮助，也可能是具有某个相同的性质，比如是男性，或者 60 岁以上。

做这样的抽样调查，会得到一个样本，人们希望通过这个样本的比例来推断总体的比例。例如在案例 6.1 里面，调查了 $n=1028$ 个成人，其中 $x=772$ 人认为博物馆的明清绘画特展的文字说明是有帮助的，那么对于这样一个由这 1028 个成人组成的样本，可以计算出样本的比例为：

$$\hat{p} = \frac{x}{n} = \frac{772}{1028} = 0.75$$

与总体均值的估计一样，这里得到的是一个样本的比例，是一个点估计，这个点估计是否可靠，就需要知道样本比例的抽样分布。如果抽取另外一个含有 1028 个成人的样本，会得到另一个 $\hat{p}$，这样不断往复的抽取样本，得到很多个 $\hat{p}$，这些 $\hat{p}$ 的值会呈现什么样的分布？根据中心极限定律，如果样本数量足够大，这样的抽样分布近似的服从正态分布。因此，与总体均值的估计类似，对于大样本的情况，我们可以构建一个置信水平为 $100(1-\alpha)\%$ 的总体比例的置信区间：

$$\hat{p} \pm z_{\alpha/2}\sigma_{\hat{p}} = \hat{p} \pm z_{\alpha/2}\sqrt{\frac{p(1-p)}{n}} \approx \hat{p} \pm z_{\alpha/2}\sqrt{\frac{\hat{p}(1-\hat{p})}{n}} \qquad (6.11)$$

这里样本容量为 n，当 n 足够大的时候，我们可以用样本的比例 $\hat{p}$ 来代替总体比例 p 去计算 $\sigma_{\hat{p}}$。前面已提到，如果同时满足 $n\hat{p} \geqslant 15$，$n(1-\hat{p}) \geqslant 15$，则可以认为样本容量足够大。

回到案例 6.1 的抽样调查结果，可以计算出，$n=1028, \hat{p}=0.75, n\hat{p}=771, n(1-\hat{p})=275$，因此可以算作大样本，样本的抽样分布近似的服从正态分布。根据式（6.11），可以得到观众中认为文字说明内容有帮助的比例的 95% 置信水平的置信区间为：

$$0.75 \pm 1.96 \times \sqrt{\frac{0.75(1-0.75)}{1028}} = 0.75 \pm 0.03$$

因此，我们有 95% 的把握认为有 72% 到 78% 左右的观众认为博物馆明清绘画特展的文字说明内容是有帮助的。

对于总体比例的估计，也可以用 GeoGebra 软件很方便地计算出置信区间。打开 GeoGebra 软件，选择"概率"→"统计"，在下拉菜单中，"单比例 z 估计"，置信水平选择 95%，在"成功"中填入"772"，"N"中填入"1028"，下面会自动计算出 95% 置信水平的置信区间，如图 6.11 所示。

那么我们回到案例 6.1 所提出的问题，是否可以下结论，说超过 75% 的成年观众认为特展的文字说明内容对理解展品是有帮助的？根据前面的计算结果，我们有 95% 的把握认为有 72% 到 78% 左右的观众认为博物馆明清绘画特展的文字说明内容是有帮助的，注意到这个区间里面有些值是低于 75% 的，有些值是高于 75% 的，因此，我们不能根据这样一个 95% 置信水平的估计区间，认为超过 75% 的成年观众认为特展的文字说明内容对理解展品是有帮助的。

图 6.11　GeoGebra 软件计算总体比例的估计区间

对于小样本的情况，也就是 $n\hat{p} < 15$，或者 $n(1-\hat{p}) < 15$，这通常是指一些可能性很小的事件，由于其发生的概率接近 0，或者可能性很大的事件，发生的概率接近 1，如果样本量不是极端大，从样本比例估计总体比例会很不准。在这种情况下，我们可以采用一个修正的样本比例：

$$\tilde{p} = \frac{x+2}{n+4}$$

这时置信水平为 $100(1-\alpha)\%$ 的置信区间为：

$$\tilde{p} \pm z_{\frac{\alpha}{2}} \sqrt{\frac{\tilde{p}(1-\tilde{p})}{n+4}}$$

6.3　两个总体均值、比例之差的区间估计

在案例 6.3 里面，考古学家研究某遗址出土的人类骨骼遗存的碳同位素含量，以推测史前人类的饮食结构。在距离该遗址 150 千米处，考古人员新发现了另一个史前人类居住遗址，经过碳–14 测年发现其年代与案例 6.3 所述的遗址比较接近，而且这个新遗址也出土了大量人类骨骼遗存。考古学家获取了部分骨骼样品测量碳同位素的含量，

并且与前述遗址的结果进行比较，想知道这两个遗址人类骨骼遗存中碳同位素含量是否一样或者接近。

在这个问题里面，会碰到两个样本的数据，并且希望通过比较两个样本的数据，来推断两个总体之间的差异。这也是在考古与文化遗产领域经常碰到的问题。比如案例 6.1 中描述的博物馆的明清绘画特展，所调查的 1028 位观众中有 772 位认为展览的文字说明有帮助，如果把这 772 位观众分为两个组，一组是男性观众，另一组是女性观众，策展人很可能想知道男性观众和女性观众在这个问题上的看法是否一样，这对于策展人设计一些可能与性别有关的一些展览的时候，会很有帮助。

可以看到，很多的随机试验，是会对两个总体进行比较。上面提到的两个具体例子分别是比较两个总体的均值和比例，这时候，我们需要明确要解决这类问题需要使用的目标参数。

表 6.9　两个样本的比较涉及的部分目标参数

	目标参数	参数的含义
均值	$\mu_1 - \mu_2$	均值之差
方差	$\dfrac{\sigma_1^2}{\sigma_2^2}$	方差之比
比例	$p_1 - p_2$	比例之差

表 6.9 列出了比较两个样本的时候，经常使用的目标参数，比如两个遗址出土人类骨骼遗存的碳同位素含量之差，男性观众和女性观众中认为展览文字说明有帮助的比例之差，等等。在本节，我们先讨论总体均值、比例之差的估计。

6.3.1　总体均值之差的估计

在比较总体均值之差的时候，需要分别从总体中抽取两个样本。这两个样本可能来自两个相互独立的总体，也可能来自同一个总体。它们之间的比较会有不一样的情况，我们将分别来处理。首先来看两个独立的样本。

案例 6.4

某博物馆在过去的几个月里面，推出了一项展览进校园的教育活动，分别在两所中学推出了同样一个关于唐宋瓷器的小型展览。展览推出后，浙江大学博物馆学研究团队在这两所中学开展了问卷调查，请中学生为这个展览评分，分数范围是 0~10 分，分数越高，表明中学生对这项展览教育活动的评价越高。研究团队分别在两所中学收集了 50 份问卷，评分的结果如表 6.10 所示。

表 6.10　两所学校的中学生对展览教育活动的评分

学校 A									
5	6	8	5	3	6	5	8	6	7
4	5	7	3	5	7	5	7	6	4
6	3	9	6	4	7	8	6	5	4
5	7	6	5	5	6	7	4	5	7
6	5	7	4	3	5	2	5	7	6

学校 B									
6	8	9	10	8	9	9	6	3	8
10	5	7	9	8	7	9	8	4	8
9	6	8	9	7	8	10	8	7	8
9	7	8	9	6	4	6	8	9	7
8	7	10	9	7	6	5	9	8	8

根据这项调查结果，请构建这两所学校的中学生对这项展览教育活动的评分之差的置信区间，给定置信水平为 95%。

对于案例 6.4，首先可以看到这两个样本是相互独立的，因为是从两所不同的学校开展的调查，两所学校的中学生的评分是互不影响的。而且，这两个都是大样本（$n_1=50$，$n_2=50$，都大于 30）。让 μ_1 表示学校 A 的中学生评分的均值，μ_2 表示学校 B 的中学生评分的均值，我们要构建 $\mu_1-\mu_2$ 的置信区间。可以推得，$\mu_1-\mu_2$ 的点估计为 $\overline{x}_1-\overline{x}_2$。对于大样本的情况，上一节讲到，根据中心极限定律，单个总体均值的置信区间为 $\overline{x} \pm z_{\alpha/2}\sigma_{\overline{x}} = \overline{x} \pm z_{\alpha/2}\dfrac{\sigma}{\sqrt{n}}$。所以，$\mu_1-\mu_2$ 的置信区间应该为：

$$\left(\overline{x}_1 - \overline{x}_2\right) \pm z_{\alpha/2}\sigma_{\left(\overline{x}_1 - \overline{x}_2\right)} \tag{6.12}$$

如果两个样本是相互独立的，那么样本均值之差的标准偏差为：

$$\sigma_{\left(\overline{x}_1 - \overline{x}_2\right)} = \sqrt{\dfrac{\sigma_1^2}{n_1} + \dfrac{\sigma_2^2}{n_2}} \approx \sqrt{\dfrac{s_1^2}{n_1} + \dfrac{s_2^2}{n_2}} \tag{6.13}$$

式（6.12）和式（6.13）也意味着对于大样本，$\overline{x}_1 - \overline{x}_2$ 近似的服从以 $\mu_1 - \mu_2$ 为中心，标准偏差为 $\sqrt{\dfrac{\sigma_1^2}{n_1} + \dfrac{\sigma_2^2}{n_2}}$ 的正态分布，若总体的标准偏差未知，则可以用样本的标准偏差代替。

回到案例 6.4，可以把表 6.10 的数据输入到 SPSS 软件。需要注意的是，在 SPSS 的数据表里面，需要输入两列数据，第一列是中学生的评分（变量名称设为"评分"），第二列是他（她）所在的学校（A 或 B，变量名称设为"学校"）。然后选择菜单"分析"→"比较均值"→"独立样本 T 检验"，选择"评分"作为检验变量，"学校"作为"分组变量"，点击"定义组"，"组 1"输入"A"，"组 2"输入"B"，点击"继续"，然后点击"选项"，置信区间百分比为"95%"，点击"继续"→"确定"，输出的结果如表 6.11 所示。

表 6.11　SPSS 输出的两个学校中学生对展览教育活动评分之差的比较结果

	学校	N	均值	标准差	均值的标准误
评分	A	50	5.600000	1.5386185	.2175935
	B	50	7.580000	1.6047124	.2269406

独立样本检验

		方差方程的 Levene 检验		均值方程的 t 检验						
		F	Sig.	t	df	Sig.（双侧）	均值差值	标准误差值	差分的 95 % 置信区间	
									下限	上限
评分	假设方差相等	0.002	0.966	−6.298	98	0.000	−1.9800000	0.3144026	−2.6039217	−1.3560783
	假设方差不相等			−6.298	97.827	0.000	−1.9800000	0.3144026	−2.6039355	−1.3560645

从表中可以看到，$\overline{x}_1 = 5.60, \overline{x}_2 = 7.58, s_1 = 1.54, s_2 = 1.60$，95% 置信水平的置信区间为（−2.60，−1.36），也就是说，我们有 95% 的把握认为学校 A 和学校 B 的中学生对这项展览教育活动的评分之差位于（−2.60，−1.36）的范围内。可以看到，这个区间范围不包含 0，也就是说 $\mu_1 - \mu_2 = 0$ 很有可能不在这个区间内，所以两个学校中学生对展览活动的评分应该是不一样的，而且这个区间都是负数，所以可以认为学校 B 的中学评分比学校 A 的中学生要高。

对于小样本，也就是 $n_1 < 30$，$n_2 < 30$，中心极限定律就不能直接应用了，这时我们需要使用 t 分布，前提是两个总体都服从正态分布，而且抽取的两个样本是相互独立

的。如果两个总体的方差未知，用样本方差代替总体方差。

对于总体的方差，又有两种情况，一个是总体方差未知，但两者相等；另一个是总体方差未知，也不相等。两种情况需要分别处理。

如果两个总体的方差相等（$\sigma_1^2 = \sigma_2^2 = \sigma^2$），我们可以将两个样本数据合并一起，计算方差的合并估计量 s_p^2：

$$s_p^2 = \frac{(n_1-1)s_1^2 + (n_2-1)s_2^2}{(n_1-1)+(n_2-1)} = \frac{(n_1-1)s_1^2 + (n_2-1)s_2^2}{n_1+n_2-2} \tag{6.14}$$

或者：

$$s_p^2 = \frac{\sum(x_1-\overline{x}_1)^2 + \sum(x_2-\overline{x}_2)^2}{n_1+n_2-2} \tag{6.15}$$

前面提到，使用 t 分布的时候，自由度为 $n-1$，在上面的两个公式里面，n_1-1 是样本 1 的自由度，n_2-1 是样本 2 的自由度，因为是从两个样本的数据去估计参数，所以自由度也就是两个样本自由度之和。而且可以看到，方差的合并估计量 s_p^2 实际上就是两个样本方差的加权平均值，其权重就是样本各自的自由度，如果两个样本的自由度一样，s_p^2 就是两个样本方差的算术平均值。

所以，对于两个小样本，如果总体方差未知，但两者相等，$\mu_1-\mu_2$ 的置信区间应该为：

$$(\overline{x}_1 - \overline{x}_2) \pm t_{\alpha/2}\sqrt{s_p^2\left(\frac{1}{n_1}+\frac{1}{n_2}\right)} \tag{6.16}$$

其中，$t_{\alpha/2}$ 的自由度为 n_1+n_2-2。

案例 6.5

在案例 6.3 中，考古学家得到了 10 件骨骼样品 ^{13}C 同位素的值，所得结果如表 6.5 所示。请给出该遗址史前人类骨骼遗存中 ^{13}C 同位素含量的平均值。在距离该遗址 150 千米处，考古人员新发现了另一个史前人类居住遗址，经过碳-14 测年发现其年代与案例 6.3 所述的遗址比较接近，而且这个新遗址也出土了大量人类骨骼遗存。由于大量的骨骼遗存被污染，考古学家只测试得到了 12 件骨骼样品碳同位素的含量，结果如表 6.12 所示。这两个遗址出土人类骨骼遗存 ^{13}C 同位素含量的差异有多大？给定 95% 的置信水平，并假设两处遗址出土人类骨骼遗存碳同位素含量的方差相等。

表 6.12 一个新发现的史前遗址人类骨骼样品的 $\delta^{13}C$ 值（‰）

−7.22	−4.03	−3.21	−3.75	−4.33
−5.51	−3.87	−5.12	−5.06	−5.24

由于埋藏环境的影响，这两处遗址出土的骨骼大多不能用来测试碳同位素含量，所以都只获取了少量的样本，是典型的小样本情况（$n_1 = 10$，$n_2 = 12$）。我们可以用 SPSS 软件很方便地计算出置信区间。在 SPSS 的数据表里面，需要输入两列数据，第一列是碳同位素含量（变量名称设为"碳同位素含量"），第二列是遗址（1 或 2，案例 6.3 描述的为遗址 1，新发现的为遗址 2，变量名称设为"遗址"）。然后选择菜单"分析"→"比较均值"→"独立样本 T 检验"，选择"碳同位素含量"作为检验变量，"遗址"作为"分组变量"，点击"定义组"，"组 1"输入"1"，"组 2"输入"2"，点击"继续"，然后点击"选项"，置信区间百分比为"95%"，点击"继续"→"确定"，输出的结果如表 6.13 所示。

表 6.13 两个遗址出土人类骨骼遗存碳同位素含量之差的置信区间

		方差方程的 Levene 检验		均值方程的 t 检验						
		F	Sig.	t	df	Sig.（双侧）	均值差值	标准误差值	差分的 95% 置信区间	
									下限	上限
碳同位素含量	假设方差相等	0.804	0.381	−2.657	20	0.015	−1.531	0.576	−2.732	−0.329
	假设方差不相等			−2.612	17.623	0.018	−1.531	0.586	−2.764	−0.298

可以看到，如果两个总体的方差相等，我们有 95% 的把握认为，两个遗址出土人类骨骼遗存碳同位素含量之差位于（−2.732，−0.329）区间之内。

如果总体方差未知且不等（$\sigma_1^2 \neq \sigma_2^2$），两个小样本均值之差服从自由度为 v 的 t 分布：

$$v = \frac{\left(\dfrac{s_1^2}{n_1} + \dfrac{s_2^2}{n_2}\right)^2}{\dfrac{\left(\dfrac{s_1^2}{n_1}\right)^2}{n_1 - 1} + \dfrac{\left(\dfrac{s_2^2}{n_2}\right)^2}{n_2 - 1}} \tag{6.17}$$

此时，$\mu_1 - \mu_2$ 的置信区间应该为：

$$\mu_1 - \mu_2 : \left(\overline{x}_1 - \overline{x}_2 \right) \pm t_{\frac{\alpha}{2}}(v) \times \sqrt{\frac{s_1^2}{n_1} + \frac{s_2^2}{n_2}} \qquad (6.18)$$

我们来看案例 6.5，在表 6.13 中，SPSS 输出的结果里面，就有假设方差不相等的情况，此时 95% 的置信水平的估计区间为（$-2.764, -0.298$）。

有的时候，我们可能会碰到的两个样本不是相互独立的，一个样本中的数据与另一个样本的数据相对应，即对同一个个体先后做两次试验。这种样本称为配对样本。

大样本情况下（$1-\alpha$ 置信水平），配对样本的置信区间为：$\mu_1 - \mu_2 : \overline{d} \pm z_{\frac{\alpha}{2}} \dfrac{\sigma_d}{\sqrt{n}}$。

其中，d：各配对数据的差值，$\overline{d}$：各差值的均值，σ_d：各差值的标准差，当总体的标准差未知时，可用样本差值的标准差 s_d 来代替。

小样本情况下（$1-\alpha$ 置信水平），配对样本的置信区间为：$\mu_1 - \mu_2 : \overline{d} \pm t_{\frac{\alpha}{2}}(n-1) \dfrac{s_d}{\sqrt{n}}$。

案例 6.6

某博物馆最近有两个特展正在展出，研究人员想了解中学生对这两个特展的评价，于是抽取 10 名学生组成一个随机样本，让他们分别对这两个特展进行打分，分数范围是 0 到 100，分数越高，表明学生的评价越高，打分结果如表 6.14 所示：

表 6.14　10 名学生对两个特展的打分结果

学生编号	1	2	3	4	5	6	7	8	9	10
特展 1	78	63	72	89	91	49	68	76	85	55
特展 2	71	44	61	84	74	51	55	60	77	39
差值	7	19	11	5	17	−2	13	16	8	16

学生对这两个特展的评分差异有多大？

这是一个典型的配对样本，因为一个学生既对特展 1 打分，也对特展 2 打分，学生对展览的喜好可能会体现在他（她）对两个展览的打分。

假设两组分数差服从正态分布，可以计算出：$\overline{d}=11$，$s_d = 6.53$，$df = 9$，$\alpha = 0.05$，$t = 2.262$，两组分数之差的置信区间（95%）为：$11 \pm 2.262 \times \dfrac{6.53}{\sqrt{10}} = 11 \pm 4.67$。

需要注意的是，上面的案例中，如果把两组学生的评分看作是两个独立的样本，所得到的 95% 的置信水平的估计区间为 11 ± 12.64。可以看到这个估计区间要比使用配对样本得到的估计区间要宽很多，这是因为在独立样本计算中把同一个学生对两个展览的主观偏好的差异给去除了，造成两组分数之间的差异被扩大了，也就是说，样本配对可以在很大程度上减小差异性。另外，配对样本必须在进行配对实验观察和测试之前就确定好，而不是在试验或测试结束以后再去配对。

6.3.2　总体比例之差的估计

在案例 6.1 中，博物馆推出的明清绘画特展，研究人员调查了 1028 位观众，其中有 772 位认为展览的文字说明有帮助，如果把这些观众再分为两个组，一组是男性观众，另一组是女性观众，可能女性观众中有很多认为文字说明内容对于理解这个展览是有帮助的，而男性观众更多的认为没有帮助，策展人想知道男性观众和女性观众中认为文字说明内容有帮助的比例的差异有多大？假设男性观众认为文字说明内容有帮助的比例为 p_1，女性观众认为文字说明内容有帮助的比例为 p_2，那么就要构建一个 p_1-p_2 的置信区间。

这样的两个样本，代表的是两个独立的二项分布的试验（见第 5 章）。假设博物馆明清绘画特展的调查结果如表 6.15 所示，二项分布的随机变量 x_1 和 x_2 分别代表男性和女性观众认为文字说明内容有帮助的人数。我们可以计算出：

$$\hat{p}_1 = \frac{x_1}{n_1} = 0.86, \hat{p}_2 = \frac{x_2}{n_2} = 0.65, \hat{p}_1 - \hat{p}_2 = 0.21$$

两个样本比例之差 $\hat{p}_1 - \hat{p}_2$ 则为两个总体，即男性观众和女性观众，认为文字说明内容有帮助的比例之差 p_1-p_2 的点估计。如果要评估这个点估计的可靠性，需要不断的在男性观众和女性观众这两个总体里面抽样，得到各个样本的比例，也就是说，我们需要知道 $\hat{p}_1 - \hat{p}_2$ 的抽样分布。根据中心极限定律，如果样本容量足够大（$n\hat{p}\geq15$，$n(1-\hat{p})\geq15$），样本比例近似的服从正态分布，这对于两个独立样本比例之差 $\hat{p}_1 - \hat{p}_2$ 也适用。

表 6.15　博物馆明清绘画特展男女观众调查的结果

男性观众	女性观众
n_1=500	n_2=528
x_1=429	x_2=343

因此，给定置信水平 $100(1-\alpha)$，总体比例之差 p_1-p_2 的置信区间为：

$$\hat{p}_1 - \hat{p}_2 \pm z_{\alpha/2} \sqrt{\frac{p_1(1-p_1)}{n_1} + \frac{p_2(1-p_2)}{n_2}} \tag{6.19}$$

通常，对于总体，p_1 和 p_2 是未知的，所以可以用样本比例代替，因此，近似得到的置信区间为：

$$\hat{p}_1 - \hat{p}_2 \pm z_{\alpha/2} \sqrt{\frac{\hat{p}_1(1-\hat{p}_1)}{n_1} + \frac{\hat{p}_2(1-\hat{p}_2)}{n_2}} \tag{6.20}$$

我们可以用 GeoGebra 软件方便地计算出两个总体比例之差的置信区间。在 GeoGebra 软件里面，打开"概率计算器"，点击"统计"，在下拉菜单中选择"z 估计，比例差异"，"置信水平"为 0.95，将两个样本的 n_1，n_2，x_1，x_2 值分别输入，就可以得到 95% 的置信水平的区间估计（图 6.12）。我们把表 6.15 的数据输入之后，得到的置信区间为（0.16，0.26），也就是说，我们有 95% 的把握认为男女观众认为博物馆明清绘画特展的文字说明内容有帮助的比例之差位于（0.16，0.26）区间之内，这也说明相对于女性观众，男性观众中有更多的人认为该特展的文字说明内容对理解展览是有帮助的。

图 6.12　用 GeoGebra 软件计算男女观众对特展文字说明看法的比例之差的置信区间

6.4　样本容量的确定

在案例 6.2 里面，陶瓷考古学家选取了 30 件碎瓷片进行钙元素含量的分析，得到了大约为 95% 的置信区间 $\bar{x} \pm 2\dfrac{s}{\sqrt{n}} \approx 3.84 \pm 0.57$。这样一个置信区间可以用图 6.13a

表示，也就是说总体均值可能落在 3.84 左右各相差 0.57（这个值也称为抽样误差，sampling error，用 SE 表示）的范围内。如果我们想让这个抽样误差变小，比如变成 0.25，同样取大约 95% 的置信水平，这时我们可以增大样本容量来达到这个目的。因为样本容量的增大，可以让 $\dfrac{s}{\sqrt{n}}$ 减小，那么样本容量至少需要多少才能达到这个目的？

可以简单的做一个计算，如果要求：

$2\dfrac{s}{\sqrt{n}} = 0.25$，而从样本数据可以得到 $s = 1.52$，因此：

$$n = \frac{s^2 \times 2^2}{0.25^2} = \frac{1.52^2 \times 2^2}{0.25^2} \approx 148$$

因此，至少需要选取 148 个碎瓷片样品进行钙含量测试，才能够有 95% 的把握保证总体均值估计区间的抽样误差在 0.25 以内（如图 6.13b 所示）。

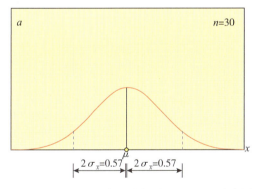
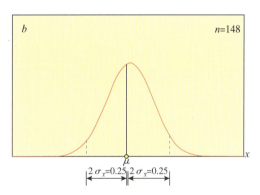

图 6.13　碎瓷片钙含量测试的案例中，不同样本容量得到的不同的置信区间

对于总体均值的区间估计，给定置信水平 $100(1-\alpha)$，要达到某一个抽样误差（SE），需要的样本容量的计算公式为：

$$n = \frac{z_{\alpha/2}^2 \sigma^2}{\text{SE}^2} \tag{6.21}$$

其中，总体的方差可能是未知的，可以用样本方差近似代替。计算出来的样本容量值需要修约至整数，一般情况下，总是会修约得更大一些，以保证样本容量足够保证所要得到的估计精度。

类似的，对于总体比例的区间估计，给定置信水平 $100(1-\alpha)$，要达到某一个抽样误差（SE），需要的样本容量的计算公式为：

$$n = \frac{z_{\alpha/2}^2 p(1-p)}{\text{SE}^2} \qquad (6.22)$$

其中，总体比例一般是未知的，可以用样本的比例来代替。

对于总体均值之差和总体比例之差的区间估计，我们同样也可以根据所需要设定的抽样误差来确定样本容量。因为这里会涉及两个样本，很多情况下我们会处理两个样本容量相同的情况，即 $n_1 = n_2 = n$。那么对于两个总体均值之差的区间估计，给定置信水平 $100(1-\alpha)$，要达到某一个抽样误差（SE），需要的样本容量的计算公式为：

$$n = \frac{z_{\alpha/2}^2 \left(\sigma_1^2 + \sigma_2^2 \right)}{\text{SE}^2} \qquad (6.23)$$

其中，两个总体均值的方差一般是未知的，可以用样本方差 s_1^2 和 s_2^2 代替。

类似的，那么对于两个总体比例之差的区间估计，给定置信水平 $100(1-\alpha)$，要达到某一个抽样误差（SE），需要的样本容量的计算公式为：

$$n = \frac{z_{\alpha/2}^2 \left[p_1(1-p_1) + p_2(1-p_2) \right]}{\text{SE}^2} \qquad (6.24)$$

其中，两个总体比例一般是未知的，可以用样本比例代替。

需要注意的是，在确定样本容量的时候，我们当然希望抽样误差越小越好，因为这样得到的区间估计更精确，但在其他条件不变的情况下，样本容量就需要很大才能实现这样的要求，很多时候，样本容量不是越大越好。增加样本容量，也就意味着试验或观察的数量增多，比如要测试更多的碎瓷片，这会带来更高的成本，花费更多的时间，甚至有时候要增加样本容量是很难做到的，例如考古发掘出土的材料，可能数量本身就非常少。因此，在确定样本容量的时候，需要综合考虑估计的精确度和试验（观察）的各项成本。

6.5　总体方差的区间估计

方差是描述变量分布离散程度的指标，很多时候人们也需要了解总体的方差。比如某窑址出土瓷器胎体中钙元素含量，如果这些瓷器的钙元素含量的方差很大，说明各个瓷器的钙元素含量相差很大，这和瓷器烧造所使用的原料可能有很大的关系，也许有来自不同地区的原料，也可能与添加的其他辅料有关。在现代的产品生产中，产品某些指标的方差也很重要，比如某些元件的使用寿命，如果方差很大，说明各个元件的寿命差别很大，那么说明这批产品生产的品质控制不够理想。为了解决这样的问题，我们需要对总体的方差进行估计。

为了对总体的方差进行估计，需要从总体中随机抽取样本，通过样本的方差来推断总体方差。因此，需要对比样本方差 s^2 与总体方差 σ^2 的相对大小，统计学理论可以证明，若总体分布服从正态分布，统计量 $\dfrac{(n-1)s^2}{\sigma^2}$ 的抽样分布服从一个叫作卡方（χ^2）分布的概率分布，这个分布的自由度为 $(n-1)$。不同自由度的卡方分布如图 6.14 所示。

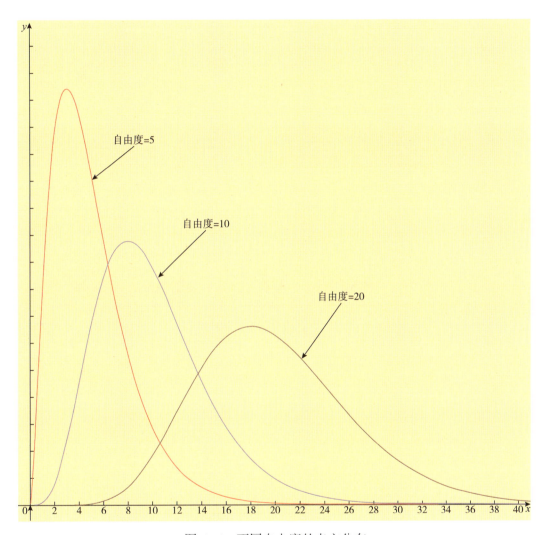

图 6.14　不同自由度的卡方分布

所以，与 t 分布类似，统计量 $\dfrac{(n-1)s^2}{\sigma^2}$ 有如下性质：

$$\chi^2_{1-\alpha/2} \leqslant \frac{(n-1)s^2}{\sigma^2} \leqslant \chi^2_{\alpha/2} \tag{6.25}$$

这样，对于总体方差，我们可以构建一个置信水平为 $100(1-\alpha)$ 的置信区间：

$$\frac{(n-1)s^2}{\chi^2_{\alpha/2}} \leqslant \sigma^2 \leqslant \frac{(n-1)s^2}{\chi^2_{1-\alpha/2}} \qquad (6.26)$$

也就是说，区间 $\left[\dfrac{(n-1)s^2}{\chi^2_{\alpha/2}}, \dfrac{(n-1)s^2}{\chi^2_{1-\alpha/2}}\right]$ 就是总体方差 σ^2 的置信水平为 $100(1-\alpha)$ 的置信区间。

我们可以用 GeoGebra 软件很方便地计算出卡方值（χ^2_α）。在 GeoGebra 软件里面，打开概率计算器中的"分布"，选择"卡方分布"，输入自由度，点击"〔〕"，若置信水平为 95%，在等号后面输入 0.975，就可以在括号里面得到 $\chi^2_{1-\alpha/2} = \chi^2_{0.975}$，在等号后面输入 0.025，就可以在括号里面得到 $\chi^2_{\alpha/2} = \chi^2_{0.025}$。

对于表 6.3 中所列的 30 件碎瓷片胎体钙元素含量的数据，已经知道 $s=1.52$，若置信水平为 95%，由 GeoGebra 软件可以计算出自由度为 29 的卡方分布值：$\chi^2_{1-\alpha/2} = \chi^2_{0.975} = 16.047$，$\chi^2_{\alpha/2} = \chi^2_{0.025} = 45.722$（图 6.15），因此，总体方差的 95% 的置信区间为：

$$\frac{29 \times 1.52^2}{45.722} \leqslant \sigma^2 \leqslant \frac{29 \times 1.52^2}{16.047} \Rightarrow 1.465 \leqslant \sigma^2 \leqslant 4.175$$

因此，我们有 95% 的把握认为这些碎瓷片胎体钙元素含量的方差落在（1.465，4.175）之间。

人们也经常会碰到比较两个总体方差的问题，比如比较不同测量工具的精度，包括直尺、天平、电压表等。如果某个工具的测量方差比较小，说明这个工具的测量值是比较均匀的。要比较两个总体方差的大小，可以将这两个方差相比。通常两个总体的方差是未知的，就需要通过两个样本的方差比对总体方差之比进行区间估计。如果两个总体都服从正态分布，并分别从中独立的抽取两个随机样本，则两个样本的方差比服从 F 分布，其统计量为：

$$F = \frac{s_1^2/\sigma_1^2}{s_2^2/\sigma_2^2} \qquad (6.27)$$

其中，s_1^2 是从第一个总体中抽取的容量为 n_1 的随机样本的方差，其自由度为 n_1-1，称为第一自由度；s_2^2 是从第一个总体中抽取的容量为 n_2 的随机样本的方差，其自由度为 n_2-1，称为第二自由度。因此统计量 $F = \dfrac{s_1^2/\sigma_1^2}{s_2^2/\sigma_2^2}$ 服从第一自由度为 n_1-1，第二自由度为 n_2-1 的 F 分布（图 6.16 所示）。

与卡方分布类似，统计量 $F = \dfrac{s_1^2/\sigma_1^2}{s_2^2/\sigma_2^2}$ 有如下性质：

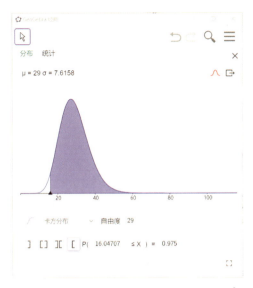

图 6.15　GeoGebra 软件计算卡方分布的 χ_α^2 值。

$$F_{1-\alpha/2} \leqslant \frac{s_1^2 / \sigma_1^2}{s_2^2 / \sigma_2^2} \leqslant F_{\alpha/2} \tag{6.28}$$

对于两个总体方差之比，根据 F 分布，我们可以构建置信水平为 $100(1-\alpha)\%$ 的置信区间：

$$\frac{s_1^2 / s_2^2}{F_{\alpha/2}} \leqslant \frac{\sigma_1^2}{\sigma_2^2} \leqslant \frac{s_1^2 / s_2^2}{F_{1-\alpha/2}} \tag{6.29}$$

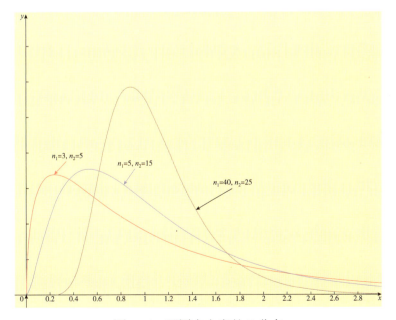

图 6.16　不同自由度的 F 分布

对于表 6.3 中所列的 30 件碎瓷片胎体钙元素含量的数据，作为第一个样本，已经知道 $s_1 = 1.52$。现在考古学家在不远处发现了另一个窑址，也出土了大量的碎瓷片，研究人员随机选取了 50 片碎瓷片，作为第二个样本，并测试了这些瓷片胎体的钙元素含量，得到的标准偏差为 $s_2 = 2.23$，给定 95% 的置信水平，那么这两处窑址出土瓷器胎体中钙元素含量的方差比的置信区间为：

$$\frac{s_1^2 / s_2^2}{F_{0.025}} \leqslant \frac{\sigma_1^2}{\sigma_2^2} \leqslant \frac{s_1^2 / s_2^2}{F_{0.975}}$$

我们可以用 GeoGebra 软件很方便地计算出 F 分布的 F 值，在"概率计算器"里面选择"分布"→"F 分布"，分别输入第一自由度 29 和第二自由度 49，点击"[□]"，若置信水平为 95%，在等号后面输入 0.975，就可以在括号里面得到 $F_{0.975}$，在等号后面输入 0.025，就可以在括号里面得到 $F_{0.025}$，$F_{0.025} = 1.881$，$F_{0.975} = 0.502$，如图 6.17 所示，代入计算可得两个总体方差之比的置信区间为 [0.247，0.925]。

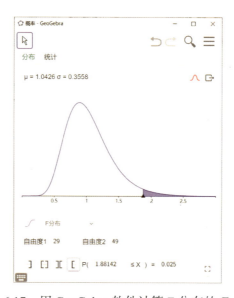

图 6.17　用 GeoGebra 软件计算 F 分布的 F_α 值

6.6　小结

理解▶

（1）统计量的抽样分布是在不断反复的抽样过程中统计量的理论概率分布，它描述的是这个统计量的可能取值在反复抽样中出现的频次。

（2）若总体服从正态分布，其均值为 μ，方差为 σ^2，从这个总体中随机抽取一个容

量为 n 的样本，该样本的均值 $\bar{x}$ 服从均值为 μ，方差为 σ^2/n 的正态分布。

（3）中心极限定律表明，即使从一个不服从正态分布的总体中抽样，只要样本容量足够大（$n \geqslant 30$），样本的均值也近似的服从正态分布，其均值为 μ，方差为 σ^2/n。

（4）若某个总体的比例为 p，从这个总体中随机抽取一个容量为 n 的样本，如果 $np \geqslant 15$，$n(1-p) \geqslant 15$，根据中心极限定律，样本的比例近似的服从正态分布，其均值为 p，方差为 $p(1-p)/n$。

（5）总体的均值、比例和方差等参数通常是未知的，需要从总体中进行抽样，根据样本的均值、比例和方差对总体进行估计。总体参数估计可以用点估计，也可以用区间估计，一般来说，区间估计更可靠。

（6）置信区间是在一定的置信水平 $100(1-\alpha)$ 下，包含未知的总体参数的区间，置信系数 $(1-\alpha)$ 表示的是随机抽取一个样本得到的置信区间包含总体参数真实值的概率。

（7）对于大样本的情况，可以根据中心极限定律使用正态分布；对于小样本的情况，对总体均值的估计要采用 t 分布，对总体比例估计要采用修正的样本比例代替。

（8）为了满足一定的估计精度要求，我们可以确定所需要的样本容量，但样本容量不是越大越好，必须考虑实际抽样的各种限制。

（9）对于总体方差的估计，需要用到卡方分布和 F 分布。

掌握

（1）不同统计量的抽样分布以及中心极限定律的含义。
（2）使用 SPSS 和 GeoGebra 软件进行总体均值和比例的区间估计。
（3）使用 GeoGebra 软件计算 t 分布、卡方分布和 F 分布的临界值。

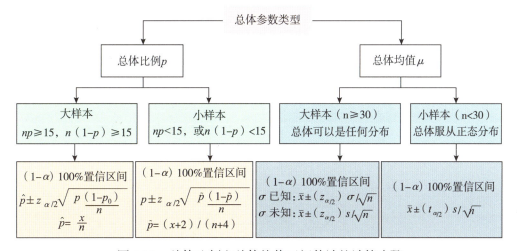

图 6.18　总体比例和总体均值区间估计的计算步骤

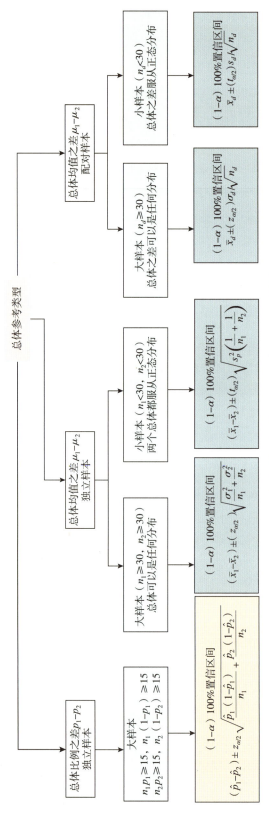

图 6.19　总体均值、比例之差的置信区间的计算步骤

6.7　习题

（1）你可能对史前社会人群的迁徙情况感兴趣。有些学者认为不同人群的迁徙的差异可能和家庭所建造的房屋的面积有关。假设你在某地考古发掘了一系列新石器人类的房屋，这些房屋分布在 5 个不同的遗址（G001~G005），每个遗址所处的环境都不一样，并分属于早期、中期和晚期这三个不同的新石器时期。你测量了这些房屋的面积（单位：平方米），结果如表 6.16 所示。你和很多的考古学家深思熟虑之后，认为这些房屋遗址的数量比较多，足以形成一组代表该地区新石器时代不同时期的不同环境的房屋样本。

A. 估计这 5 个不同的环境中，每一个环境条件下的房屋面积的平均值，给定置信水平为 95%。

B. 估计新石器时代三个不同时期中，每一个时期的房屋面积的平均值，给定置信水平为 95%。

表 6.16　5 个不同遗址的三个时期的房屋面积（单位：平方米）

遗址	时期	房屋面积
G001	早期	19
		21.64
		24.15
		20.16
		18.28
		20.58
	晚期	19.2
		22.01
		20.81
		18.22
		21.69
	中期	20.4
		20.6
		19.84
		15.26
		22.77

遗址	时期	房屋面积
*G*001	中期	21.69
G002	早期	16.4
		16.51
		15.33
		18.66
	晚期	16.1
		16.4
		13.04
		17.34
		19.46
	中期	16.4
		15.94
		16.85
		17.17
G003	早期	21.11
		23.22
		22.99
		19.95
		20.69
		24.99
	晚期	19.9
		21.12
		17.17
		20.47
		23.57
		22.77
	中期	22.71
		21.14
		23.05

续表

遗址	时期	房屋面积
G003	中期	20.35
		19.16
		21.68
G004	早期	16.52
		16.83
		18.95
		17.66
		16.08
	晚期	15.78
		16.98
		17.79
		17.09
	中期	16.5
		17.2
		16.43
		14.84
		18.36
G005	早期	15.4
		16.13
		18.24
		15.74
		15.46
	晚期	15.81
		16.32
		16.07
		15.87
		15.09
	中期	15.2
		17.34
		16.26
		15.08

（2）文物保护研究人员最近开发了一种针对砂岩的新型保护材料 A，这种材料能有较好的渗透深度，可以减少水对砂岩的破坏，同时能够提高风化砂岩的强度。为了评估这种材料的保护效果，研究人员用新型保护材料 A、传统的保护材料 B 对风化砂岩样块进行了渗透保护处理，一段时间之后，用压力试验机测试了这些样块的抗压强度，同时也测试了空白样块（没有做过保护处理的风化砂岩样块）的抗压强度。由于测量抗压强度属于破坏性的测试，所以研究人员测试的样块数量比较少，分别只有 5 块，测试结果如表 6.17 所示。

表 6.17　砂岩样块的抗压强度测试结果（单位：MPa）

空白	7.9	8.9	8.2	8.1	8.4
材料 A	12.7	13.6	11.7	12.2	12.5
材料 B	9.3	9.8	10.3	11.0	10.4

A. 使用新型保护材料 A 处理的砂岩样块的抗压强度比空白砂岩样块的抗压强度大多少？给定置信水平为 95%。

B. 使用新型保护材料 A 处理的砂岩样块的抗压强度比使用保护材料 B 处理的砂岩样块的抗压强度大多少？给定置信水平为 95%。

（3）某博物馆最近举办了一项关于埃及文物的特展，在展览期间，浙大博物馆学研究团队开展了一项观众调查，以了解成年观众对这项特展的评价。这次调查通过发放问卷方式进行，共回收了 2005 份有效问卷，其中，有 1722 份问卷显示观众认为这次特展的灯光设计非常好。

A. 估计有多少比例的观众认为这次特展的灯光设计非常好？给定 95% 的置信水平。

B. 研究团队在这 1722 份认为灯光设计非常好的问卷中，发现有 91 人拥有研究生学历，753 人拥有本科学历；而在剩下的不认为灯光设计非常好的问卷中，发现有 45 人拥有研究生学历，97 人拥有本科学历。拥有本科学历的观众中认为灯光设计非常好的比例，比拥有研究生学历的观众中认为灯光设计非常好的比例高出多少？给定 95% 的置信水平。

第 7 章 假设检验

第 6 章的学习，让我们知道如何根据随机抽取的样本数据来对总体的均值、比例和方差进行估计，并且能够给出这样的估计的可靠程度。在实际工作和生活中，人们还可能会根据样本的数据，来对总体的某些特性进行判断，并在此基础上做出决策。比如在实验室对两种新型文物保护材料进行性能测量得到的数据，研究人员可能想知道这两种材料的某种性能是否有显著的差异，这对于在实际的保护处理中选择合适的保护材料是至关重要的。再比如考古学家发现了两个距离不远的史前人类居住遗址，有很多的房屋遗迹，学者可能会很关心两个遗址的房屋遗迹的密度是否有明显的差异，这对于了解史前人类选择适宜的居住环境很有帮助。青铜器是铜锡铅三种金属的合金，有些古代文献记载了它们之间的配比，科技工作者对新近出土的一批青铜器的铜锡金属含量做了测试，其结果是否与古文献的记载相符？

案例 7.1

根据古代文献的记载，战国时期某地铸造的青铜器，铜锡金属的配比为 3 : 1。最近，考古学家在该地抢救性发掘了一处战国墓葬，出土了大量的青铜器，专家随机选取了 45 件青铜器，用 X 射线荧光光谱仪无损测试了这批青铜器的铜、锡的含量，并计算了两种金属的配比，结果如表 7.1 所示。请问这批青铜器的铜锡金属配比是否符合古代文献的记载？

表 7.1 45 件青铜器的铜锡金属配比测试结果

2.64	3.67	3.17	2.23	3.68	3.15	2.09	2.56	3.59
2.78	3.98	3.46	2.41	3.85	4.02	2.03	3.37	2.63
2.08	3.35	3.91	4.23	4.68	1.87	3.04	2.84	3.97
2.42	2.61	2.72	3.31	3.99	3.07	2.85	2.77	3.19
3.03	2.94	2.79	2.81	3.06	2.68	2.83	3.09	3.18

在案例 7.1 里面，可以很快把表 7.1 所列的铜锡金属配比的平均值和标准差计算出来：$\bar{x}=3.08$，$s=0.63$，而根据古文献的记载，铜锡配比为 3，那么根据这样的样本数据，我们是否可以认为这批青铜器的铜锡配比和文献记载的一致？

这里就需要先做出一个假设，比如假设出土青铜器的铜锡金属配比就等于 3，也就是假设 $\mu=3$。注意这里是指出土的所有青铜器，因此是一个总体参数，然后专家从这个总体中随机抽取 45 件青铜器进行了分析，得到了一个样本的数据，接下来要做的就是根据这个样本的测试数据，来判断前面提出的那个假设是否成立。这个过程是要检验一个假设是否成立，所以称为假设检验，而且是在一个总体里面通过随机抽取一个样本来进行检验，所以它和参数估计一样，属于推断性统计。

在文化遗产领域，经常会碰到有价值的假设的提出，前面提到的青铜器铜锡配比就是一个很典型的假设。这些假设的提出对于考古、文物、博物馆等的研究与实践都有很重要的意义。想象一下考古发掘出土的一些陶器，可能是用来烹饪的，也可能是用来储水的，一些考古学家认为不同的用途会导致陶器的器壁最大厚度有差异。研究人员可以通过陶器里面的残留物、烟灰的分析、考古现场的状况、陶器的孔隙率以及其他一些痕迹来判断陶器是用于烹饪还是储水，然后确定烹饪和储水陶器的器壁最大厚度是否有显著的差异，根据这样的结果，甚至还可以通过新出土陶器的最大器壁厚度，来判断这件陶器是用于烹饪还是储水。这时，如果烹饪陶器的最大器壁厚度为 μ_1，储水陶器的最大器壁厚度为 μ_2，那么可以提出的假设就是 $\mu_1=\mu_2$ 或者 $\mu_1-\mu_2=0$。

假设被提出之后，就需要对这个假设是否成立进行检验，这就需要提供一些证据来表明这个假设是否成立。如果提供的证据能够支持这个假设，那么我们就不能拒绝这个假设；如果提供的证据不足以证明这个假设是成立的，那么我们就可以拒绝这个假设。需要注意的是，这并不意味着这个假设一定不成立，而是我们没有足够的证据表明这个假设可以成立。

本章将讲述总体均值、比例的假设检验，两个总体均值之差、两个总体比例之差的假设检验，以及一个总体方差和两个总体方差之比的假设检验。

7.1　假设的提出与两种错误

7.1.1　两个假设

在假设检验中，人们通常都会对总体参数做出一个试探性的假设，比如在案例 7.1 里面的青铜器铜锡金属配比的平均值 $\mu=3$，以及陶器器壁最大厚度 $\mu_1-\mu_2=0$。这样的假设称为零假设，或者原假设（null hypothesis），用 H_0 表示，这个假设是我们认为可能成立的，除非样本的数据或证据能够证明它是错的。同时，人们还会提出一个跟原假设的陈述相反的假设，称为备择假设（alternative hypothesis），用 H_a 表示，如果样本数据或证据能够支持的话，这个假设就是成立的。可以看到，假设是指对总体参数的具体数值所作的陈述。通常，人们会把等号放在原假设里面，而把不等号放在备择假设里面。

在案例 7.1 里面，我们可以提出原假设：这批青铜器铜锡金属配比的平均值为 3，与古文献所描述的一致，也就是：$H_0: \mu = 3$。那么对于含有不等号的备择假设，就可能会有三种情况：

> **备择假设的三种情况**
>
> 总体参数 < 陈述值：$H_a: \mu < 3$，称为左侧检验；
>
> 总体参数 > 陈述值：$H_a: \mu > 3$，称为右侧检验；
>
> 总体参数 ≠ 陈述值：$H_a: \mu \neq 3$，称为双侧检验。

如果我们想要研究的问题是看总体参数与某个具体的陈述值是否有明显差异，或者两个总体参数是否有明显差异，而不要求知道总体参数偏大或者偏小，则可以采用双侧检验。如果关心的是总体参数是否比某个具体陈述值大（或小），则应该采用右侧（左侧）检验。比如前面提到的出土陶器的例子，如果我们根据过往的考古经验认为烹饪陶器的器壁最大厚度要比储水陶器更大，那么就应该采用右侧检验（$H_a: \mu_1 - \mu_2 > 0$）。

原假设和备择假设不是随便提出的，一般要根据具体情况，在已有的经验、理论和数据的基础上，有一个初步的判断，通常把人们期望得到的结论或者认为应该是正确的结论作为备择假设，相应的把与之相反的结论作为原假设。如果从总体中获得的样本数据不支持原假设的话，那么就可以认为备择假设是成立的。这样做的好处是，获取的样本数据总是有限的，通过有限的数据来证明一个假设是正确的，一般是比较困难的，而通过有限的数据来否定一个假设则会容易得多，因为只要找到一个反例就可以拒绝原假设。

在考古和文化遗产的研究和实践中，提前把一些假设提出来，然后带着这样的假设去收集材料、数据，会显得非常重要。在对所要研究的问题提出很有针对性的假设之后，带着假设去考古现场收集材料、整理数据，会从这些材料和数据中提炼出更有价值的、更可靠的信息，也能节省很多的时间，

在假设检验里面，首先假定提出的原假设是正确的，然后用样本数据经过一些统

计计算来决定是否支持原假设。这样的话，假设检验就可能会有两个结果。

假设检验的结果

1. 拒绝原假设 H_0，因此支持备择假设 H_a；

2. 不拒绝原假设 H_0。

做出假设检验的结果是要根据样本的数据得到的，而样本是从总体中随机抽取的。例如前面提到的考古发掘出土的烹饪陶器和储水陶器，如果希望做一个右侧检验（$H_0: \mu_1 - \mu_2 = 0$，$H_a: \mu_1 - \mu_2 > 0$），由于陶器数量很多，研究人员是从中随机抽取了一部分陶器来做仔细的研究。结果可能是烹饪陶器的最大器壁厚度比储水陶器的大，但由于这个样本具有随机性，可能另一位研究人员抽取了两个不一样的样本，得到的结果却是烹饪陶器的最大器壁厚度比储水陶器要小，或者相等。甚至有可能某个样本里面烹饪陶器的最大器壁厚度比储水陶器的大很多，那么这种情况出现的概率有多大呢？一种可能是，烹饪陶器的最大器壁厚度确实与储水陶器一样大，只不过这次随机抽样误差导致出现了这样的样本；另一种可能是，由于器物使用功能的原因，烹饪陶器的最大器壁厚度比储水陶器的大。假设检验的核心就是判断这样的差异是否可以用样本的随机性来解释。如果原假设是正确的，也就是烹饪陶器的最大器壁厚度与储水陶器的一样大，那么出现一个样本，里面烹饪陶器的最大器壁厚度比储水陶器的大很多的情况应该是很难发生的，也就是一个小概率事件。如果这个小概率事件发生了，那么也就意味着原假设是有问题的，应该拒绝原假设。所以，假设检验是一种"小概率反证"的思想，即原假设成立的前提下，小概率事件在一次随机试验中不太可能发生，如果发生了，则认为原假设不成立。

上面提到的"小概率"事件，那么在具体应用中多大的概率算是"小概率"？这并没有一个绝对的标准，通常要根据实际情况来选取，小概率的临界取值一般用 $\alpha(0 < \alpha < 1)$ 表示，称为显著性水平，如果某次随机抽样发生的概率小于 α，那就算是小概率事件。一般情况下，我们会根据实际需要选取显著性水平 $\alpha = 0.1$、$\alpha = 0.05$、$\alpha = 0.01$ 等。

在确定了原假设和备择假设，并选择了显著性水平之后，就需要构建一个检验统计量来决定是否拒绝原假设。在上一章，我们讲了抽样分布，可以看到一些常见的统计量服从何种分布，根据这种分布，可以对检验统计量进行判断。一般来说，检验统计量的表达式为：

$$检验统计量 = \frac{点估计量 - 假设值}{点估计量的抽样标准差} \qquad （7.1）$$

以总体均值 μ 为例，如果总体服从正态分布，根据中心极限定律，样本均值 $\bar{x}$ 也服从正态分布，如果原假设 $H_0: \mu = \mu_0$，那么检验统计量为：

$$z = \frac{\bar{x} - \mu_0}{\sigma / \sqrt{n}} \qquad （7.2）$$

该检验统计量也服从正态分布，利用这样的概率分布，以及显著性水平 α，如果拒绝原假设，可以给出检验统计量的取值范围，以及不拒绝原假设时检验统计量的取值范围，也就是拒绝域和接受域。

> **定义**
>
> 　　拒绝域（rejection region）：如果原假设成立，概率不超过显著性水平 α 的检验统计量的取值范围。

如果某个随机样本的检验统计量的观测值落在拒绝域，表明这次抽样的结果是小概率发生事件，因此可以拒绝原假设。

如果某个随机样本的检验统计量的观测值落在接受域，表明在原假设成立的情况下，这次抽样的结果不是小概率发生事件，因此不能拒绝原假设。

> **定义**
>
> 　　接受域（acceptance region）：如果原假设成立，概率为 $1-\alpha$ 的检验统计量的取值范围。

在抽样分布中，我们可以根据显著性水平和备择假设的情况，来确定拒绝域。对于双侧检验，样本的检验统计量可能是在抽样分布的极端靠右的位置取值，也可能在极端靠左的位置取值，这都可以拒绝原假设。所以，双侧检验的拒绝域被放在抽样分布的左右两侧，对于左右对称的抽样分布，如正态分布和 t 分布，两侧的概率各为 $\alpha/2$

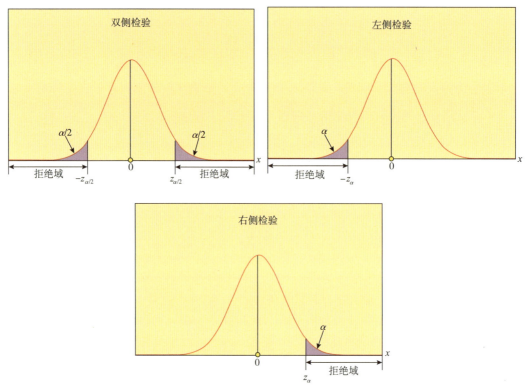

图 7.1　假设检验的三种拒绝域

（图 7.1）。对于左侧检验，检验统计量如果在极端小的位置取值，可以拒绝原假设，因此，拒绝域在抽样分布的左侧，左侧拒绝域所包围的面积为 α；同理，对于右侧检验，拒绝域放在抽样分布的右侧（图 7.1）。在抽样分布中，除了拒绝域，其他部分就是接受域。接受域与拒绝域的分界点称为临界值，只要给定一个显著性水平 α，明确该假设检验是双侧检验、左侧检验还是右侧检验，就可以通过抽样分布得到临界值（在正态分布中，用 z 表示）。例如对于正态分布，如果 $\alpha=0.05$，使用右侧检验，拒绝域就在正态分布的右侧，可以用 GeoGebra 软件很快计算出 $z_a=1.645$，拒绝域的范围就是 $[1.645，+\infty]$。

　　然后我们可以用式（7.1）计算出来的样本检验统计量来确定样本的观测值是否落在拒绝域。如果落在拒绝域，那么就可以拒绝原假设，反之，则不拒绝原假设。不拒绝原假设，并不表示原假设一定成立，而是没有充足的证据显示原假设不成立。

　　需要注意的是，在假设检验中，最终结果（拒绝原假设或者不拒绝原假设）跟样本的选取有关系，如果我们重新抽样，可能会得到一个不同的检验统计量，那么判断的结果也可能不同。另外，检验的最终结果也和选取的显著性水平 α 有关。前面提到，如果 $\alpha=0.05$，使用右侧检验，已知 $z_a=1.645$，如果根据式（7.2）计算出某个随机样本

的检验统计量 $z=2.0$，这个值是落在拒绝域的，因此可以拒绝原假设。但如果选取的显著性水平 $\alpha=0.01$，可以计算出 $z_\alpha=2.33$，此时这个样本的检验统计量就没有落在拒绝域，因此不能拒绝原假设。

由此可见，在假设检验里面，受到随机样本数据的影响，以及设定的显著性水平的不同，检验的结果可能会不同。在大多数情况下，我们不可能无限制的反复随机抽样，可能只能做一次试验，然后根据这一次的试验结果来进行假设检验，这样一来，无论是拒绝原假设还是不拒绝原假设，都可能会出现判断或决策的错误。

7.1.2　两类错误

上一节提到，假设检验是通过随机抽样，对样本检验统计量的观测值进行比较，从而做出检验的决策。因为样本统计量是一个随机变量，会随着样本的不同而发生变化，因此根据一个样本的检验统计量做出的判断不一定是百分百正确。在假设检验的时候，可能会出现两类错误。

定义

第一类错误（Type Ⅰ Error）：如果原假设成立，但在假设检验中被拒绝了，发生的这类错误称为第一类错误。

第二类错误（Type Ⅱ Error）：如果原假设不成立，但在假设检验中没有被拒绝，发生的这类错误称为第二类错误。

从两类错误的定义可以看出，只要做出拒绝原假设的决策，就有可能犯第一类错误；只要做出不拒绝原假设的决策，就有可能犯第二类错误。而且，如果原假设成立，发生小概率事件，其概率为 α，所以犯第一类错误的概率恰好等于显著性水平 α；犯第二类错误的概率则用 β 表示。在假设检验里面，原假设可能成立，也可能不成立，根据样本的数据，检验的结果可能是拒绝原假设，也可能不拒绝原假设。因此，假设检验的结果可能会有以下四种情形（图 7.2）。

在图 7.2 中，原假设成立或者不成立，我们事先是不知道的，只有当从总体随机抽样并得到数据支持之后，才能拒绝或者不拒绝原假设。第一类错误只有当拒绝原假设（支持备择假设）的情况下才有可能发生，第二类错误只有当不拒绝原假设的时候才有可能发生。我们只有在知道做出某项判断可能出现错误的概率的情况下，才会做出相应的判断。第一类错误发生的概率 α，也就是显著性水平 α，通常是我们事先就确定

	原假设	
	成立	不成立
拒绝原假设	第一类错误	没有错误
不拒绝原假设	没有错误	第二类错误

图 7.2   假设检验可能会犯的错误

的，所以只要抽样分布已知，我们就可以构建拒绝域，然后根据抽样数据的计算结果，如果检验统计量落在相应的拒绝域，就可以拒绝原假设。

我们再来通过案例 7.1 来看一下犯第二类错误的概率 β。假设这批青铜器的铜锡金属配比正如古文献所记载的那样，等于 3，如果是右侧检验，则有：$H_0: \mu = 3$，$H_a > 3$。如果选取 $\alpha = 0.05$，根据样本数据，$n = 45$，$s = 0.63$，我们可以构造一个拒绝域，如图 7.3a，显示的是如果原假设成立的话，检验统计量的概率分布。其中拒绝域的面积为 0.05，这个面积代表显著性水平 α，对应的临界值为 3.09，也就是支持原假设成立的最大可能值。

如果犯第二类错误，也就是原假设不成立，但是没有拒绝，其概率为 β。原假设不成立，那么支持备择假设，所以 μ 可以取大于 3 的任何值。图 7.3b，7.3c 分别显示的是 $\mu = 3.06$，$\mu = 3.12$ 时检验统计量的概率分布。由于拒绝域的临界值，即 3.09，已经是确定的，所以在这两个支持备择假设的概率分布里面，可以计算出相应的接受域的面积，也就是犯第二类错误的概率 β。可以看到，β 是相应的概率分布里面非拒绝域（接受域）的面积，并且随着真实的 μ 值的增大而减小。由于总体的参数通常是未知的，在备择假设里面总体参数可能会有无穷多个值（不等号在备择假设中），因此在进行假设检验的时候，实际上 β 的值是不太好确定的，我们在做判断和决策的时候，如果检验统计量没有落在拒绝域，就尽量不使用"接受原假设"这样的说法（我们不知道犯第二类错误的概率），而是选择类似"没有足够的证据拒绝原假设"的表述。

无论是第一类错误还是第二类错误，人们都是希望尽可能避免的，但由于样本是从总体中随机抽取的，所以发生错误总是有可能的，只是人们需要对发生错误的概率进行控制。其实从图 7.3 就可以看到，当样本容量一定的时候，减小 α 会导致 β 增大，反过来，减小 β 就会导致 α 增大。理想情况是，α 和 β 都能够减小，这可以通过增加样本容量来获得，因为样本容量越大，抽样分布的标准差更小（$\sigma_{\bar{x}} = \sigma / \sqrt{n}$），分布更加集中。但样本容量也不能无限制的增加，在第 6 章讲到过，样本容量的确定还受到很

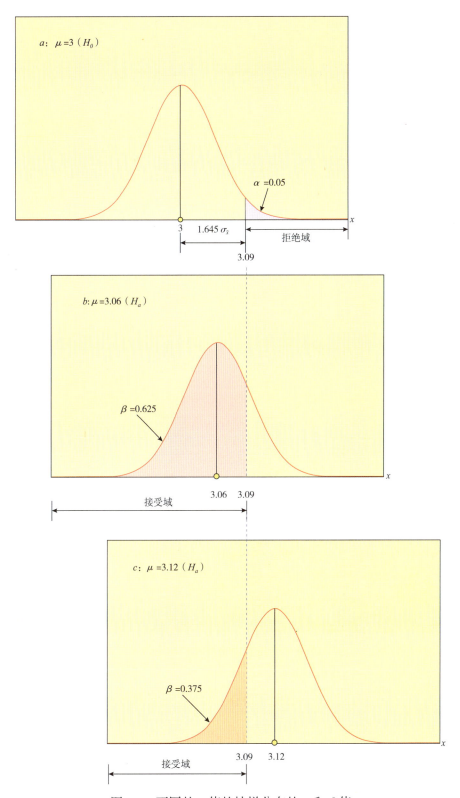

图 7.3　不同的 μ 值的抽样分布的 α 和 β 值

多其他因素的影响，例如成本等。至于该控制哪一类错误发生的概率，就要看犯哪一类错误带来的后果越严重，哪一类错误的概率就要控制的越小。由于犯第二类错误的概率 β 通常是难以确定的，所以在假设检验中，人们都事先确定 α 的大小，把 α 控制在一个比较小的水平，当拒绝原假设的时候，人们就会有更大的把握。

在假设检验中，我们可以计算出样本的检验统计量，然后与显著性水平 α 对比，来确定样本统计量是否落在拒绝域，在这里，显著性水平 α 是事先就确定好的，这样就让我们能够得到一个明确的分界线来进行判断。但这个方法也有一些缺陷，比如显著性水平 α 也是事先设定的犯第一类错误的概率上限，对于一个特定的样本，无法给出该样本发生概率的精确度量。比如案例 7.1 里面提到的青铜器铜锡金属配比如果是 3，我们可以说两种金属的配比大于 2.5，这一判断肯定没有问题，但如果说两种金属的配比大于 2.9，那么这个判断显然比前一个判断更加准确。也就是说，显著性水平 α 并不是样本自身的特征，不包含样本的信息。样本的检验统计量落在拒绝域的不同位置，也就意味着做出决策犯第一类错误的概率是不一样的。因此，直接给出样本统计量出现的概率，也就是犯第一类错误的真实概率，会包含样本自身的信息，这个概率就是 p 值。一个小的 p 值（如小于或等于 0.05）表明这个随机样本结果出现的概率很小，也就是说样本结果是不可能随机发生的，因此可以拒绝原假设，这时犯第一类错误的概率比较小；一个大的 p 值（如大于 0.05）表明样本结果可以很轻易地随机发生，也就是说样本结果很可能是随机发生的，因此不能拒绝原假设，这时犯第一类错误的概率比较大。

p 值是关于样本数据的概率，与原假设对或错的概率无关。它反映的是在某个总体的多个样本中出现某一类数据的经常程度，是当原假设正确时，偶然得到目前这个样本数据的概率，所以 p 值又称为观察的显著性水平。用 p 值做决策，就是把犯第一类错误的真实概率计算出来，然后直接用这个概率来做决策，而不需要考虑事先给定的显著性水平 α。因为这样可以准确了解到犯第一类错误的真实风险，所以用 p 值做决策比用临界值的方法更为精确。

例如，如果 $\alpha=0.05$，使用右侧检验，已知 $z_\alpha=1.645$，如果根据式（7.2）计算出某个随机样本的检验统计量 $z=2.0$，那么比该检验统计量更偏离原假设的取值就应该比 $z=2.0$ 更大，所以，观察的显著性水平为：

$$p \text{ 值} = P(z \geq 2)$$

对于标准正态分布，可以很快计算出 p 值为 0.0228。也就是说，对于该样本，如果我们拒绝原假设，而事实上原假设是成立的，这样的错误发生概率为 0.0228，比我们设定的显著性水平 $\alpha=0.05$ 要小，因此可以拒绝原假设。如果我们选取的显著性水平

$\alpha=0.01$，该样本计算得到的 p 值比它大，说明犯第一类错误的概率比事先设定的值要大，所以没有足够的证据拒绝原假设。使用 p 值进行决策的结果与前面所述的使用临界值和拒绝域来做决策得到的结果是一样的。

使用 p 值进行假设检验的步骤为：首先根据样本数据计算出检验统计量。如果是单侧检验，p 值就是抽样分布中与备择假设同方向的尾部比检验统计量更大的区域的面积。如果是左侧检验，p 值就是检验统计量左边（小于检验统计量）的面积；如果是右侧检验，p 值就是检验统计量右边（大于检验统计量）的面积。对于双侧检验，p 值等于抽样分布两侧在检验统计量方向上比它更大的面积之和，如果抽样分布的是对称的，那就是两侧面积的两倍。p 值在标准正态分布中的取值如图 7.4 所示。

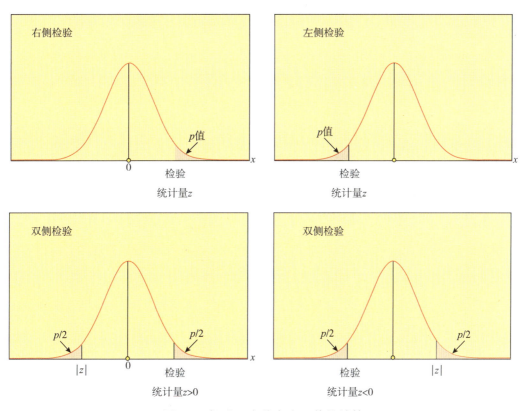

图 7.4　标准正态分布中 p 值的计算

在很多的研究报告、学术论文和著作里面，研究人员都会给出某个检验统计量的结果和与之相关的 p 值。这样做的好处是，可以让读者根据 p 值自行判断所得到结果是否具有显著性差异。读者可以根据特定的情况和需要，预先设定一个显著性水平 α，也就是读者自己可以忍受的犯第一类错误的概率的最大值，如果报告的结果所对应的 p 值小于 α，那就可以拒绝原假设。那么 p 值多大才能使你有足够的理由拒绝原假设？如果原假设的可信度比较高，或者拒绝原假设所需要的成本比较高，一般就需要很小的 p 值才能拒绝原假设。

> $p<0.1$，有一些证据不利于原假设。
>
> $p<0.05$，有适度证据不利于原假设。
>
> $p<0.01$，有很强的证据不利于原假设。

7.2　总体均值的检验

上一节已经描述了假设检验的基本原理和步骤，需要检验的参数可能是总体均值、总体比例，也可能是总体方差等，检验的参数不一样，以及样本也可能存在一些差异，计算检验统计量的方法、所使用的抽样分布也是不一样的。

总体均值的检验是假设检验里面最常用、最基本的一种。案例 7.1 就是一个很典型的总体均值的检验，所需要检验的原假设是 $H_0: \mu=3$，也就是这批青铜器铜锡金属配比的平均值与古文献所描述的是一致的。对于备择假设，我们可以构建出三种情况：

$H_a: \mu<3$，为左侧检验，意味着这批青铜器铜锡金属配比的平均值比古文献所记载的小；

$H_a: \mu>3$，为右侧检验，意味着这批青铜器铜锡金属配比的平均值比古文献所记载的大；

$H_a: \mu \neq 3$，为双侧检验，意味着这批青铜器铜锡金属配比的平均值与古文献所记载的不一致，可能比古文献记载的更小，也可能更大。

需要注意的是，等号总是放在原假设，不等号总是放在备择假设，原假设总是保持成立，除非我们抽取的样本得到的数据或证据表明拒绝原假设。

7.2.1　大样本的总体均值假设检验

案例 7.1 中，抽取的青铜器样本一共有 45 件，大于 30 件，所以可以被认为是大样本。根据第 6 章描述的中心极限定律，无论总体是什么样的分布，样本均值 $\bar{x}$ 的抽样分布近似的服从均值为 μ，标准差为 $\sigma / \sqrt{n}$ 的正态分布，总体参数 σ 一般是未知的，只要样本容量足够大（$n \geqslant 30$），可以用样本的标准偏差 s 来代替。所以，我们可以根据式（7.2）计算检验统计量 z，并根据选定的显著性水平 α，构建相应的拒绝域，观察样本的检验统计量是否落在拒绝域，从而做出拒绝或者不拒绝原假设的判断。

根据样本数据，可以得到 $\bar{x}=3.08$，$s=0.63$，$n=45$，根据式（7.2），可以算出：

$$z = \frac{\bar{x} - \mu}{s / \sqrt{n}} = \frac{3.08 - 3}{0.63 / \sqrt{45}} \approx 0.8518$$

接下来我们要判断计算出的 z 是否落在拒绝域。对于标准正态分布，根据不同的显著性水平 α 和备择假设，拒绝域和接受域的临界值如表 7.2 所示。

表 7.2　正态分布中不同 α 和备择假设情况下的临界值

	备择假设		
	左侧检验	右侧检验	双侧检验
$\alpha=0.10$	$z<-1.28$	$z>1.28$	$z<-1.645$ 或 $z>1.645$
$\alpha=0.05$	$z<-1.645$	$z>1.645$	$z<-1.96$ 或 $z>1.96$
$\alpha=0.01$	$z<-2.33$	$z>2.33$	$z<-2.575$ 或 $z>2.575$

对于 $z=0.8518$，根据表 7.2 可以看到，无论对于哪种备择假设和 α，检验统计量都没有落在拒绝域内，因此不能拒绝原假设，也就是说，没有足够的证据表明这批青铜器铜锡金属配比的平均值与古文献所记载的不一致，其概率分布和拒绝域、临界值以及检验统计量如图 7.5 所示。

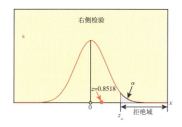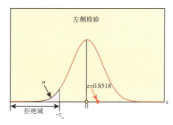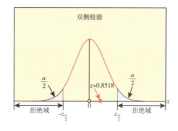

图 7.5　案例 7.1 的抽样分布的拒绝域和临界值

GeoGebra 软件也可以用来做假设检验。打开 GeoGebra 软件，选择"概率"→"统计"，在下拉菜单中，选择"总体均值 z 检验"，在"虚无假设"中填入"3"，"备择假设"根据情况选择，这里我们以双侧检验为例，勾选"≠"，"平均数 μ"中填入"3.08"，"标准差 σ"中填入"0.63"，"N"中填入"45"，下面"结果"会自动计算出 z 和 p 值，如图 7.6 所示。

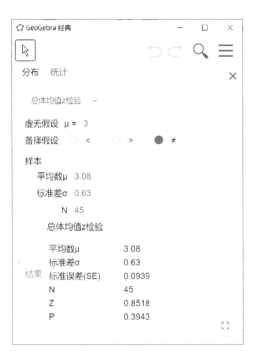

图 7.6　GeoGebra 软件进行大样本总体均值的假设检验计算

可以看到，$z=0.8518$，$p=0.3943$，如果 $\alpha=0.05$，我们不能拒绝原假设。另外，由于 p 值非常大，也就是根据这个样本的数据，我们拒绝原假设可能会犯第一类错误的概率非常大，所以不能拒绝原假设，即没有足够的证据表明这批青铜器铜锡金属配比的平均值与古文献所记载的不一致。类似的，我们可以在 GeoGebra 软件里面选择备择假设为左侧检验或者右侧检验，得到的 p 值分别为 0.8028 和 0.1972，都比我们常用的显著性水平更大，因此都不能拒绝原假设。

7.2.2　小样本的总体均值假设检验

在考古与文化遗产领域，受到一些客观条件的限制，很多时候不一定能够从一个总体中抽取容量比较大的样本，只能基于可获取的很少量的样本来进行统计推断。与大样本的情况类似，人们需要根据小样本的抽样分布，计算合适的检验统计量，并在一定的显著性水平下构建拒绝域，或者直接根据样本的数据计算出 p 值来做出判断和决策。

案例 7.2

　　纸张的酸化是影响古代纸质文物保护的重要因素，是许多古籍面临的共同难题，也是古代书画病害中的常见种类。纸张在保存过程中，受到空气中酸性气体等因素的影响，导致纸张中的纤维素水解，纸张强度下降，严重者会导致纸张发黄变脆，对纸质文物的保存造成极大威胁。轻微的酸化可能不会有很明显的问题，但如果不予以及时处理，酸化可能会变得更加严重，因此如果发现纸张有酸化问题，一般都需要及时处理。研究人员最近发明了一种处理酸化纸张的方法，声称通过这种方法可以使纸张的 pH 值恢复到 7.0，即中性条件。他们用这种方法处理了一幅十分珍贵的发生明显酸化的明代绘画作品，为了检验处理的有效性，在该绘画纸张上面随机选取了 10 处位置，用笔式酸度计测量了纸张的 pH 值，其结果如表 7.3 所示。

表 7.3　明代绘画 10 处位置 pH 值测试结果

6.7	6.6	7.1	7.0	7.3
7.2	6.9	6.6	6.5	7.5

请问，该方法处理这幅明代绘画是否达到了研究人员声称的去酸化效果？

案例 7.2 就是一个很典型的小样本假设检验问题。我们可以构造两个假设：

$H_0: \mu = 7.0$，纸张的酸碱度恢复到了中性；

$H_0: \mu < 7.0$，纸张的酸碱度没有恢复到中性。

这是一个左侧检验。明代绘画十分珍贵，对纸张表面进行测试，可能会对珍贵绘画有微小的影响，因此不宜在很多位置进行测试，选取的 10 处位置测试的结果构成了一个小样本（$n < 30$）。在第 6 章我们已经讲到，对于小样本，中心极限定律不适用，样本的抽样分布不服从正态分布，而且必须要假设总体服从正态分布。这时，我们需要采用 t 分布，而不是正态分布，来对总体均值进行假设检验。检验统计量为：

$$t = \frac{\overline{x} - \mu_0}{s / \sqrt{n}} \qquad (7.3)$$

其中，μ_0 为需要检验的总体均值，在案例 7.2 里面，$\mu_0 = 7.0$，s 为样本的标准差，n 为样本容量，通过计算可得：$\overline{x} = 6.94$，$s = 0.34$。为了检验原假设，需要构建拒绝域，若设置显著性水平 $\alpha = 0.05$，对于左侧检验，自由度为 $n-1 = 9$ 的 t 分布，拒绝域和接受域的临界值 $t_\alpha = t_{0.05} = -1.833$。由式（7.3）可以计算出该样本的检验统计量：

$$t = \frac{6.94 - 7.0}{0.34 / \sqrt{10}} = -0.558$$

从图 7.7 中可以看到，计算出的检验统计量并没有落在拒绝域，所以在 $\alpha = 0.05$ 的水平上，我们不能拒绝原假设，也就是说，没有足够证据表明这种处理纸张的方法无法使得这幅严重酸化的明代绘画达到了去酸化的效果。

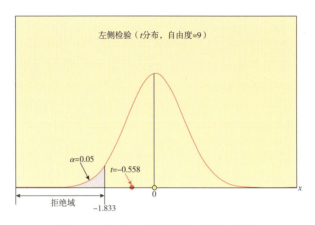

图 7.7　小样本的假设检验的拒绝域

GeoGebra 软件也可以用来做小样本的假设检验。打开 GeoGebra 软件，选择"概率"→"统计"，在下拉菜单中，选择"单均值 t 检验"，在"虚无假设"中填入"7"，"备择假设"根据情况选择，这里我们选择左侧检验，勾选"<"，"平均数"中填入"6.94"，"标准差 s"中填入"0.34"，"N"中填入"10"，下面"结果"会自动计算出 t 和 p 值，如图 7.8 所示。可以看到计算出的 $t=-0.558$，$p=0.2952$，如果选取的显著性水平 $\alpha=0.05$，因为 p 值大于 α，所以我们不能拒绝原假设。

图 7.8　GeoGebra 软件进行小样本总体均值的假设检验计算

我们也可以用 SPSS 直接进行假设检验的计算。把表 7.3 里的数据输入到 SPSS 数据表里作为一列，数据变量名称为"纸张 pH 值"，选择菜单"分析"→"比较均值"→"单样本 T 检验"，选择"纸张 pH 值"作为检验变量，"检验值"里面输入"7"，点击"选项"，置信区间百分比为"95%"，点击"继续"→"确定"，输出的结果如表 7.4 所示。

表 7.4 用 SPSS 软件计算输出的纸张 pH 值的检验结果

单个样本统计量

	N	均值	标准差	均值的标准误
纸张 pH 值	10	6.9400	0.33731	0.10667

单个样本检验

	检验值 =7					
	t	df	Sig.（双侧）	均值差值	差分的 95 % 置信区间	
					下限	上限
纸张 pH 值	−0.563	9	0.588	−0.06000	−0.3013	0.1813

需要注意的是，SPSS 输出的结果里面，Sig. 代表的就是 p 值，而且 SPSS 只输出双侧检验的 p 值。因此，如果是进行单侧检验，需要把双侧检验输出的 p 值转换为单侧检验的 p 值，具体方法如表 7.5 所示。

表 7.5 把双侧检验的 p 值转换为单侧检验的 p 值

$p = \dfrac{\text{双侧检验的}p\text{值}}{2}$	右侧检验，并且检验统计量为正数
	左侧检验，并且检验统计量为负数
$p = 1 - \dfrac{\text{双侧检验的}p\text{值}}{2}$	右侧检验，并且检验统计量为负数
	左侧检验，并且检验统计量为正数

在案例 7.2 中，进行的是左侧检验，计算得到的检验统计量 t 值是负数，因此，$p = \dfrac{0.588}{2} = 0.294$，与 GeoGebra 软件计算出来的结果是一致的。如果我们可以承受的犯第一类错误的最大概率为 0.05，那么根据这个随机样本的信息，我们就不能拒绝原假设。

可以看到，相对于大样本的情况，对小样本进行的 t 检验需要更多的前提条件，比如总体需要服从正态分布。在第 6 章我们提到，当样本容量足够大的时候，t 分布就趋近于正态分布。所以在 SPSS 里面，就只有 t 检验，如果样本容量足够大，t 检验也就非常接近于正态分布的 z 检验了。因此，对于案例 7.1 的青铜器铜锡配比的数据，也可以使用 SPSS 的"单样本 t 检验"，输出的结果如表 7.6 所示。从表中可知，SPSS 输出的 $p=0.400$，与 GeoGebra 软件计算的结果是一致的，得到的 $t=0.851$，与 GeoGebra 计算得到的值也是一样的，说明对于大样本，t 分布已经十分接近于正态分布了。因此，根据样本数据的计算结果，我们不能拒绝原假设，即没有足够的证据表明这批青铜器铜锡金属配比的平均值与古文献所记载的不一致。

表 7.6　用 SPSS 软件计算输出的青铜器铜锡金属配比的检验结果

单个样本统计量

	N	均值	标准差	均值的标准误
VAR00001	45	3.0804	0.63437	0.09457

单个样本检验

	检验值 =3					
	t	df	Sig.（双侧）	均值差值	差分的 95 % 置信区间	
					下限	上限
VAR00001	0.851	44	0.400	0.08044	−0.1101	0.2710

7.2.3　两个总体均值之差的检验

前面描述的是单个总体均值的假设检验，很多时候，人们还会遇到比较两个总体均值之间的差异的问题。例如本章开始提到的出土陶器，有些是用来烹饪的，有些是用来储水的，不同用途的陶器的器壁最大厚度可能有差异。如果烹饪陶器的最大器壁厚度为 μ_1，储水陶器的最大器壁厚度为 μ_2，那么可以提出的假设就是 $\mu_1=\mu_2$ 或者 $\mu_1-\mu_2=0$，把它作为原假设（$H_0 : \mu_1-\mu_2=0$），意味着假设烹饪陶器和煮水陶器的器壁最大厚度是一样的。那么我们可以分别从这两种陶器总体中随机抽取两个样本，测量它们器壁的最大厚度（表 7.7），并对原假设进行检验。

表 7.7　两种陶器的最大器壁厚度测量值（单位：毫米）

烹饪陶器									
5.7	6.1	8.2	5.2	3.5	6.8	5.4	8.0	6.3	7.2
4.3	4.5	5.7	6.5	5.5	7.1	4.5	6.7	4.6	4.3

续表

烹饪陶器									
6.3	5.3	5.9	3.6	4.7	7.1	5.8	5.6	3.5	4.4
储水陶器									
6.6	7.8	6.9	5.0	7.8	6.7	5.5	5.6	6.7	6.9
6.8	5.5	5.7	6.9	5.9	7.1	5.9	6.8	7.7	7.6
4.9	5.6	5.8	7.4	5.7	7.8	7.0	7.7	6.7	8.0
5.9	7.8	6.3	6.4	6.6	6.4	7.6	7.8	6.9	5.7

这是两个独立样本的假设检验，其原假设和备择假设可以为：

$H_0: \mu_1 - \mu_2 = D$，两个总体均值之差为某个常数 D；

$H_a: \mu_1 - \mu_2 > D$，或者 $H_a: \mu_1 - \mu_2 < D$，或者 $H_a: \mu_1 - \mu_2 \neq D$。

很多情况下，我们只是检验两个总体均值是否存在显著的差异，这时 $D=0$。对于两个独立的大样本，样本均值分别为 $\bar{x}_1$ 和 $\bar{x}_2$，样本容量分别为 n_1 和 n_2，标准差分别为 s_1 和 s_2，根据中心极限定律，样本都近似的服从正态分布，它们的差也近似的服从正态分布。因此，我们可以构建一个检验统计量：

$$z = \frac{(\bar{x}_1 - \bar{x}_2) - (\mu_1 - \mu_2)}{\sigma_{(\bar{x}_1 - \bar{x}_2)}} \qquad (7.4)$$

在第 6 章提到，如果两个样本是相互独立的，可以把式（6.14）代入式（7.4），并且，如果总体方差未知，可以用样本方差代替，则有：

$$z = \frac{(\bar{x}_1 - \bar{x}_2) - (\mu_1 - \mu_2)}{\sqrt{\dfrac{\sigma_1^2}{n_1} + \dfrac{\sigma_2^2}{n_2}}} \approx \frac{(\bar{x}_1 - \bar{x}_2) - D}{\sqrt{\dfrac{s_1^2}{n_1} + \dfrac{s_2^2}{n_2}}} \qquad (7.5)$$

然后我们可以采取类似于单个总体均值假设检验的步骤，给定显著性水平 α，在标准正态分布中确定拒绝域和临界值，观察检验统计量是否落在拒绝域，继而做出拒绝原假设或者不拒绝原假设的判断。当然，也可以采用计算 p 值的方法来做出决策。

对于表 7.7 列出的两种陶器的器壁最大厚度的数据，如果把烹饪陶器作为样本 1，煮水陶器作为样本 2，可以很快计算出：$\bar{x}_1 = 5.61$，$\bar{x}_2 = 6.64$，$n_1 = 30$，$n_2 = 40$，$s_1 = 1.27$，$s_2 = 0.87$。如果要检验的两个假设为：$H_0: \mu_1 - \mu_2 = 0$，$H_a: \mu_1 - \mu_2 \neq 0$，根据式（7.5），可以计算出 $z = -3.82$。如果 $\alpha = 0.05$，该检验统计量的值刚好落在拒绝域里面，因此我们可以拒绝原假设，即没有足够的证据表明烹饪陶器和煮水陶器的器壁最大厚度是一样的。

我们也可以使用 GeoGebra 软件来做总体均值之差的假设检验。打开 GeoGebra 软件，选择"概率"→"统计"，在下拉菜单中，选择"z 检验，均差分析"，"虚无假设"已默认设置成"$\mu_1 - \mu_2 = 0$"，"备择假设"根据情况选择，这里我们选择双侧检验，勾选"≠"，在"样本 1"，"平均数"中填入"5.61"，"标准差 σ"中填入"1.27"，"N"中填入"30"，在"样本 2"，"平均数 μ"中填入"6.64"，"标准差 σ"中填入"0.87"，"N"中填入"40"，下面"结果"会自动计算出 z 和 p 值，如图 7.9 所示。计算得到的 $z = -3.8204$，与前面计算得到的结果是一样的，而且给出了 $p = 0.0001$，这是一个很小的 p 值，也就是说根据这个样本的数据来拒绝原假设，犯错误的概率非常小，所以我们可以拒绝原假设。

图 7.9　GeoGebra 软件进行大样本总体均值之差的假设检验计算

当然，SPSS 也是合适的进行总体均值之差的假设检验的软件工具。这时需要输入两列数据，第一列是陶器器壁的最大厚度（变量名称设为"器壁厚度"），第二列是陶器种类（1 或 2，烹饪陶器为 1，煮水陶器为 2，变量名称设为"陶器种类"）。然后选择菜单"分析"→"比较均值"→"独立样本 T 检验"，选择"器壁厚度"作为检验变量，"陶器种类"作为"分组变量"，点击"定义组"，"组 1"输入"1"，"组 2"输入"2"，点击"继续"，然后点击"选项"，置信区间百分比为"95%"，点击"继续"→"确定"，输出的结果如表 7.8 所示。SPSS 直接输出了双侧检验的 $p = 0.000$，与前面用 GeoGebra 软件计算的结果是一致的。因此可以拒绝原假设。

表 7.8　用 SPSS 软件计算输出的陶器器壁最大厚度之差的检验结果

组统计量

	陶器种类	N	均值	标准差	均值的标准误
器壁厚度	1	30	5.6100	1.26746	0.23141
	2	40	6.6350	0.87165	0.13782

独立样本检验

		方差方程的 Levene 检验		均值方程的 t 检验					差分的95%置信区间	
		F	Sig.	t	df	Sig.（双侧）	均值差值	标准误差值	下限	上限
器壁厚度	假设方差相等	4.165	0.045	-4.009	68	0.000	-1.02500	0.25570	-1.53524	-.51476
	假设方差不相等			-3.806	48.669	0.000	-1.02500	0.26934	-1.56635	-.48365

如果是两个小样本（$n_1 < 30$，$n_2 < 30$），那么中心极限定律就不再适用，这时需要使用 t 分布，并且假设两个总体都服从正态分布，两个样本也是相互独立的。总体的方差一般是未知的，我们就需要用样本方差代替。在第 6 章讲到，这时又分成两种情况。一种情况是两个总体方差相等（$\sigma_1^2 = \sigma_2^2 = \sigma^2$），可以将两个样本数据合并一起，计算方差的合并估计量 s_p^2：

$$s_p^2 = \frac{(n_1 - 1)s_1^2 + (n_2 - 1)s_2^2}{(n_1 - 1) + (n_2 - 1)} = \frac{(n_1 - 1)s_1^2 + (n_2 - 1)s_2^2}{n_1 + n_2 - 2} \qquad (7.6)$$

这时的检验统计量为：

$$t = \frac{(\overline{x_1} - \overline{x_2}) - D}{\sqrt{s_p^2 \left(\dfrac{1}{n_1} + \dfrac{1}{n_2} \right)}} \qquad (7.7)$$

另一种情况是总体方差不相等（$\sigma_1^2 \neq \sigma_2^2$）。这时两个小样本均值之差服从自由度为 v 的 t 分布：

$$v = \frac{\left(\dfrac{s_1^2}{n_1} + \dfrac{s_2^2}{n_2} \right)^2}{\dfrac{\left(\dfrac{s_1^2}{n_1} \right)^2}{n_1 - 1} + \dfrac{\left(\dfrac{s_2^2}{n_2} \right)^2}{n_2 - 1}} \qquad (7.8)$$

检验统计量为：

$$t = \frac{\overline{x}_1 - \overline{x}_2 - D}{\sqrt{\dfrac{s_1^2}{n_1} + \dfrac{s_2^2}{n_2}}}$$

（7.9）

然后根据检验统计量和设定的显著性水平，观察是否落在 t 分布的拒绝域，或者计算出相应的 p 值，并做出拒绝或者不拒绝原假设的决策。在 SPSS 软件的输出结果里面，可以看到假设方差相等和假设方差不相等两种情况的检验结果。

对于配对样本，假设两个配对总体的差值服从正态分布，对于小样本情形，配对差值近似服从自由度为 $n-1$ 的 t 分布，因此检验统计量为：

$$t = \frac{\overline{x}_d - D_0}{s_d / \sqrt{n_d}}$$

（7.10）

其中，$\overline{x}_d$ 为各差值的均值，s_d 为样本差值的标准差。

7.3　总体比例的检验

在实际的研究和工作中，人们还会经常碰到对一个总体比例的判断。比如，某博物馆举办一项关于恐龙的特展，亲子观众的比例是否比其他的常设展明显高，某个旧石器遗址的燧石石器的比例是否超过 20%。在第 6 章，我们用 p 表示总体比例，样本比例用 $\hat{p}$ 表示，可以通过样本比例来推断总体比例是否等于某个假设值。因此，可以提出的假设为：

$$H_0 : p = p_0, \ H_a : p \neq p_0 \ 为双侧检验$$

或者 $H_a : p < p_0$，$H_a : p > p_0$，分别为左侧检验和右侧检验。

如果从总体中随机抽取的样本足够大，也就是满足 $n\hat{p} \geq 15$，$n(1-\hat{p}) \geq 15$，那么根据中心极限定律，样本比例 $\hat{p}$ 的抽样分布近似的服从正态分布，这时总体比例也能进行与总体均值类似的 z 检验，其检验统计量为：

$$z = \frac{\hat{p} - p_0}{\sqrt{p_0(1 - p_0)/n}}$$

（7.11）

然后可以根据计算得到的检验统计量和设定的显著性水平，观察其是否落在标准正态分布的拒绝域，或计算出相应的 p 值，做出拒绝原假设或不拒绝原假设的决策。

案例 7.3

> 　　某博物馆举办了一项侏罗纪恐龙的特展，吸引了大量的青少年儿童来参观。在展览过程中，研究人员对观众做了一项调查，以了解他们对这次特展的评价。研究人员随机向参观的观众发放了调查问卷，回收到 2350 份有效问卷，其中有 1147 份问卷表示是家长带着孩子一起来参观恐龙特展的，这样的观众被称为亲子观众。国际博物馆杂志曾经在去年发表过一份研究报告，认为在类似恐龙特展这样对儿童教育属性非常强的展览中，亲子观众所占的比例一般会超过 50%。根据这次调查问卷的结果，你是否可以下结论，认为该博物馆的侏罗纪恐龙特展的观众中，有超过一半是亲子观众？

　　这是一个典型的总体比例的假设检验问题，需要检验的是亲子观众的比例是否超过 50%。因此，我们可以提出两个假设：

$$H_0 : p \geqslant 0.5,\ H_a : p < 0.5$$

　　这是一个左侧检验。我们已知：$n = 2350,\ \hat{p} = \dfrac{1147}{2350} = 0.488$，是大样本的情况，根据式（7.11），可以计算出 $z = -1.155$，若设置显著性水平 $\alpha = 0.05$，左侧检验的临界值为 -1.645，而根据这次调查问卷计算出 $z = -1.155 < -1.645$，意味着该检验统计量没有落在拒绝域（图 7.10），因此不能拒绝原假设，也就是说，没有足够的证据认为该博

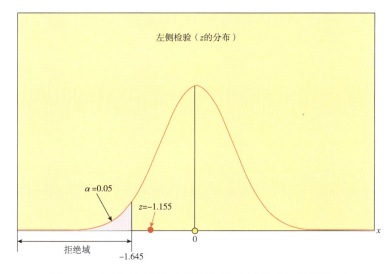

图 7.10　恐龙特展亲子观众比例的假设检验的拒绝域

物馆的侏罗纪恐龙特展的亲子观众不超过一半。需要注意的是，调查问卷得到的亲子观众的比例为 0.488，不到 0.5，如果就这样认为恐龙特展亲子观众比例与国际博物馆杂志的研究报告不一致，可能也会犯错误。根据第 6 章总体比例参数估计的计算方法，我们可以根据该调查问卷得到亲子观众比例的置信区间为 [0.468，0.508]（$\alpha=0.05$），0.5 也是包含在这个区间的。这也体现了假设检验这个统计学方法的重要性，如果没有统计学方法的介入，仅仅根据所得到的表面数据做出判断，而不是对数据进行更加深入的分析，可能就会得到错误的结论。

也可以使用 GeoGebra 软件进行总体比例的假设检验。打开 GeoGebra 软件，选择"概率"→"统计"，在下拉菜单中，选择"单比例 z 检验"，在"虚无假设比例 p"中填入"0.5"，"备择假设"根据情况选择，这里我们选择左侧检验，勾选"<"，在"样本"下面，"成功"中填入"1147"，"N"中填入"2350"，下面"结果"会自动计算出 z 和 p 值，如图 7.11 所示。可以看到，计算得到的 $p=0.124$，这是一个比较大的概率，因此对于 $\alpha=0.05$，我们不能拒绝原假设，否则犯错误的概率会达到 0.124。

图 7.11　GeoGebra 软件进行大样本总体比例的假设检验计算

在实际工作中，人们有可能会碰到比较两个总体比例的问题。例如在第 6 章提到的明清绘画特展的观众调查，策展人想知道男性观众和女性观众中认为文字说明内容有帮助的比例是否有明显的差异。如果男性观众认为文字说明内容有帮助的比例为 p_1，女性观众认为文字说明内容有帮助的比例为 p_2，那么要检验的假设就是：

$$H_0:p_1-p_2=0 \; ; \; H_a:p_1-p_2\neq 0$$

原假设表明男女观众中认为文字说明内容有帮助的比例没有明显差异，备择假设刚好相反，认为男女观众中认为文字说明内容有帮助的比例存在显著的差异，是一个典型的双侧检验。如果调查问卷所得到的结果如表 6.15 所示，从第 6 章可以知道，样本容量足够大（$n\hat{p} \geq 15$，$n(1-\hat{p}) \geq 15$），样本比例近似的服从正态分布，两个独立样本比例之差 $\hat{p}_1 - \hat{p}_2$ 也近似的服从正态分布，检验统计量为：

$$z = \frac{(\hat{p}_1 - \hat{p}_2) - (p_1 - p_2)}{\sqrt{\dfrac{p_1(1-p_1)}{n_1} + \dfrac{p_2(1-p_2)}{n_2}}} \qquad (7.12)$$

通常，对于总体，p_1 和 p_2 是未知的，所以我们可以用样本比例代替，这时有两种情况。一个情况是检验两个总体比例之差是否为零（即两个总体比例是否相等），这时，将两个样本合并，得到合并比例 $\hat{p}$：

$$\hat{p} = \frac{\hat{p}_1 n_1 + \hat{p}_2 n_2}{n_1 + n_2} \qquad (7.13)$$

这时检验统计量为：

$$z = \frac{(\hat{p}_1 - \hat{p}_2)}{\sqrt{\hat{p}(1-\hat{p})\left(\dfrac{1}{n_1} + \dfrac{1}{n_2}\right)}} \qquad (7.14)$$

另一种情况是检验两个总体比例之差是否等于某个常数，提出的假设为：

$$H_0 : p_1 - p_2 = d(d \neq 0), \ H_a : p_1 - p_2 \neq d$$

这时，直接使用样本比例代替总体比例计算检验统计量：

$$z = \frac{(\hat{p}_1 - \hat{p}_2) - d}{\sqrt{\dfrac{\hat{p}_1(1-\hat{p}_1)}{n_1} + \dfrac{\hat{p}_2(1-\hat{p}_2)}{n_2}}} \qquad (7.15)$$

对于明清绘画特展的观众调查问题，根据表 6.15 的调查结果，我们可以用 GeoGebra 软件进行总体比例之差的假设检验。在 GeoGebra 软件里面，打开"概率计算器"，点击"统计"，在下拉菜单中选择"z 检验，比例差异"，"虚无假设"默认为"0"，"备择假设"选择"≠"，将两个样本的 n_1，n_2，x_1，x_2 值分别输入，在"结果"里面就会显示出 z 和 p 值，如图 7.12 所示。可以看到，计算得到的 $p=0$，因此可以拒绝原假设，有足够的证据表明男性观众和女性观众中认为文字说明内容有帮助的比例有明显的差异。

图 7.12　GeoGebra 软件进行两个总体比例之差的假设检验计算

7.4　总体方差的检验

除了对总体均值和总体比例进行假设检验，很多时候还会碰到总体方差的假设检验。总体方差的大小显示的是总体某个特性指标的离散程度，对于某一个产品，比如红酒，采用自动生产线灌装，每瓶的容量为 750ml。但由于受某些不可控的因素影响，每瓶的容量会有差异，如果容量的方差 σ^2 太大，会出现有些瓶里红酒太多或太少的情况，导致要么企业不划算，要么消费者不满意。因此，在产品质量控制和管理中，对总体方差的假设检验就很重要。

案例 7.4

实验考古是目前考古学领域迅猛发展的一个方向，一些学者认为，实验考古包括了解器物制作技术与功能的推断实验、基于地表或地下考古特征所进行的地表建筑复原、遗存的破坏过程研究以及农业操作与资源管理的实验等，相关实验的结果可以验证、推翻或者修正某些理论或假说。某旧石器研究团队希望通过实验考古手段了解脉石英刮削器的使用痕迹规律，为深入了解史前人类对石器材料的使用提供科学依据。在实验过程中，研究团队需要制作一批脉石英刮削器样品，用于刮削模拟实验。为了能够准确方便的探索这些石器使用痕迹的规律，制作的这些样品的质量应该相差不大，其标准差最好应控制在 10 克以内。研究团队最近制作了 10 件脉石英刮削器样品，其质量的标准差为 9.6 克，请问这批刮削器样品是否符合实验考古的要求？

案例 7.4 是要检验这批制作的脉石英刮削器质量的方差是否与设定的值一样，可以提出的假设为：

$$H_0: \sigma^2 \leqslant 10^2, \; H_a: \sigma^2 > 10^2$$

这是一个右侧检验。在第 6 章已经讲到，若总体分布服从正态分布，统计量 $\dfrac{(n-1)s^2}{\sigma^2}$ 的抽样分布服从自由度为 $(n-1)$ 的卡方（χ^2）分布。因此，我们可以用它作为方差的检验统计量来进行假设检验。

在案例 7.4 里面，已知 $s^2 = 9.6^2$，$n = 10$，因此检验统计量

$$\chi^2 = \frac{(n-1)s^2}{\sigma^2} = \frac{(10-1) \times 9.6^2}{10^2} = 8.294$$

如果设定显著性水平 $\alpha = 0.05$，由图 7.13 可以看到，观测的检验统计量没有落在拒绝域，因此不能拒绝原假设，意味着没有足够的证据表明这批制作的脉石英刮削器不符合要求。

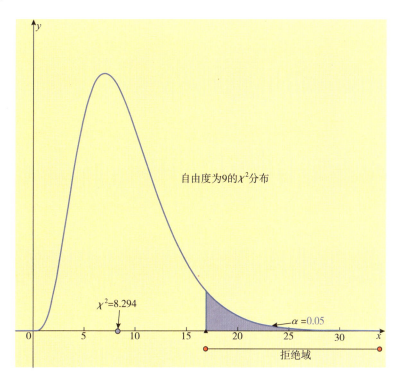

图 7.13　自由度为 9 的卡方分布

也可以根据卡方分布计算出 $p = 0.504$，这是一个很大的 p 值，意味着如果拒绝原假设，犯第一类错误的概率很大，因此不能拒绝原假设。需要注意的是，对总体方差

进行假设检验，我们并没有要求样本容量的大小，但是必须假设总体是服从正态分布的，如果总体有点偏离正态分布，计算卡方统计量的方法就不适用了。

在有些时候，人们还会遇到比较两个总体方差的情况，主要检验两个方差是否存在显著差异。比较两个总体方差是否有差异，可以将两个方差相减，看结果是否为零，也可以看两个方差之比是否等于1。目前常用的是后者，所提出的假设为：

$$H_0 : \frac{\sigma_1^2}{\sigma_2^2} = 1 \left(\sigma_1^2 = \sigma_2^2 \right)$$

$$H_a : \frac{\sigma_1^2}{\sigma_2^2} \neq 1 \left(\sigma_1^2 \neq \sigma_2^2 \right)$$

这时，我们可以计算的检验统计量为：

$$F = \frac{s_1^2}{s_2^2} \tag{7.16}$$

如果两个总体都服从正态分布，并分别从中独立的抽取两个随机样本，该统计量服从第一自由度为 $n_1 - 1$，第二自由度为 $n_2 - 1$ 的 F 分布。这样就可以根据计算出的检验统计量，使用 F 分布来构造拒绝域，或者计算 p 值，做出拒绝或不拒绝原假设的判断。在计算检验统计量的时候，我们一般把较大的样本方差放在式（7.16）的分子，而把较小的样本方差放在分母。

案例7.5

　　某博物馆收藏了一批两个古代窑址出产的同款瓷瓶，已知这两个窑址都烧造同一造型和款式的瓷瓶。如果一个窑址出产的瓷瓶的腰径方差很大，说明该窑址的烧造工艺有一些缺陷，造成不同瓷瓶之间有很明显的差异，因此比较不同窑址同一款式的瓷器，可以对比这些窑址烧造工艺的优劣。研究人员测量了这些瓷瓶的腰径，得到的结果为：窑址 1 的瓷器测量了 20 件，腰径的标准差为 8.19 厘米，窑址 2 的瓷器测量了 12 件，腰径的标准差为 4.98 厘米。请问这两个窑址出产的瓷瓶腰径的方差是否有显著差异。

案例 7.5 是一个典型的比较两个总体方差的假设检验。窑址 1 的样本方差更大，因此把它放在计算检验统计量的式（7.16）的分子。已知 $n_1 = 20$，$s_1 = 8.19$，$n_2 = 12$，$s_2 = 4.98$，检验统计量为：

$$F = \frac{s_1^2}{s_2^2} = \frac{8.19^2}{4.98^2} = 2.705 \ .$$

　　这是一个双侧检验，设定显著性水平 $\alpha=0.05$，对于第一自由度为 19，第二自由度为 11 的 F 分布，由图 7.14 可以看到，观测的检验统计量没有落在拒绝域，因此不能拒绝原假设，意味着没有充分的证据表明两个窑址烧造的瓷瓶腰径的方差有明显的差异，也就是说，两个窑址烧造工艺可能没有明显的优劣之分。也可以根据这个 F 分布计算出 $p=0.094>0.05$，因此我们不能在 0.05 的显著性水平下拒绝原假设。

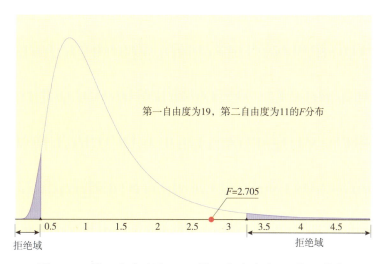

图 7.14　第一自由度为 19，第二自由度为 11 的 F 分布

7.5　小结

理解

　　（1）假设检验是根据样本数据和信息，利用小概率事件原理，对总体参数的具体数值的陈述进行判断。

　　（2）在假设检验中，可以提出两种假设：原假设和备择假设。原假设是我们认为可能成立的，除非样本的数据或证据能够证明它是错的，备择假设与原假设的陈述刚好相反。通常，等号都会放在原假设。

　　（3）只要是进行假设检验，无论做出什么判断，都有可能犯错误。如果原假设成立，结果被我们拒绝，则犯了第一类错误；如果原假设不成立，但我们没有拒绝，则犯了第二类错误。犯第一类错误的概率为 α，犯第二类错误的概率为 β，α 又称为显著性水平，是我们在假设检验的时候要控制的。

（4）拒绝原假设，并不表示原假设一定不成立，备择假设一定成立。而是我们没有足够的证据表明原假设不成立。

（5）假设检验有左侧检验、右侧检验和双侧检验。如果检验统计量落在拒绝域，则可以拒绝原假设，否则不能拒绝原假设。也可以计算出样本的 p 值，如果 p 值小于显著性水平 α，则可以拒接原假设。

（6）对于大样本的情况，可以根据中心极限定律使用正态分布进行 z 检验；对于小样本的情况，要采用 t 分布进行 t 检验。

（7）对总体方差的检验，要用到卡方分布和 F 分布。

掌握▶

（1）两个假设的提出和描述。

（2）不同分布、不同检验情况下临界值和拒绝域的确定。

（3）使用 SPSS 和 GeoGebra 软件进行总体均值和比例的假设检验。

（4）利用卡方分布和 F 分布对总体方差的假设检验。

（5）假设检验结果的科学描述。

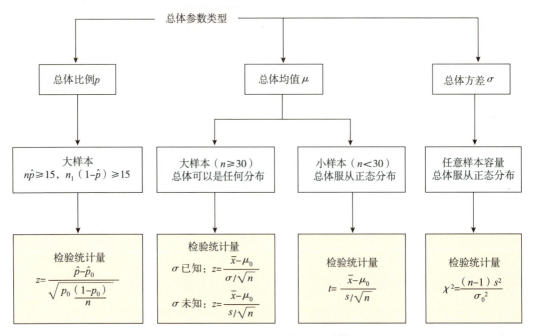

图 7.15　一个样本假设检验的计算步骤

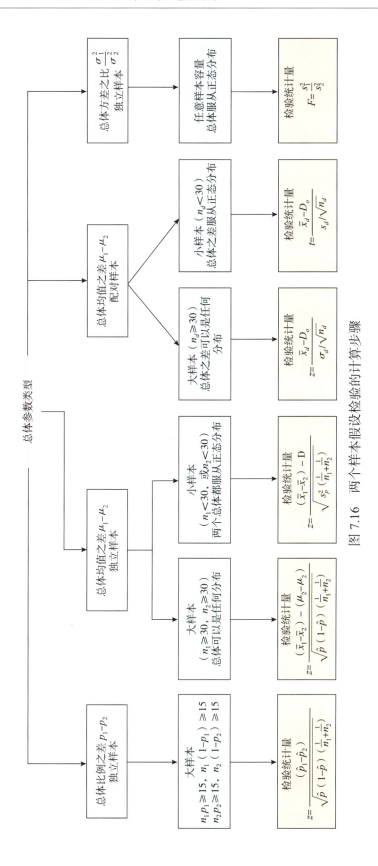

图 7.16　两个样本假设检验的计算步骤

7.6　习题

（1）继续第 6 章的习题 1。假设你在某地考古发掘了一系列新石器人类的房屋，这些房屋分布在 5 个不同的遗址（G001~G005），每个遗址所处的环境都不一样，并分属于早期、中期和晚期这三个不同的新石器时期。这些房屋的面积（单位：平方米）如表 7.9 所示。

A. 比较不同环境的房屋平均面积之间是否有显著差异，给定置信水平为 95%。

B. 比较不同时期的房屋平均面积之间是否有显著差异，给定置信水平为 95%。

（2）某大学在一年级新生中做了一项调查，以了解他们对博物馆的认识程度。其中一项内容是关于博物馆的功能。在 148 个新生中，有 37 人认为博物馆具有教育功能，是一个非正式教育场所。根据这个信息，你是否可以下结论，说超过 20% 的大学新生认为博物馆是一个非正式教育场所？你有多大把握？

（3）饱水木质文物长期埋藏于地下水位以下或者一些河、湖底，而干燥木质文物则是长期埋藏于相对干燥的土壤中。无论是饱水木质文物还是干燥木质文物，都不可避免地会遭受不同程度的腐蚀，并且这种现象会随着时间推移而加剧，这是由木材本身材料和保存环境决定的。环境中含水率和温度对木质文物影响很大，高湿度环境会造成木材机械强度下降、保护涂层脱落、霉菌生长。饱水木质文物出土时含水率会发生显著变化，加之木材降解使纤维素结晶度降低，常常产生明显收缩，使用恰当的脱水方法是保护水下饱水木质文物最大的挑战。绿色环保的高强度脱水加固材料成为了木质文物保护研究中的热点。近年来，研究者使用木材天然成分（纤维素、半纤维素、木质素）来对木质文物进行加固，大致可以分为纤维素衍生物、壳聚糖、木质素。这些材料不仅是无毒的、可再生的，而且与木质文物相容性较强。

某研究团队开发了一种新型的基于天然木材成分的保护材料，准备用于饱水木质文物的脱水定形和加固处理。研究人员想测试新型的保护材料是否能够满足饱水木质文物脱水定形的要求：假设处理后木材的收缩率应小于 10%。他们测试了 10 个保护材料处理后的木材样品，收缩率的测试结果如表 7.9 所示。这些数据能够提供足够的证据表明该新型保护材料符合保护处理的要求吗？假设研究团队愿意承担犯 I 类错误概率为 0.01 的风险。

表 7.9　新型保护材料处理后的 10 个木材样品的收缩率（%）

7.9	8.3	11.2	9.4	9.1
7.3	8.1	9.2	10.3	8.6

（4）根据古代一些文献和考古发掘资料，学者们推算出了一个结论，认为宋代的时候，由于物资的匮乏，特别是食物的匮乏，医疗条件的简陋，较高的婴儿死亡率，以及战争的因素，人们的平均寿命只有 30 岁，标准差为 7.2 岁。

A. 宋代的时候，一个人的寿命在 27~33 岁之间的概率是多大？

B. 考古学家在一处宋代墓葬群发现了 12 具遗骸，经过体质人类学的分析，推断出他们的死亡年龄如表 7.10 所示。给定 0.1 的置信水平，检验他们的平均寿命是否与学者们推算的宋代人的平均寿命相符。

表 7.10　宋代墓葬群出土遗骸的死亡年龄

11	47	36	25	5	56
32	28	41	19	22	63

第8章　相关分析

在接触自然社会和人类社会的过程中，会碰到大量现象，为了了解其情况，掌握其规律，人们总是试图揭示现象背后的作用因素及其之间的关系，以帮助自身更好地改变、利用或调整这些现象。比如戴墨镜的游客越多景点的冷饮销量越大、文物保护人员学历越高其文保的水平越好、观众参观展览的时间越长越容易购买文创产品等，这些现象该如何理解？现象中的各因素是否存在因果关系？如果不是，那又是什么关系？接下来将进行介绍。

8.1　因果和相关的区别与联系

戴墨镜的游客越多景点的冷饮销量越大，其背后意味着什么？首先可以想到并不是每位戴墨镜的游客都会买冷饮，再次会想到，并不是没有带墨镜的游客不会买冷饮。按照调查统计的结果，我们可以说戴墨镜的游客要比不带墨镜的游客更有可能买冷饮，但并不能说"戴墨镜游客的数量"和"冷饮销量"之间存在因果关系。试想一下，如果因果成立的话，不论天气如何景点工作人员只要在入口处给每位游客发放一副墨镜，就可以大幅度提高冷饮的销量了。当然这是件非常可笑的事。事实上正是因为天气炎热才导致了戴墨镜人数增多和冷饮销量的提高。这里"戴墨镜游客的数量"和"冷饮销量"之间存在的非因果关系反应的是变量之间的一种特殊关系，即相关关系。相关关系描述了当一个变量发生变化，另一变量也随之发生变化的情况，反映的是变量间的共变关系，而不能揭示其因果关系。一般说变量 A 和变量 B 存在相关性，通常意味着：A 导致 B、B 导致 A、C 导致了 A 和 B、A 和 B 双向导致等多种情况，其中 A 导致 B 是直接因果关系，即 A 的变化明确引起了 B 的变化。所以相关的两个变量可能有因果关系也可能没有因果关系。但因果关系的存在，必然会伴随着相关性。因此，相关性只是因果关系的必要不充分条件。日常生活中类似相关的例子有很多，如：

- "初中成绩"和"高中成绩"两个变量之间存在相关关系，一般初中成绩好的学生到高中成绩也相对较好。

- "可支配收入"和"消费支出"两个变量之间存在相关关系,一般可支配收入高的家庭与可支配收入低的家庭相比,消费支出更高。
- "吸烟的数量"和"得肺癌的可能性"两个变量之间存在相关关系,一般吸烟数量多的人相比得肺癌的可能性更大。
- "受教育程度"和"年收入"两个变量之间存在相关关系,一般受教育程度高的人与受教育程度低的人相比,年收入更高。

需要注意的是,虽然做文化遗产研究的目的是解释过去、理解当下、预测未来,总是希望溯其原因,探其结果,但因为诸多因素的影响,因果的揭示是非常困难的,但如果能了解到事物之间的相关性,也会使我们前进一大步。然而,切忌误把相关当因果。

8.2　散点图上看相关

为了对两个定量变量初步相关关系做出判断,通常把数据,一般是把样本数据的数据对绘制在散点图上。其中 x 轴画一个变量,y 轴画另一个变量。如果想更好地反映一个变量(B)随一个变量(A)的变化,就会把解释变量(A)画在 x 轴上,反应变量(B)画在 y 轴上。

表 8.1 是某博物馆收集到的 10 名观众的年龄、展览参观时长和拍照次数的数据,想进一步了解各变量之间的关系。

小贴士

散点图也叫 X–Y 图,它将所有的数据以点的形式展现在直角坐标系上,以显示变量之间的相互影响情况,点的位置由变量的数值决定。

表 8.1　10 名观众的调查数据

编号	年龄（岁）	参观时长（分钟）	拍照次数（次）
1	35	43	5
2	24	40	8
3	40	64	5
4	30	53	7
5	32	47	5
6	26	50	6
7	18	36	10
8	26	38	12
9	28	40	8
10	43	56	4

根据分析，观众的年龄可能会影响参观时长和拍照次数，因此，可认为年龄是解释变量，参观时长和拍照次数都是反应变量。将年龄画在 x 轴上，参观时长和拍照次数分别画在 y 轴上，可得到图 8.1 和图 8.2。

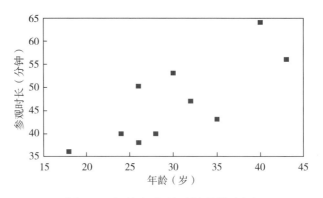

图 8.1　年龄和参观时长的散点图

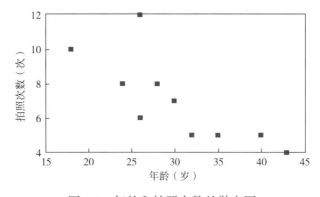

图 8.2　年龄和拍照次数的散点图

从图 8.1 可以看出，年龄越大的观众其参观时间会越多，虽然有个别例外，如 35 岁的 1 号观众，其参观时长为 43 分钟，比 26 岁的 6 号观众的参观时长 50 分钟要少，但10 名观众的年龄和参观时长的总体趋势还是非常明显，参观时间随着年龄的增长而增加。从图 8.2 可以看出，年龄越大的观众其拍照次数会越少，虽然年龄最小的 18 岁观众拍照次数并不是最多的，但也不影响总体趋势，即拍照次数随着年龄的增长而减少。

散点图使得两个成对变量之间的关系清晰可见，让人们容易判断出两个变量之间的相关情况。

8.3　相关的类型

如果随着变量 A 值的增加，变量 B 值没有表现出明显的变化趋势，则变量 A 和变量 B 不相关。

对于相关的两个变量，按形式分，分为线性相关和非线性相关；线性相关是指两个变量的共变趋势呈现直线关系。非线性相关是指两个变量有共变关系，但趋势不是直线形状，可能是曲线等。

按方向分，分为正相关和负相关。正相关又称直接相关，是指如果一个变量 A 值的增加伴随着另一个变量 B 值的增加，或者一个变量 A 值的减少伴随另一个变量 B 值的减少。负相关又称逆相关，是指一个变量 A 值的增加，伴随着另一个变量 B 值的减少，则这个关系称为负相关。

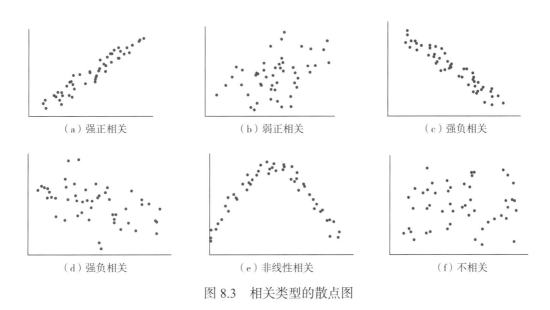

（a）强正相关　　　　　　　（b）弱正相关　　　　　　　（c）强负相关

（d）强负相关　　　　　　　（e）非线性相关　　　　　　　（f）不相关

图 8.3　相关类型的散点图

图 8.3 显示的是不同相关类型的散点图。其中（a）和（b）图是两个变量正相关的示例，只是从程度上讲，前者数据聚集呈直线的趋势更明显，变量间的关系更强。（c）和（d）图是两个变量负相关的示例，只是从程度上讲，前者数据聚集呈直线的趋势更明显，变量间的关系更强。（e）图呈现的是两个变量的非线性相关情况。（f）图表现出两个变量不相关的情况。因此，8.1 节的图 8.1 反映的是年龄和参观时长间的较强的正相关关系，图 8.2 反映的是年龄和拍照次数间的较强的负相关关系。

8.4　测量相关

从散点图只能对两个变量做出大致的判断，特别是对强度的粗略判断。但更多时候需要更为准确的数据来刻画变量的强度。一般用相关系数作为反映变量之间相关关系密切程度的统计指标，最早是由统计学家卡尔·皮尔逊（Karl Pearson）设计的，用

小贴士

卡尔·皮尔逊（Karl Pearson，1857~1936 年）是英国应用数学家，生物统计学家，近代数理统计的奠基人，被公认是旧派理学学派和描述统计学派的代表人物，并被誉为现代统计科学的创立者。

于度量变量之间线性相关程度。若相关系数是根据总体全部数据计算的，称为总体相关系数，用 ρ 表示；若是根据样本数据计算的，则称为样本相关系数，用 r 表示。r 值的范围在 -1 和 $+1$ 之间。$r>0$ 为正相关，$r<0$ 为负相关，$r=0$ 表示不相关。r 的绝对值越大，相关程度越高。具体特点总结如下：

- r 的取值范围是 $[-1,1]$，$|r|=1$，为完全相关；$r=1$，为完全正相关；$r=-1$，为完全负相关。
- $r=0$，表示不存在线性相关关系。
- $-1<r<0$，为负相关，$1>r>0$，为正相关。
- $|r|$ 越趋于 1 表示关系越密切，$|r|$ 越趋于 0 表示关系越不密切。

$|r|$ 具体取值，反映了相关的程度，其具体含义如表 8.2 所示。

表 8.2 $|r|$ 的含义

$|r|$	含义
0.1~0.3	微弱相关
0.3~0.5	低度相关
0.5~0.8	中度或显著相关
0.8 以上	高度或强相关

r 的定义有多种，较为常用的是 Pearson 相关系数，也称简单相关系数，具体计算为公式（8.1）。

$$r = \frac{\sum_{i=1}^{n}(x_i - \overline{x})(y_i - \overline{y})}{\sqrt{\sum_{i=1}^{n}(x_i - \overline{x})^2}\sqrt{\sum_{i=1}^{n}(y_i - \overline{y})^2}} \qquad (8.1)$$

Pearson 相关系数 r 跟样本容量有一定关系，一般而言，样本量越小，Pearson 相关系数 $|r|$ 越大。Pearson 相关系数适合于两个变量是连续数据、总体呈正态分布、且成对出现，同时两者具有线性关系的情况。为了保证计算的准确性，有时也会对样本容量做一定限制，比如要 $n \geqslant 30$。

在做分析之前，先对两变量绘制散点图，发现有线性趋势之后，再计算 Pearson 相关系数，以测量两变量的线性相关性。做散点图的重要意义还在于，检查是否存在异常值，是异常值造成了虚假线性关系或削弱了线性关系的强度。

如图 8.4 的（a）所示，整体数据呈现的线性相关其实来源于右上角两个孤立点，如果不考虑这两点，剩下数据的总体趋势并没有明显的线性关系，可以说是因为异常值的出现导致了两个变量的虚假线性关系。针对这种情况，需要谨慎处理。要检查是否这个异常值是由于测量设备的不稳定、测量方法的错误、登记时人员的粗心大意等形成的错误数据，如果是错误数据，就需要修正或删除此异常值，而还变量关系的本来面目；如果不是，则说明该异常值就是事实，是真实客观的数据，需要保留，待进一步分析和讨论。如图 8.4 的（b）所示，散点图整体上反映了两个变量的正的线性相关，但由于一个异常值的影响，使得强度减弱。如果这个异常值是错误数据，就需要删除，以真实反应两变量之间的强相关性；否则需要保留，以如实反应客观情况。

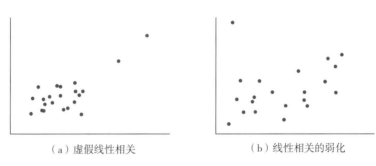

（a）虚假线性相关　　　　　　　　　　（b）线性相关的弱化

图 8.4　异常点的影响

如果现实不符合 Pearson 相关系数使用的条件，如数据分布非正态或分布不明，非连续变量，样本容量也不一定大于 30 时，可考虑采用 Spearman 相关系数或 Kendall 相关系数。

Spearman 相关系数又称秩相关系数，根据变量在数据内的位置进行计算，对原始变

> **小贴士**
>
> 　　秩相关系数又称等级相关系数，或顺序相关系数，是将两变量的样本值按数值的大小排列位次，以各排序的位次代替实际数据而求得的一种统计量。

量的分布不作要求，也无需限定样本容量，因此适用范围要广些。由于其关心的不是数据的实际大小，而是其所排序的位置，因此 Spearman 相关系数不易受异常值的影响。如果两个变量的对应值，在各组内的排列顺位是相同或类似的，则具有显著的相关性。Spearman 相关系数的取值范围也为 [-1，1]，绝对值越大，相关性越强。可以看出 Spearman 相关系数既适合定距数据也适合定序数据。对于服从 Pearson 相关系数

的数据也可计算 Spearman 相关系数，但统计效能要低一些。

Kendall 相关系数也是一种秩相关系数，用于反映分类变量相关性的指标，适用于两个分类变量均为有序分类的情况，比如要考察观众性别和购买文创产品类别之间的相关性。Kendall 相关系数的取值范围也是 [−1，1]，同样绝对值越大，相关性越强。

8.5 双变量相关分析

相关系数 r 只反映了来自一次样本的两个变量之间的线性相关情况。由于样本是随机性的，相关系数是一个随机变量，其取值具有一定的偶然性，所以要判断样本相关系数对总体相关程度的代表性，需要对相关系数进行显著性检验。如在一个样本中，两个变量的相关系数为 0.68，那么在 100 个样本或更多样本中，出现相同结果的概率是多少呢？换言之，我们要关心相关系数 r 是确实存在？还是只是抽样误差导致的？因此需要验证计算出的相关系数有多大可能是符合总体数据的相关性情况的。若在统计上是显著的，说明计算出的相关系数 r 可以作为总体相关程度的代表值，否则不能作为总体相关程度的代表值。换句话说，相关性的显著性检验就是检验这一次样本数据求得的相关性的值是否可靠。

因此需要对相关系数 r 进行假设检验：

- 原假设 H0：$\rho=0$，表示两个变量不相关；
- 备择假设 H1：$\rho \neq 0$，表示两个变量相关。

一般 ρ 值给出两个显著水平：0.05 和 0.01，小于 0.05 就是显著，小于 0.01 就更显著。

在表 8.1 的基础上，某博物馆继续扩大样本容量，共收集到 33 名观众的年龄、展览参观时长和拍照次数的数据如表 8.3 所示。33 个数据都经过检查，确认是真实客观的数据，不存在错误数据。

表 8.3 33 名观众的调查数据

编号	年龄（岁）	参观时长（分钟）	拍照次数（次）
1	35	43	5
2	24	40	8
3	40	64	5
4	30	53	7
5	32	47	5
6	26	50	6
7	18	36	10

续表

编号	年龄（岁）	参观时长（分钟）	拍照次数（次）
8	26	38	12
9	28	40	8
10	43	56	4
11	33	36	4
12	26	37	9
13	37	62	8
14	46	68	3
15	42	59	7
16	24	33	9
17	20	30	12
18	29	37	4
19	38	68	9
20	19	75	15
21	27	53	7
22	32	55	6
23	36	64	4
24	48	72	6
25	26	42	12
26	30	48	3
27	48	65	2
28	36	50	8
29	26	24	7
30	36	65	2
31	31	45	6
32	20	36	14
33	33	36	10

先对总的博物馆观众提出以下假设：

第 1 组：

- 原假设 H0：$\rho = 0$，年龄和参观时长不相关；
- 备择假设 H1：$\rho \neq 0$，年龄和参观时长相关。

第 2 组：

- 原假设 H0：$\rho = 0$，年龄和拍照次数不相关；
- 备择假设 H1：$\rho \neq 0$，年龄和拍照次数相关。

先做年龄和参观时长的散点图及年龄和拍照次数散点图，如图 8.5 所示。从图 8.5 可以看出，年龄和参观时长具有线性关系，年龄和拍照次数也具有线性关系。

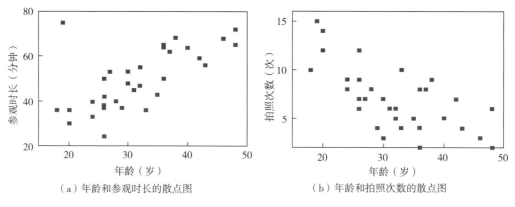

（a）年龄和参观时长的散点图　　　　（b）年龄和拍照次数的散点图

图 8.5　变量的散点图

此外，为了判断变量的分布是否服从正态分布，可用 Q-Q 图分别做年龄、参观时长和拍照次数的正态性检验，如图 8.6 所示。

可以看出，年龄、参观时长和拍照次数都符合正态分布。此外，年龄、参观时长

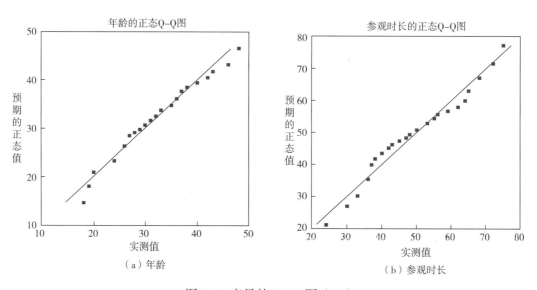

（a）年龄　　　　　　　　　　　　（b）参观时长

图 8.6　变量的 Q-Q 图（一）

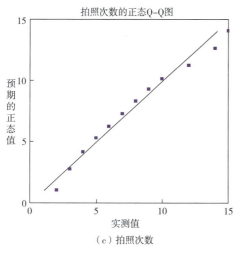

（c）拍照次数

图 8.6　变量的 Q-Q 图（二）

小贴士

　　Q-Q 图是检验随机变量正态分布、指数分布、对数正态分布等情况的图形方法，如果 Q-Q 图的散点在一条直线上，则两个随机变量具有相同的分布，否则它们具有不同的分布。在 SPSS 中，点击"分析"→"描述统计"→"Q-Q 图"。

和拍照次数都是连续数据，且成对出现，总体样本容量为 33，适合用 Pearson 相关系数 r 测量。

软件计算

　　以表 8.3 所列的样本数据为例，使用 SPSS 进行双变量相关性分析。

　　点击"分析"→"相关"→"双变量"，将两个变量"年龄"和"参观时长"选入变量中，"相关系数"选择"皮尔逊"，"显著性检验"选择"双尾"，并勾选"标记显著性相关性"（图 8.7），点击"确定"，即可得到表 8.4 的结果。

图 8.7　SPSS 进行双变量相关性分析

表 8.4 是使用 SPSS 对表 8.3 所列样本数据年龄和参观时长进行 Pearson 相关系数计算和显著性检查的输出结果。

表 8.4　输出结果

		年龄	参观时长
年龄	皮尔逊相关性	1	0.638**
	显著性（双尾）		0.000
	个案数	33	33
参观时长	皮尔逊相关性	0.638**	1
	显著性（双尾）	0.000	
	个案数	33	33

**. 在 0.01 级别（双尾），相关性显著。

从表 8.4 可以看到，相关系数，显著性水平小于 0.01。因此否定 H0 即年龄和参观时长不相关，接受 H1，即总体上年龄和参观时长存在显著的正相关。

根据上面的计算过程对表 8.3 所列样本数据年龄和拍照次数进行 Pearson 相关系数计算和显著性检查，输出结果为表 8.5。

表 8.5　输出结果

		年龄	参观时长
年龄	皮尔逊相关性	1	−0.669**
	显著性（双尾）		0.000
	个案数	33	33
参观时长	皮尔逊相关性	−0.669**	1
	显著性（双尾）	0.000	
	个案数	33	33

**. 在 0.01 级别（双尾），相关性显著。

从表 8.5 可以看到，相关系数 $r = -0.669$，显著性水平小于 0.01。因此否定 H0 即年龄和拍照次数不相关，接受 H1，即总体上年龄和拍照次数存在显著的负相关。

到此为止，可能会有人提出是否参观时长和拍照次数之间存在线性相关关系呢？

我们也可以试着分析一下，先做散点图，判断参观时长和拍照次数之间是否有线性关系，如图 8.8 所示。

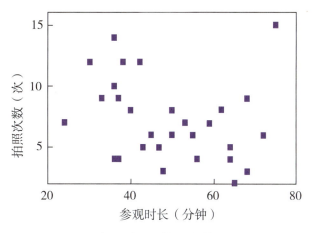

图 8.8　参观时长和拍照次数的散点图

可以看出，两个变量具有一定的线性关系，同时我们也确认过右上角的那个点是正常值（第 20 号观众，19 岁，参观了 75 分钟，拍照 15 次），而非异常情况。我们提出的假设是：

- 原假设 H0 : $\rho=0$，参观时长和拍照次数不相关；
- 备择假设 H1 : $\rho \neq 0$，参观时长和拍照次数相关。

根据同样的计算过程对表 8.3 所列样本数据参观时长和拍照次数进行 Pearson 相关系数计算和显著性检查，输出结果为表 8.6。

表 8.6　输出结果

相关性

		拍照次数	参观时长
拍照次数	皮尔逊相关性	1	−0.300
	显著性（双尾）		0.090
	个案数	33	33
参观时长	皮尔逊相关性	−0.300	1
	显著性（双尾）	0.090	
	个案数	33	33

从表 8.6 可以看到，相关系数 $r=-0.3$，显著性水平 0.09，既不小于 0.01 也不小于

0.05。因此不能拒绝 H0，即拍照次数和参观时长不相关，说明目前还没有找到证据能够支持拍照次数和参观时长具有线性相关性。

假设在登记第 20 号观众信息时，产生了错误，导致数据出现问题，需要将其删除，那么对剩下的 32 对数据重新进行 Pearson 相关系数计算和显著性检查，得到结果为表 8.7。

表 8.7　输出结果

相关性

		拍照次数	参观时长
拍照次数	皮尔逊相关性	1	−0.520**
	显著性（双尾）		0.002
	个案数	32	32
参观时长	皮尔逊相关性	−0.520**	1
	显著性（双尾）	0.002	
	个案数	32	32

**. 在 0.01 级别（双尾），相关性显著。

可以发现，相关系数和显著性检查的结果都发生了变化，相关系数 $r = -0.520$，显著性水平 0.002 小于 0.01。因此拒绝 H0，即参观时长和拍照次数不相关，接受 H1，即总体上参观时长和拍照次数存在中度的负相关。

通过上述分析可以看出，离群值或异常值对数据结果会产生较大的影响，一定要在计算前做好数据检查工作。同上，上述例子用的是 Pearson 相关系数。如果需要使用 Spearman 相关系数或 Kendall 相关系数，操作流程相似，只需要在"双变量相关性"对话框中，选择好相应的相关系数类型就好。

最后，不得不再次提醒的是，虽然我们试图揭示因果关系，一般都从研究相关性开始，但相关关系不一定蕴含因果，对相关结果的解释一定谨慎再谨慎。

8.6　小结

理解

（1）因果的解释是异常困难的，但可以从了解相关开始。

（2）相关的两个变量可能有因果关系也可能没有因果关系。

（3）因果关系的存在，必然会伴随着相关性。相关性只是因果关系的必要不充分条件。

（4）可以利用散点图，对两个变量的相关情况做大致判断。

（5）对于相关的两个变量，按形式分，分为线性相关和非线性相关；按方向分，分为正相关和负相关。

（6）相关的强度和方向可用相关系数测量。

（7）警惕异常值对线性关系的影响，需要谨慎处理。

掌握

（1）相关关系描述了当一个变量发生变化，另一变量也随之发生变化的情况，反映的是变量间的共变关系，而不能揭示其因果关系。

（2）相关系数值 r 的范围在 -1 和 $+1$ 之间。$r>0$ 为正相关，$r<0$ 为负相关，$r=0$ 表示不相关。r 的绝对值越大，相关程度越高。

（3）Pearson 相关系数适合于两个变量是连续数据、总体呈正态分布、且成对出现，同时两者具有线性关系的情况。

（4）Spearman 相关系数又称秩相关系数，根据变量在数据内的位置进行计算，对原始变量的分布不作要求，也无需限定样本容量，因此适用范围要广。

（5）Kendall 相关系数也是一种秩相关系数，用于反映分类变量相关性的指标，适用于两个分类变量均为有序分类的情况。

（6）要判断样本相关系数对总体相关程度的代表性，需要对相关系数进行显著性检验。

8.7　习题

（1）请简述因果和相关的区别与联系。

（2）请从日常生活中举一个实际是相关关系，但世人多误以为是因果关系的例子。

（3）做相关系数计算时，该如何解释线性相关系数 $r=-0.25$ 的结论？

（4）在做散点图时，对于横坐标和纵坐标变量的放置，该如何考虑？

（5）线性相关分析中，为什么要注意异常值？

（6）在进行的 1 项非遗调查中，抽取了 13 名非遗传承人，汇总其年龄、已授徒人数和授徒年限，如表 8.8 所示，请绘制这三个变量，两两之间的散点图，并根据散点图，试说明变量之间的关系。

（7）光照对很多文物都会产生一定的影响，比如染色的纺织品文物，一些染料对光比较敏感，暴露在一定的光照条件下，会逐渐褪色。为了更好地保存和展示这类纺

表 8.8　13 名非遗传承人数据

编号	年龄（岁）	已授徒人数（名）	授徒年限（年）
1	45	6	14
2	63	10	16
3	55	8	13
4	58	9	17
5	40	3	5
6	66	20	25
7	70	22	28
8	54	5	15
9	62	12	10
10	69	17	24
11	48	3	8
12	44	3	6
13	52	11	22

织品，文物保护研究团队制作了一批茜草染成红色的丝织品，并把它们放在某博物馆展厅的不同位置，这些位置会受到展厅中各种光源的照射，研究团队测量出这些位置的光照度都不一样。放置 3 个月以后，研究人员测量了这些红色丝织品的色差，结果如表 8.9 所示（其中有 1 项数据因记录错误，将色差 10.0 登记成 1.0）。茜草染红的丝织品，在受到光照的时候，颜色的变化（色差）与其受到的光照度之间是否相关？

表 8.9　光照度和色差数据

位置编号	1	2	3	4	5	6	7	8	9	10
光照度（LX）	78	53	109	85	115	42	59	73	91	96
色差	3.7	3.1	9.3	5.6	9.3	2.6	3.3	4.7	6.2	6.5
位置编号	11	12	13	14	15	16	17	18	19	20
光照度（LX）	65	52	87	110	116	52	61	76	92	103
色差	3.7	3.3	7.9	8.8	9.0	3.8	3.2	5.4	6.6	8.0
位置编号	21	22	23	24	25	26	27	28	29	30
光照度（LX）	40	48	59	99	46	68	74	86	109	64
色差	3.0	4.1	4.3	7.9	3.4	6.3	3.9	7.2	1.0	4.1
位置编号	31	32	33	34						
光照度（LX）	77	69	55	109						
色差	6.0	4.0	3.6	8.6						

第 9 章　回归分析

前面几章，我们讲到了如何利用概率及其分布来对总体的均值进行推断。这时，总体的均值被认为是一个不变的常数。但是在很多情况下，总体的均值并不被认为是一个不变的常数，而是一个变量，而且它可能会随着另外一些变量的变化而增加或者减少。例如古代聚落或城市的面积，是否会随着时间的推移而逐渐增大？或者是随着当地人口数量的增多而变得越来越大？这在今天似乎是理所当然，因为我们生活的很多城市，都在因人口的增加而不断扩展。那么在古代，城市的发展是否也是类似的趋势？如果能够大体知道古代某个城市的人口总量，是否可以推算出这座城市的区域边界？这样的问题对于考古学家来说，可能是十分关注的。

为了回答这样的问题，我们需要考虑几个不同变量之间的依存关系，例如上面讲到的古代城市面积与人口数量之间的关系。本书第 8 章已经介绍了相关关系，它主要描述变量之间是否存在依存关系，以及这种依存关系的密切程度。但是相关关系并不能给出这种依存关系的数学表达，无法对变量间的数值进行互相推算，并且，在考虑相关关系的时候，并不需要指明哪个是自变量，哪个是因变量，尽管两个变量可能都是随机变量。这时就需要另一种统计工具来解决这个问题，这个统计工具叫作回归分析（Regression Analysis）。

9.1　一元线性回归

9.1.1　线性回归方程

假设有两个随机变量 x 与 y，已知它们之间存在相关关系，现在我们希望找到一个数学模型，使得变量 y 成为变量 x 的函数，这样就能从一个给定的 x 的取值，预测变量 y 的取值。

案例 9.1

某研究团队正在对一种新开发的石质文物保护材料进行性能测试，以了解这种新材料对于风化严重的汉白玉石材的保护效果。该团队使用不同浓度的新材料水溶液对汉白玉模拟样品进行渗透加固，处理完之后放置 28 天，使用压力试验机测试了这些模拟样品的抗压强度，得到的结果如表 9.1 所示。

表 9.1　石质文物新型保护材料的保护效果测试结果

保护材料浓度（％）	抗压强度（MPa）	保护材料浓度（％）	抗压强度（MPa）
0.5	2.7	3	5.8
1	3.7	3.5	6.0
1.5	3.6	4	6.7
2	4.1	4.5	7.9
2.5	5.4	5	8.1

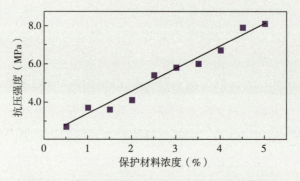

图 9.1　保护材料浓度与抗压强度的关系图

图 9.1 显示的是保护材料浓度与抗压强度之间的关系。可以看到，当保护材料浓度增加的时候，模拟石质样品的抗压强度也随之增大，而且两者之间存在显著的正相关关系。

　　在案例 9.1 中，我们看到保护材料的浓度与石质样品的抗压强度存在很强的正相关关系。有人可能会问，如果使用了某种浓度的保护材料，是否就可以准确推算出这个浓度的保护材料处理过后石质样品的抗压强度？也许并没有那么容易。因为抗压强度可能还会受到其他因素的影响，例如压力试验机的精度，测试者的操作方式，石质样品本身的各种差异等。这些因素，可能只是随机产生的作用，会对抗压强度的测量造成随机误差，是很难事先预料的。

　　如果要给出抗压强度与保护材料浓度之间的确切的数量关系，根据案例 9.1 的数据，假设这个数量关系可以用如下的模型来表示：

$$y=1.2x+2.1 \qquad\qquad (9.1)$$

其中 x 是保护材料浓度，y 是抗压强度。这样的话，只要给定一个保护材料的浓度值，根据这个模型，可以准确计算出模拟石质样品的抗压强度。但是，如果还考虑到一些无法事先预料的随机误差，那么实际测量出的抗压强度值应为：

$$y=1.2x+2.1+\varepsilon \qquad\qquad (9.2)$$

其中，ε 为随机误差。

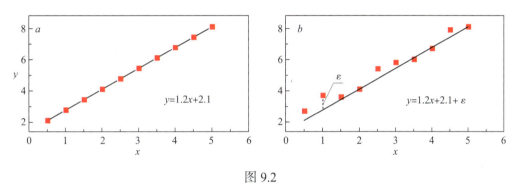

图 9.2

（a）案例 9.1 中保护材料浓度与模拟石质样品的抗压强度之间的确切数量关系；

（b）包含随机误差的数量关系

如果两个变量之间确实有如式（9.1）所描述的关系，那么对于任意一个 x 的取值，y 的值一定会落在图 9.2（a）中的那条直线上。如果这样一个数量关系包含了随机误差项，那么 y 的值不一定会都落在同样的直线上，而是分布在直线的左右，很多时候这可能更符合真实情况。

本章将要介绍的是最简单的一种情况，即只有一个自变量和因变量的线性数量关系，称为一元线性回归模型，通常用式（9.3）表示：

$$y=\beta_0+\beta_1 x+\varepsilon \qquad\qquad (9.3)$$

其中 y 是因变量，x 是自变量，β_0 为直线 $y=\beta_0+\beta_1 x$ 的截距（直线与 y 轴的交点），β_1 为这条直线的斜率（变量 x 增加一个单位的时候，y 的增加值），随机误差项 ε 表示的是线性回归模型中无法由 x 和 y 的线性关系所解释的部分，即在图 9.2（b）中所示的因变量 y 偏移了那条直线的距离。对于不同的 y 的取值，误差项 ε 是相互独立的，并呈现出正态分布，其平均值为 0，方差为 σ^2。而且，对于自变量 x 的任意一个取值，ε 的方差都一样，如图 9.3 所示。所以，对于任何一个 x 值，y 都服从期望值为 $\beta_0 + \beta_1 x$，方差为 σ^2 的正态分布。因此，给定一个自变量 x 的值，因变量 y 的平均值为：

$$E(y) = \beta_0 + \beta_1 x \tag{9.4}$$

需要注意的是，β_0 和 β_1 都是总体参数，也叫回归系数，只有当所有的 (x, y) 都能获得的时候，才能够知道它们的准确值，在大多数情况下，它们都是未知的。因此，一般来说，需要对总体进行抽样，由样本的数据来估计回归系数，并得到估计的回归方程：

$$\hat{y} = \hat{\beta}_0 + \hat{\beta}_1 x \tag{9.5}$$

其中，$\hat{y}$ 是 y 的估计值（预测值），$\hat{\beta}_0$ 和 $\hat{\beta}_1$ 分别是 β_0 和 β_1 的估计值。所以，对于某一个样本数据点 (x_i, y_i)，因变量 y 的观测值为 y_i，预测值为：

$$\hat{y}_i = \hat{\beta}_0 + \hat{\beta}_1 x_i \tag{9.6}$$

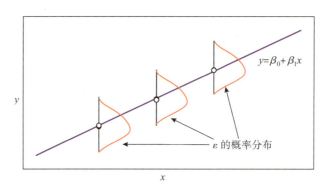

图 9.3　误差项 ε 的概率分布

9.1.2　最小二乘法

上一节讲到两个变量 x 和 y 可能存在线性的数量关系，现在我们得到了一些样本的数据，那么如何根据这组样本数据来估计线性数量关系的参数呢？也就是说，如何求得式（9.5）中的 $\hat{\beta}_0$ 和 $\hat{\beta}_1$？

案例 9.2 -

　　我们可以来看一个简单的例子。古代绘画中常用铅丹作为红色颜料，但是铅丹并不是一种稳定的颜料，光照可能会引起铅丹发生明显的变色。在一项研究中，科学家使用一定波长的紫外光照射铅丹样品，每隔一段时间测量样品的色度值，并计算得到颜色的变化，即色差值 ΔE，结果如表 9.2 所示。

表 9.2　铅丹颜料在光照下的颜色变化数据

光照时间（天）	1	2	3	4	5
色差 ΔE	1	1	2	2	4

铅丹所受到的光照时间与色差之间是否存在某种定量关系？可以先把表 9.2 中的数据绘制成散点图，如图 9.4（a）所示。

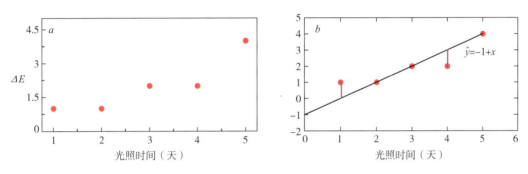

图 9.4　表 9.2 数据绘制的散点图和拟合直线

散点图显示出两个变量：光照时间和色差值之间总体上存在一定的线性关系，我们可以用一条直线穿过这 5 个数据点，其中的 3 个点落在这条直线上，称为拟合直线。从这条拟合直线可以看到，其截距为 $y = -1$，而且当自变量增加一个单位，因变量也增加一个单位，因此其斜率为 1。所以这条直线为：

$$\hat{y} = -1 + x \tag{9.7}$$

这里 $\hat{y}$ 表示根据这条直线预测出来 y 的值。

那么，如何定量的了解这条直线拟合这些数据的优劣程度？一个很简单的办法是计算每一个数据点的 y 值偏离这条直线的距离，即误差项 $(y - \hat{y})$，如图 9.4（b）所示。可以看到，对于某些数据点，这个距离是正的，有些是负的，但无论正负，都是偏离了这条直线，所以我们还把这个误差项的平方也计算出来，如表 9.3 所示。

可以看到，所有 5 个数据点的误差项之和为 0，而误差项的平方之和（sum of squares of the error，SSE）为 2，更能反映观察值偏离这条直线的程度。而且，如果我们仔细观察，会发现可能会有好多条直线穿过这些数据点，而且误差项之和也可以为 0，但只存在一条直线，使得误差项的平方和最小，这时从总体上看，数据点偏离直线的程度最小。这条直线称为回归直线，采用误差项的平方和最小从而得到回归直线的方法，称为最小二乘法。其中，SSE 的表达式为：

$$\text{SSE} = \Sigma \left[y_i - \left(\hat{\beta}_0 + \hat{\beta}_1 x_i \right) \right]^2 = Q \quad (9.8)$$

其中，$\hat{\beta}_0$ 和 $\hat{\beta}_1$ 为回归系数的最小二乘估计。

表 9.3 拟合直线的预测值以及误差项

x	y	$\hat{y} = -1 + x$	$y - \hat{y}$	$(y - \hat{y})^2$
1	1	0	1	1
2	1	1	0	0
3	2	2	0	0
4	2	3	−1	1
5	4	4	0	0
			误差项之和：0	误差项的平方和：2

要令 Q 最小，根据微积分的极值原理：

$$\left. \frac{\partial Q}{\partial \beta_0} \right|_{\beta_0 = \hat{\beta}_0} = 0, \quad \left. \frac{\partial Q}{\partial \beta_1} \right|_{\beta_1 = \hat{\beta}_1} = 0$$

可得：

$$\hat{\beta}_1 = \frac{\Sigma (x_i - \overline{x})(y_i - \overline{y})}{\Sigma (x_i - \overline{x})^2}, \quad \hat{\beta}_0 = \overline{y} - \hat{\beta}_1 \overline{x} \quad (9.9)$$

其中，$\overline{x} = \dfrac{\Sigma x_i}{n}$，$\overline{y} = \dfrac{\Sigma y_i}{n}$。

根据式（9.9），可以计算出表 9.2 所列的铅丹光照数据的线性回归系数：

$$\hat{\beta}_1 = 0.7, \quad \hat{\beta}_0 = -0.1$$

因此，回归方程为：

$$\hat{y} = \hat{\beta}_0 + \hat{\beta}_1 x = -0.1 + 0.7x$$

该回归方程如图 9.5 所示。

根据该回归方程，可以计算出因变量的误差项以及 SSE，如表 9.4 所示。可以看到，用回归方程得到的 SSE 为 1.10，比表 9.3 中得到的 SSE 要小。另外，根据回归方程，可以计算出当 $x=0$ 的时候，色差为 -0.1（回归方程的截距）。这样的结果并不符合常理，因为没有光照的时候，颜色应该不会发生明显的变化。因此，回归方程只在得到的样本数据的自变量所在的范围内才能得到有效解释，也就是光照时间在 $1\sim5$ 小时以内，当没有光照的时候，也就是 $x=0$ 的情况，并不在这个范围内，因此是没有实际意义的。同理，回归方程的斜率为 0.7，意味着光照时间每增加一个单位，色差会增加 0.7 个单位，但需要特别注意的是，这只在光照时间为 $1\sim5$ 个小时的范围内有效，并不意味着当光照时间从 5 小时增加到 10 小时，色差就会增加 3.5，因为 $x=10$ 并不在样本数据范围内。

表 9.4　拟合直线的预测值以及误差项

x	y	$\hat{y}=-0.1+0.7x$	$y-\hat{y}$	$(y-\hat{y})^2$
1	1	0.6	0.4	0.16
2	1	1.3	-0.3	0.09
3	2	2.0	0	0
4	2	2.7	-0.7	0.49
5	4	3.4	0.6	0.36
			误差项之和：0	误差项的平方和：1.10

铅丹光照变色试验这个案例，涉及的数据量并不大，如果样本的数据量非常大，依靠式（9.9）来做手动计算，是不太现实的。在统计计算中，一般会使用 SPSS 等专用软件来进行处理。

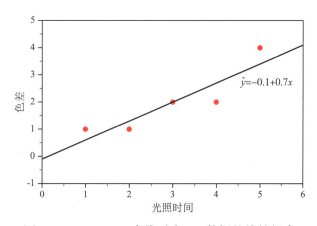

图 9.5　$\hat{y}=-0.1+0.7x$ 直线对表 9.2 数据的线性拟合

软件计算

以表 9.2 所列的样本数据为例，使用 SPSS 进行简单的线性回归处理，可以先在 SPSS 数据编辑器里面输入数据，其中光照时间为一列，色差为另外一列。

点击"分析"→"回归"→"线性"，将两个变量"光照时间"和"色差"分别选入自变量和因变量（图 9.6），点击"确定"，即可得到表 9.5 的结果。

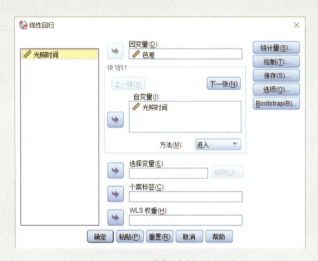

图 9.6　SPSS 进行线性回归处理

表 9.5　使用 SPSS 对表 9.2 所列样本数据进行线性回归计算得到的回归系数的输出结果

模型		非标准化系数		标准系数	t	Sig.
		B	标准误差	试用版		
1	（常量）	−0.100	0.635		−0.157	0.885
	光照时间	0.700	0.191	0.904	3.656	0.035

从表 9.5 可以看到，回归系数为 $\hat{\beta}_0 = -0.1$，$\hat{\beta}_1 = 0.7$，因此回归方程为：$\hat{y} = -0.1 + 0.7x$。

式（9.9）给出了两个回归系数 β_0 和 β_1 的点估计量，另一个重要的参数 σ^2 的估计量为：

$$s^2 = \frac{SSE}{n-2} \tag{9.10}$$

其中，SSE 为误差项的平方和，n 为样本的个数，由于一元线性回归方程中有两个回归系数，因此自由度为 $n-2$。s^2 的平方根 s 称为回归估计的标准误差，s 越小表明样本观测值与拟合出来的回归线之间的偏离程度越小，即回归方程的代表性较好。

需要注意的是，在线性回归分析中，即便估计的回归系数在样本数据范围内是有意义的，这也是基于该特定样本的数据得到的估计量。因此，如果换一组样本数据，同样使用回归分析，得到的回归系数可能就不一样。那么，我们是否有把握认为得到的回归系数能够十分接近真正的斜率 β_1？这需要在本书第 6 章和第 7 章讲到的置信区间和假设检验来进行统计推断。

9.2　回归系数的推断

在一元线性回归分析中，你可能想知道，对于一个自变量，是否可以用来预测相应的因变量？如果可以的话，这样的预测是否可靠？如果我们通过最小二乘法得到了某个样本数据的回归方程 $\hat{y}=\hat{\beta}_0+\hat{\beta}_1 x$，这个回归方程是否能够真实的反映两个变量 x 和 y 之间的关系？要回答这些问题，需要对回归方程进行检验。

我们还是来看铅丹在光照下变色的实验数据（表 9.2）。假设铅丹颜色的变化和光照时间完全无关，也就是说无论自变量 x（光照时间）如何变化，因变量 y（色差）的期望值都不随 x 的变化而发生改变，那么对于一元线性回归模型 $y=\beta_0+\beta_1 x+\varepsilon$ 来讲，斜率 $\beta_1=0$，因此所得到的线性回归方程不显著（图 9.7）。如果斜率 $\beta_1\neq 0$，那么因变量 y 会随着 x 的变化而作线性改变，这样得到的回归方程是显著的。

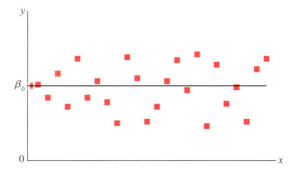

图 9.7　当斜率 $\beta_1=0$，直线模型 $y=\beta_0+\varepsilon$ 的示意图

于是，我们可以构建零假设和备择假设，来对回归方程的显著性进行检验：

$$H_0:\beta_1=0 \; ; \; H_1:\beta_1\neq 0$$

如果样本数据支持备择假设，那么说明通过一元线性回归模型，自变量 x 对预测

因变量 y 的变化能够提供一定的信息，也就是说，这个直线模型是有价值的。前面讲到，$\hat{\beta}_0$ 和 $\hat{\beta}_1$ 是回归系数的最小二乘估计，而且：

$$E\left(\hat{\beta}_0\right)=\beta_0, \quad E\left(\hat{\beta}_1\right)=\beta_1 \tag{9.11}$$

$$\sigma_{\hat{\beta}_0}^2=\sigma^2\left(\frac{1}{n}+\frac{\overline{x}}{\sum\left(x_i-\overline{x}\right)^2}\right)$$

$$\sigma_{\hat{\beta}_1}^2=\frac{\sigma^2}{\sum\left(x_i-\overline{x}\right)^2} \tag{9.12}$$

式（9.11）和（9.12）给出了两个回归系数的最小二乘估计的概率分布，根据这个概率分布，可以很方便的进行假设检验。为了方便后续的计算公式的表达，这里，我们引入一些记号：

$$S_{xx}=\sum\left(x_i-\overline{x}\right)^2$$
$$S_{yy}=\sum\left(y_i-\overline{y}\right)^2$$
$$S_{xy}=\sum\left(x_i-\overline{x}\right)\left(y_i-\overline{y}\right) \tag{9.13}$$

因此，将回归估计的标准误差带入，$\hat{\beta}_1$ 的估计标准误差可以写为 $s/\sqrt{S_{xx}}$。

9.2.1　t 检验

t 检验从 $\hat{\beta}_1$ 的概率分布出发，计算 t 分布的检验统计量（$H_0:\beta_1=0$）：

$$t=\frac{\hat{\beta}_1-0}{s_{\hat{\beta}_1}}=\frac{\hat{\beta}_1}{s/\sqrt{S_{xx}}}\sim t\left(n-2\right) \tag{9.14}$$

对于单侧检验：$H_0:\beta_1=0$；$H_1:\beta_1<0$（或 $H_1:\beta_1>0$），给定置信水平 α，如果 $t<-t_\alpha$（或者 $t>t_\alpha$，当 $H_1:\beta_1>0$），则可以拒接原假设。

对于双侧检验：$H_0:\beta_1=0$；$H_1:\beta_1\neq0$，给定置信水平 α，如果 $|t|>t_{\alpha/2}$，则可以拒接原假设。这里，t_α，$t_{\alpha/2}$ 是根据自由度为 $n-2$ 的 t 分布得到的临界值。

我们再来看案例 9.2 所列举的铅丹受到光照的实验数据，因为 $n=5$，所以自由度为 $n-2=3$，给定 $\alpha=0.05$，使用双侧检验，可以得到 $t_{0.025}=3.18$。从表 9.5 可以看到 SPSS 软件计算出回归系数的最小二乘估计 $\hat{\beta}_1$ 的 t 值为 3.656，比 $t_{0.025}=3.18$ 要大，落在拒绝域内（图 9.8），因此可以拒绝原假设，也就是支持 $H_1:\beta_1\neq0$ 的备择假设，即光照时间对铅丹颜色变化的影响是显著的，它们之间存在显著的线性关系。同样，我们也可以通过计算得到的 p 值来做出判断。表 9.5 同时给出了回归参数的最小二乘估计 $\hat{\beta}$ 的

p 值（0.035），比我们设定的 α 值要小，因此可以拒绝原假设。

如果要对一个单侧检验的计算结果进行解释，我们需要对计算得到的 p 值进行一些调整，才能做出决策：

对于右侧检验：$H_0 : \beta_1 = 0$；$H_1 : \beta_1 > 0$，p值 $= \begin{cases} \dfrac{p}{2}, & \text{如果}\ t > 0 \\[2mm] 1 - \dfrac{p}{2}, & \text{如果}\ t < 0 \end{cases}$；

对于左侧检验，$H_0 : \beta_1 = 0$；$H_1 : \beta_1 < 0$，p值 $= \begin{cases} \dfrac{p}{2}, & \text{如果}\ t > 0 \\[2mm] 1 - \dfrac{p}{2}, & \text{如果}\ t < 0 \end{cases}$。

这里，p 是像 SPSS 这样的软件计算输出的结果，t 是计算得到的检验统计量。

如果计算出来的 t 值没有落在拒绝域内，或者观察的显著性水平大于 α，根据前面章节讲述的假设检验的原则，我们就不能拒绝原假设。但这并不意味着 $\beta_1 = 0$，可能还需要更多的数据来检验，或者说，两个变量之间的关系可能也不是简单的线性关系，需要用其他的模型来拟合。

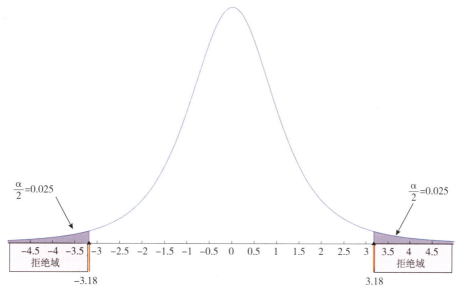

图 9.8　双侧检测 $H_0 : \beta_1 = 0$；$H_1 : \beta_1 \neq 0$ 的拒绝域

对于一元线性回归方程的斜率 β_1，给定一个 α 的值，也可以根据其概率分布给出它的置信区间：

$$\beta_1 = \hat{\beta}_1 \pm t_{\alpha/2} s_{\hat{\beta}_1} \tag{9.15}$$

其中，$t_{\alpha/2}$ 是根据自由度为 $n-2$ 的 t 分布得到的临界值。

对于案例 9.2 所列的数据，我们也可以用 SPSS 软件很快地计算得到回归参数的估计区间。点击"分析"→"回归"→"线性"，将两个变量"光照时间"和"色差"分别选入自变量和因变量（图 9.6），点击"统计量"，勾选"置信区间"，"水平 %"为 95，点击"确定"（图 9.9），便可以得到如表 9.6 所示的结果。

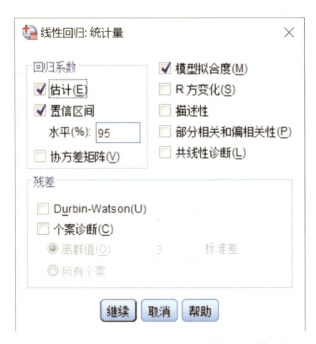

图 9.9　SPSS 软件进行一元线性回归分析的置信区间选项

表 9.6　SPSS 输出的回归参数的置信区间的结果表

系数 [a]

模型		非标准化系数		标准系数	t	Sig.	B 的 95.0 % 置信区间	
		B	标准误差	试用版			下限	上限
1	（常量）	−0.100	0.635		−0.157	0.885	−2.121	1.921
	光照时间	0.700	0.191	0.904	3.656	0.035	0.091	1.309

从表 9.6 中可以看到，回归系数的估计区间为 [0.091，1.309]（$\alpha=0.05$）。在这个例子中，这个结果意味着我们有 95% 的把握认为当光照时间每增加 1 天，铅丹的色差的平均增加值位于 0.091 和 1.309 之间。注意，这样的结果仅仅当光照时间在 1~5 天之内的时候才有意义。

9.2.2　*r* 检验

两个变量 x 和 y 之间存在线性相关关系，在前面章节已经讲到，可以用相关系数 r

来表示线性相关的程度：

$$r = \frac{S_{xy}}{\sqrt{S_{xx}S_{yy}}}$$

（9.16）

r 是样本的相关系数，当 $|r|$ 越接近于 1，两个变量的线性相关程度就越高。r 可以看作是对总体相关系数 ρ 的估计。因此可以做出假设：$H_0: \rho = 0$；$H_1: \rho \neq 0$，来对总体相关系数进行检验。前面我们已经做过另一个假设 $H_0: \beta_1 = 0$；$H_1: \beta_1 \neq 0$ 的检验，事实上这两个检验是一样的。如果在某个置信水平 α，检验得到的结果是不拒绝原假设 $H_0: \beta_1 = 0$，那么也就意味着两个变量之间的线性相关关系不显著。这两种假设检验的区别只在于回归方程的斜率 $\hat{\beta}_1$ 和线性相关系数 r 所表示的数量意义不一样而已。另外，相关系数是度量两个变量之间线性相关关系的大小和方向，它的值为 0，只意味着两个变量无线性相关关系，但不意味着两个变量之间没有别的相关关系。另外，它的值接近 1，也并不意味着两个变量之间存在因果关系，而只能说明两个变量之间存在一定的线性关联趋势。

除了用相关系数 r 来检验一元线性关系的有效性之外，还可以用 r 的平方，称作可决系数（coefficient of determination，也叫作判定系数），来进行检验。

$$r^2 = \frac{S_{xy}^2}{S_{xx}S_{yy}}$$

（9.17）

在式（9.13）里面，我们 S_{yy} 把称为总偏差平方和（SST），其中包含两个部分，一个是对于自变量 x 的一元线性回归方程所能够解释的偏差，称为 SSR，另一部分为不能解释的随机误差项，即前面提到的 SSE。可以知道：

$$\begin{aligned}
SSR &= \sum (\hat{y}_i - \bar{y})^2 = \sum (\hat{\beta}_0 + \hat{\beta}_1 x_i - \bar{y})^2 \\
&= \sum (\bar{y} - \hat{\beta}_1 \bar{x} + \hat{\beta}_1 x_i - \bar{y})^2 \\
&= \hat{\beta}_1^2 \sum (x_i - \bar{x})^2 = \left(\frac{S_{xy}}{S_{xx}}\right)^2 S_{xx} = \frac{S_{xy}^2}{S_{xx}}
\end{aligned}$$

（9.18）

而且，可以证明：

$$SST = SSR + SSE$$

（9.19）

因此，

$$r^2 = \frac{S_{xy}^2}{S_{xx}S_{yy}} = \frac{SSR}{SST} = \frac{SST - SSE}{SST} = 1 - \frac{SSE}{SST}$$

（9.20）

由上式可知，样本的各个观测值距离回归直线越近，SSR 在 SST 中所占的比例就越大，相反，SSE 所占的比例就越小。因此，可决系数 r^2 是对回归模型拟合程度的一种度量，这个值越大，一元线性回归模型的拟合程度就越高。r^2 具有以下的性质，首先，它的取值范围为 $0 \leqslant r^2 \leqslant 1$；另外，可以知道，当 $r^2 = 1$，$SSE = 0$，因此 $SST = SSR$，说明样本所有的观测值都位于直线上面，样本的总偏差完全可以由回归直线来解释。当 $r^2 = 0$，$SST = SSE$，那么回归直线没有对总偏差做出任何解释，即因变量与自变量完全无关。假如对某个样本数据计算出来 $r^2 = 0.6$，也就意味着样本的总偏差里面，有 60% 可以被回归方程所解释。

对于案例 9.2 所列出的样本数据，我们用 SPSS 软件进行一元线性回归计算，得到的结果里面也包含下表：

表 9.7　SPSS 输出的相关系数和可决系数的结果

模型汇总

模型	R	R 方	调整 R 方	标准估计的误差
1	0.904[a]	0.817	0.756	0.6055301

[a]. 预测变量：（常量），光照时间。

表 9.7 中，可以看到 $r = 0.904$，$r^2 = 0.817$。对于这样结果，我们可以做如下解释：用线性回归方程 $\hat{y} = -0.1 + 0.7x$ 来预测铅丹颜色的变化值的时候，5 个样本观测值与它们的平均值之间的总偏差的将近 82%，可以由这个回归方程来解释。

9.2.3　F 检验

由式（9.19）可知，总偏差平方和是由回归的平方和与误差项的平方和两部分组成。总体回归方程中两个变量之间的线性关系是否显著，本质上就是要判断回归的平方和与误差项的平方和之比的大小。这样的检验适用第 7 章讲到的 F 检验，因为无论是回归的平方和还是误差项的平方和都会随着样本观测值的容量大小和变量的数量而变化，于是，可以构建检验统计量：

$$F = \frac{SSR}{SSE / (n-2)} \sim F(1, n-2) \tag{9.21}$$

所对应的假设为：$H_0: \beta_1 = 0$；$H_1: \beta_1 \neq 0$。对于一元线性回归方程，统计量 F 是服从于第一自由度为 1，第二自由度为 $n-2$ 的 F 分布。

对于给定的显著性水平 α，可以查表或用软件计算得到理论临界值 $F_\alpha(1, n-2)$，如果 $F > F_\alpha(1, n-2)$，则可以拒绝原假设，并认为回归方程中自变量和因变量之间的线性关系是显著的；如果 $F < F_\alpha(1, n-2)$，则不能拒绝原假设，回归方程中自变量与

因变量之间的线性关系不显著。

对于案例 9.2 所列出的样本数据，我们用 SPSS 软件进行一元线性回归计算，得到的结果里面还包含下表：

表 9.8　SPSS 输出的方差分析（ANOVA）的结果

Anova[a]

模型		平方和	df	均方	F	Sig.
	回归	4.900	1	4.900	13.364	0.035[b]
1	残差	1.100	3	0.367		
	总计	6.000	4			

[a]. 因变量：色差
[b]. 预测变量：（常量），光照时间。

表 9.8 列出的方差分析的结果中，可以看到 $F=13.364$，使用 GeoGebra 软件可以很快计算出 $F_{0.05}(1, 3)=10.13$（图 9.10），因此可以拒绝原假设，即意味着铅丹光照的时间和颜色的变化之间的一元线性回归方程是显著的。当然，也可以根据给出的 p 值（$p=0.035<\alpha$），来拒绝原假设。

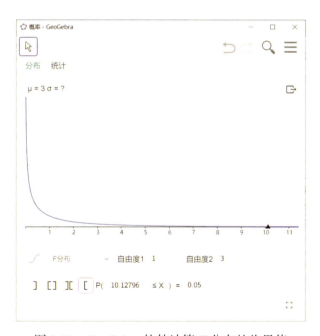

图 9.10　GeoGebra 软件计算 F 分布的临界值

对于一元线性回归来说，t 检验、r 检验和 F 检验是等价的，都可以对回归方程和系数进行显著性检验。在进行检验之后，对检验的结果进行阐释的时候需要格外小心。

如果拒绝了原假设，并不意味着两个变量之间没有相关关系，而只是说线性相关关系不显著，它们之间可能存在非线性相关关系。如图 9.11 所示，变量 x 和 y 之间存在的是非线性关系。如果样本观测值恰好都在 $a<x<b$ 范围内，变量之间的关系似乎显示出的是正相关关系（1 号线）；如果样本观测值都在 $c<x<d$ 范围内，则显示出的是负相关关系；如果样本观测值是在 $a<x<c$ 范围内，拟合出来的直线的斜率则为 0（2 号线），两个变量之间没有相关关系。事实上，这两个变量之间存在的是非线性关系。另外，1 号线表示的线性关系是对于样本观测值位于 $a<x<b$ 范围内的，不能把它外推到 $x<a$ 或者 $x>b$ 的范围内，从图中就可以看到，这样会导致很大的错误。

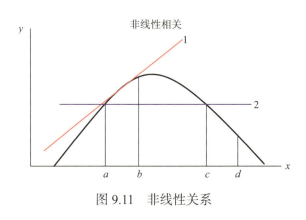

图 9.11　非线性关系

9.3　利用回归模型进行估计和预测

如果在前面的回归方程的检验中得到的结果是显著的，也就是说回归方程是有意义的，两个变量之间存在明显的线性关系，那么就可以利用所得到的回归方程来进行估计和预测。利用回归方程进行估计和预测，最常用的，也是人们最关心的，是给定自变量 x_0 的值，利用回归方程预测因变量 y_0 的平均值 $E(y_0)$（期望值），以及预测 y_0 的个值。例如，对于案例 9.2 的数据，如果铅丹受到光照的时间是 4 天，那么它的颜色变化（色差）的平均值是多少？如果另外一位研究人员也准备了一份铅丹样品，受到光照的时间为 4 天，那么铅丹的色差值是多少？

在估计平均值的时候，我们要做的是给定自变量 x 的值，并进行大量的试验，然后得到因变量 y 的平均值；在预测个值的时候，我们要做的是给定自变量 x 的值，进行单次试验得到因变量 y 的值。那么以上两种计算，哪一种的准确度会更高一些呢？

我们可以先来看通过最小二乘法得到的回归方程：

$$\hat{y} = \hat{\beta}_0 + \hat{\beta}_1 x$$

利用这个回归方程来分别进行均值和个值的估计和预测。在案例 9.2 中，估计的回归方程为：

$$\hat{y} = -0.1 + 0.7x$$

当自变量 $x=4$ 时，可以得到所有铅丹光照试验进行 4 天后，色差的平均值的点估计为 2.7 ；同理，当一个新的试验进行 4 天，色差值的预测量也为 2.7。虽然这两个点估计都是一样的，但它们的误差却不一样。因为给定一个 x_0 的值，利用回归方程得到的 $\hat{y}_0$ 是一个随机变量，它与真正的 y 值之间存在一定的误差，而且这个值是通过回归方程得到的，通过样本数据得到的估计的回归系数与总体的回归系数还有一定的差异，这些都可能造成估计（预测）得到的 $E(y_0)$（$\hat{y}_0$）值与真实的 y 值之间存在一定的误差。

若 $x=x_0$，代入回归方程可以得到 $\hat{y}_0 = \hat{\beta}_0 + \hat{\beta}_1 x_0$，那么 $\hat{y}_0$ 的平均值的标准偏差为：

$$\hat{y}_0 \pm t_{\alpha/2} s \sqrt{\frac{1}{n} + \frac{(x_0 - \bar{x})^2}{S_{xx}}} \tag{9.22}$$

其中，是 σ 误差项 ε 的标准偏差，那么 σ 是 $\hat{y}_0$ 的标准误差。

对于个值 y_0，由于 $y_0 = \hat{y}_0 + \varepsilon$，其中 $\varepsilon \sim N(0, \sigma^2)$，因此预测个值的标准误差为：

$$\hat{y}_0 \pm t_{\alpha/2} s \sqrt{1 + \frac{1}{n} + \frac{(x_0 - \bar{x})^2}{S_{xx}}} \tag{9.23}$$

通常情况下，总体的 σ 是未知的，可以用样本的估计量 s 来代替，因此，若给定置信水平 α，当 $x=x_0$，$\hat{y}_0$ 的平均值的估计区间为：

$$\hat{y}_0 \pm t_{\alpha/2} s \sqrt{\frac{1}{n} + \frac{(x_0 - \bar{x})^2}{S_{xx}}} \tag{9.24}$$

同样，个值 y_0 的预测区间为：

$$\hat{y}_0 \pm t_{\alpha/2} s \sqrt{1 + \frac{1}{n} + \frac{(x_0 - \bar{x})^2}{S_{xx}}} \tag{9.25}$$

其中 $t_{\alpha/2}$ 是根据自由度为 $n-2$ 的 t 分布得到的临界值。我们可以来看案例 9.2 所列的数据，分别对 $x_0=4$ 的时候，用 SPSS 软件计算得到均值的估计区间和个值的预测区间。如图 9.6 选择自变量和因变量，点击"保存"，然后在"预测值"中选择"未标准化"，在"预测区间"勾选"均值"和"单值"，置信水平默认为 95%，点击"继续"回到主对话框（见图 9.12），再点击"确定"就可以得到计算结果。这时返回到数据窗口，可以看到每一行数据的右边多了几列。其中 PRE 为点估计（预测），LMCI 和 UMCI 分别为均值的估计区间的下限和上限，LICI 和 UICI 分别为个值的预测区间的下限和上限。

图 9.12　在 SPSS 里面利用线性回归进行均值估计和个值预测

可以从 SPSS 输出的结果看到，当 $x_0=4$ 的时候，均值的估计区间为（1.645，3.755），个值的预测区间为（0.503，4.897）。可以看到这两个置信区间范围都比较大，这是因为我们只用了 5 个实验数据作为样本进行线性回归得到的，理论上，如果样本的数据量更多，这些置信区间会变得更窄。

还需要注意到的是，个值的预测区间总是比均值的估计区间更宽一些。对均值的估计的误差可以看作是当 $x=x_0$ 的时候，最小二乘法得到的回归直线与真实直线之间的距离（图 9.13（a））。而个值的预测误差包含了两个部分，一个是上述的回归直线与真实直线之间的距离，另一个是特定 y_0 值的随机误差项（图 9.13（b））。当然，也可以对比式（9.24）和（9.25），后者比前者在根号里面多了一个 1，因此个值预测区间比均值估计区间要宽一些。

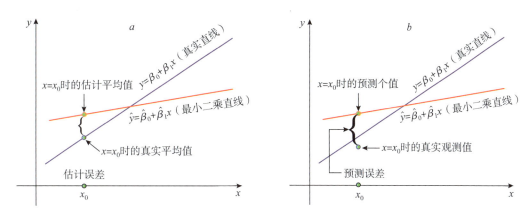

图 9.13　估计区间和预测区间的误差

另外，从式（9.22）和（9.23）可以看到，当 $x_0 = \bar{x}$ 的时候，无论是均值的估计，还是个值的预测，它们的偏差都最小。x_0 的值越远离 $\bar{x}$，估计和预测的偏差就越大。这从图 9.13 里面真实直线 $y = \beta_0 + \beta_1 x$ 与最小二乘直线 $\hat{y} = \hat{\beta}_0 + \hat{\beta}_1 x$ 的走向也可以看到，也就是，当 x_0 的值越大或越小，两条直线的偏离也就越大。图 9.14 显示了两个置信区间围绕回归曲线的分布情况，可以看到均值的估计区间总是比个值的预测区间要窄一些，但都是在 $\bar{x}$ 处最窄，距离 $\bar{x}$ 越远，区间变得越宽。需要注意的是，如果 x_0 的值不在样本数据的范围内，对均值和个值的任何估计与预测都可能是不准确的。

当样本的数据量 n 增加的时候，估计和预测区间会变窄，因此，理论上只要选取了一个足够大的样本，可以得到因变量的比较准确的估计和预测区间。但对于预测区间，从式（9.23）可以看到，无论样本数据量 n 有多大，偏差也不会小于 σ，因此，如果要让预测区间变得更窄，也就是得到更准确的预测值，就只能考虑如何把 σ 变得更

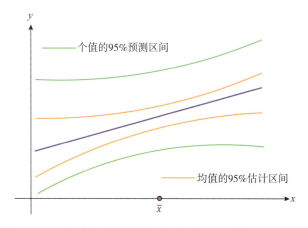

图 9.14　回归分析中均值的估计区间和个值的预测区间

小。这只能通过调整优化回归模型来实现，比如使用非线性模型，或者增加自变量的个数，变成多元线性回归。这些不在本书中涉及，需要读者再去阅读统计学的其他教材。

9.4　小结

理解 ▶

（1）当两个变量之间存在显著的相关关系的时候，可以使用一定的数学模型进行回归分析。

（2）一元线性回归模型中，只有一个自变量，一个因变量，两个变量之间存在显著的线性相关关系。

（3）回归方程的系数是总体的参数，通常是未知的，一般需要通过样本的数据来进行估计。通过样本数据得到的回归系数的估计值是随机变量。

（4）最小二乘法是最常用的拟合线性回归方程的方法，它是通过使得误差项的平方和为最小来实现的。

（5）如果回归方程是显著的，可以利用它来进行估计和预测。如果给定一个自变量的值，可以对因变量的平均值进行区间估计，也可以对因变量的个值进行区间预测。个值的预测区间比均值的估计区间要宽。

掌握 ▶

（1）使用 SPSS 等统计学软件利用最小二乘法估计回归方程的参数。

（2）对回归参数的估计值进行假设检验和置信区间的计算。

（3）根据回归方程，给定自变量的值，对因变量进行均值估计和个值预测。

9.5　习题

（1）莱昂纳多·达·芬奇有一幅著名的绘画《维特鲁威人》（Vitruvian Man），据说是他用来研究人体比例的手稿。画面中的人体两手臂平伸成 180 度，两手的指尖之间的长度差不多就是人的身高。为了检验这样的人体比例是否属实，研究人员随机测量了 8 个人的身高和他们双臂伸直的长度，结果如表 9.9 所示。

表 9.9　8 个人的身高和双臂伸直的长度（单位：厘米）

序号	1	2	3	4	5	6	7	8
身高	175	157	165	178	170	170	160	157
臂长	172	158	165	177	173	175	157	153

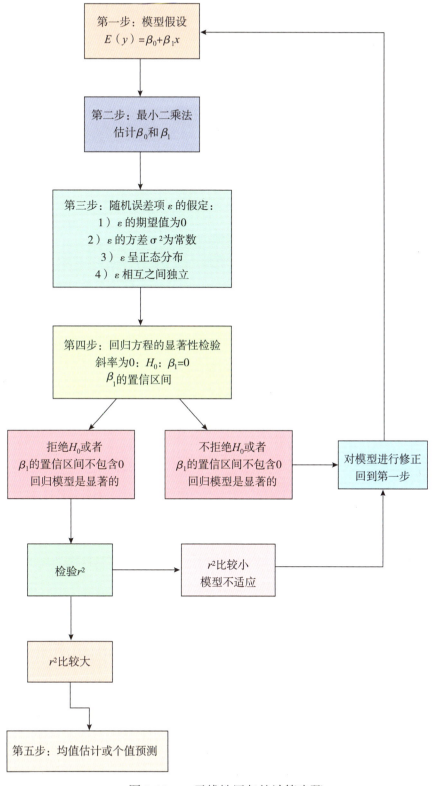

图 9.15　一元线性回归的计算步骤

A. 将表 9.9 中所列的身高和臂长的数据绘制成散点图，描述着两个变量之间的关系。

B. 如果达·芬奇是对的，也就是人的身高和臂长差不多，这两个变量之间建立的直线关系的斜率应该是多少？

C. 以臂长作为自变量，身高作为因变量，计算出身高和臂长这两个变量的一元线性回归方程。

D. 表 9.9 提供的数据是否足以支持身高和臂长之间存在显著的线性关系？给定置信水平 $\alpha = 0.05$。

E. 给出一元线性回归方程的斜率 β_1 的 95% 的置信区间。

F. 假如某人的臂长是 171 厘米，请预测他的身高是多少？

（2）某城市的古城墙现完整保存 25.1 千米，高 14~21、宽 4~19 米，是世界最长、规模最大、保存原真性最好的城市城墙，为全国重点文物保护单位，并被列入中国申请世界文化遗产预备名单。最近，当地文物部门在对城墙进行巡查的时候，发现有不少地方出现墙砖脱落的情况，立即引起国家主管部门的高度重视，要求对古城墙砖脱落的情况做一次彻底的调查。为此，当地文物部门专门召开了一次会议，邀请了各方专家学者为此次调查出谋划策。

在会议上，专家们的意见形成了两派，其中一派提出的对策是，在城墙周围搭脚手架，把城墙分为若干区域，派人登上脚手架仔细记录每一个区域墙砖掉落的数目，然后汇总起来，就可以知道整个古城墙砖掉落的情况。这个方法可以非常准确地得到墙砖脱落的数据，但另一派意见认为这样做成本太高，整个城墙有几十里，搭脚手架的话既耗时又费钱，还不如把城墙分成若干区域，利用无人机给每个区域的城墙拍照，然后在照片上观察墙砖脱落的情况，最后汇总。但一些专家认为这样做并不准确，因为从照片上有时并不能清晰地观察到脱落情况，这样可能会低估城墙的病害程度。两方意见各不相让，最后主管部门决定，选取 10 处发现墙砖脱落的区域，用无人机拍照，通过观察照片记录墙砖脱落的数目，并以此计算每一千块砖里面脱落的数目，称为脱落率；然后在这些地方搭脚手架，派人仔细记录这些地方墙砖脱落的数目，同样计算出脱落率。得到的数据如表 9.10 所示。整个古城墙的墙砖的数目大约为 900 万个。

A. 支持脚手架方法的专家认为从这 10 处脚手架观察所得的数据非常准确，可以以此估计整个城墙脱落的墙砖数目，你认为这样做是否能得到比较准确的结果？为什么？

B. 如果通过这 10 处脚手架观察的数据不能得到比较准确的结果，而我们又知道，无人机拍照的方法会低估墙砖脱落的情况，那么，现在既有脚手架方法观察得到的数

表 9.10　古城墙墙砖脱落情况调查所得数据

观察点	脚手架方法脱落率	无人机方法脱落率
1	5.1	0
2	6.6	0
3	1.1	0.8
4	1.8	1
5	3.9	1
6	11.5	1.9
7	22.1	7.7
8	39.3	14.9
9	39.9	13.9
10	43	11.8

据，又有无人机观察得到的数据，请问，你有没有办法，利用这两套数据，准确的估计整个古城墙墙砖脱落的数目？请清楚地写下你的思路和计算步骤。

（3）表 9.11 列出了某个遗址出土的一些完整陶器的高度和它们的器壁厚度的数据。

表 9.11　完整陶器的高度和它们的器壁厚度

陶器高度（厘米）	器壁厚度（厘米）
23	3.1
13	1.5
9	1.1
10	1.0
17	2.3
14	1.9
12	1.4
8	0.1
18	2.1
15	1.7

A. 有学者提出一些假设，认为陶器的高度与器壁厚度之间不存在线性关系。请利用这些数据，检验这个假设是否成立，陶器高度作为自变量，器壁厚度作为因变量。

B. 如果某个陶器的高度为 19 厘米，请预测它的器壁厚度，给定 95% 的置信水平。

（4）在考古研究中，学者们十分关心某些大型居住遗址里面古人当时的人口结构，比如在某个特定时期可能的人口规模。这通常需要对一些考古遗存进行仔细分析，例如遗址里面房屋建筑遗址的数量、面积等，因为通常来说，人口越多，所需要的居住的空间也越大。一位著名的美洲考古学家认为，一个遗址的房屋遗迹的数量应该与当时居住在此的人口数量之间存在函数关系，把这样的函数关系弄清楚，有助于更加深刻的理解考古材料。遗憾的是，一般来说，某个考古遗址的人口规模，可能是不知道的。但是在一些美洲原住民的居住地，那里的生活方式、居住空间的利用与很多年前在这里居住的原住民还比较接近，大体上可以反映一些美洲原住民考古遗址的实际情况。于是，这位考古学家整理了大量关于美洲原住民族群的人口和房屋信息，如表9.12所示。

表 9.12　美洲原住民不同族群的人口和房屋数量

族群编号	人口数量（百人）	房屋数量（间）
1	812	364
2	1421	797
3	155	37
4	1112	510
5	776	268
6	492	149
7	223	261
8	914	547
9	297	141
10	103	112
11	451	229
12	272	359
13	177	149
14	568	159
15	130	65
16	701	188
17	317	186
18	627	238
19	1365	563
20	533	211

　　A. 人口数量与房屋数量之间是否存在一定的关系？

　　B. 给出这两个变量的一元线性回归方程，并进行显著性检验。

　　C. 如果某个美洲原住民考古遗址出土了 163 间房屋，预测这个遗址当时原住民的人口规模。

编后记

在大数据时代，文化遗产领域的很多方面都会用到数据统计与分析，例如考古资料的整理与分析、博物馆的展览评估和观众研究、遗产监测与对策研究等，但一直以来，相关专业的教学中都鲜有统计分析的课程。浙江大学艺术与考古学院考古与文博系开设的《文化遗产数据统计与分析》课程既契合了技术发展的时代要求，也是国内高校中的第一门类似课程。多年的课程教学效果跟踪调查发现，不论是在研究生阶段从事科技考古、文物保护、文化遗产研究和博物馆学方向学习的学生，还是毕业后直接投身工作的学生，他们或多或少地都从课程讲授的思路、理论和方法中受益，解决了在科学研究和工作实践中有关数据获取、处理和分析的问题。这些积极的反馈给予了教学团队极大的信心和前进的动力，也让团队明确了不断调整和改进的方向。基于此，结合多年积累的经验和案例，使团队产生了编写本书的想法。

本书的特色在于将数据统计分析中的众多枯燥数学内容与文化遗产领域的大量现实案例相结合，让学生学会利用统计思维，掌握统计学的基本原理和方法，解决在本专业领域中的实际问题。在内容选择上，基于获取研究对象、收集数据、分析数据的研究流程，关注最基本和最常用的方法，比如如何通过普查、典型调查或抽样等获取研究对象，如何通过访谈、问卷或观察等收集数据，如何使用描述性统计量表征数据，如何根据参数估计和假设检验由样本了解总体，如何用相关分析解释更普遍的现象，如何用回归分析进行建模和预测。在叙述逻辑上，既考虑系统性，按研究的次序来贯穿各章节，也考虑到独立性，注重各章内容的结构完整和自洽。在讲述方法上，注重使用通俗易懂、精简的语言进行深入浅出的表述，结合案例体现方法的适用场合和意义。各章结束都有从理解和掌握的角度进行总结，帮助读者聚焦核心内容，拓展必要的理解程度。此外，各章后的习题可进一步帮助读者进行复习和自查。

希望本书的出版能够让读者更为全面地了解统计分析理念、方法和工具对文化遗产领域诸多问题解决的帮助，并能引导读者通过持续实践助力文化遗产研究整体水平的提升。

本书出版得到了浙江大学教材出版计划的资助，也得到了文物出版社的大力支持，在此表示由衷的感谢。

由于作者水平所限，书中难免有挂一漏万之处，敬请广大读者批评指正。